언어 평등

ХЭЛ ТЭГШ БАЙДАЛ

NYELVI EGYENLŐSÉG

SPRACHE EQUALITY

TAAL GELIJKHEID

SPRÅK LIKHET

LANGUAGE EQUALITY

NGÔN NGỮ BÌNH ĐẲNG

IDIOMA IGUALDADE

BAHASA KESETARAAN

言語平等

שפת שוויון

भाषा समानताको

ภาษาเท่าเทียมกัน

IDIOMA IGUALDAD

AEQUALITAS LANGUAGE

JAZYK ROVNOST

语言平等

LANGUE ÉGALITÉ

ЯЗЫК EQUALITY

ພາສາຄວາມສະເໝີພາບ

LIMBA EGALITATE

اللغة المساواة

UGUAGLIANZA LINGUA

برابری زبان

"모든 언어는 평등하다"

ভাষা সমতা

언어는 문화의 다양성 산물이며,

LUGHA USAWA

인류 공동체 소통의 시작과 문명 발전의 발자취이다.

또한, 인류 문명의 근원인 동시에 민족 정체성의 상징이다.
언어 평등주의 관점에서 고유 가치와 순결성은 언어 사용자수와 국력에 국한 될 수 없으며
어떠한 언어도 우수함, 열등함을 비교할 수 없다.

따라서, 우리는 언어의 획일화 위협을 완전히 배제하며
언어학습의 자유로운 선택과 평등한 기회를 위한 어학콘텐츠 개발과 보급이
우리의 가장 중요한 가치 중 하나이다.

МОВА РІВНІСТЬ

민족 자주독립의 1945년 명동 문예서림(서점) 창립이래,
어학 콘텐츠는 우리의 과거, 현재 그리고 미래의 핵심이며

DIL EŞITLIK

세계 모든 어학콘텐츠 개발과 보급이라는
우리의 이상과 독자를 위한 〈언어 평등〉에 정진할 것이다.

초보자를 위한

한국어
인도네시아어
단어장

아울리아 주내디 저

Kosakata
Bahasa
Korea-Indonesia

문예림

저자 아울리아 주내디/ Aulia Djunaedi

- 학사-수라바야 대학교-경제 학과/S1-/Universitas Surabaya-Ekonomi Manajemen,수라바야 도시/Kota Surabaya
- 석사-우송 대학교-TESOL MALL-영어 교육 학과/S2-Universitas Woosong-Pendidikan Bahasa Inggris, 대전/Kota Daejeon
- 박사-충남국립 대학원-영어 교육 학과/S3-Universitas Nasional Chungnam- Pendidikan Bahasa Inggris

경험 / Pengalaman

- 인도네시아 선생님(시간제/아르바이트) 우송대학교 2006-2007
- 인도네시아 선생님(시간제) 한국타이어 2010-2011
- 인도네시아 선생님(시간제) 롯데그룹 2010
- 인도네시아 선생님(시간제) 제일제당 그룹 2011-2012
- 인도네시아 선생님(시간제) 수원 이주민 센터 2011-2012
- 인도네시아 대화 읽기 중급

   Facebook : Aulia Djunaedi

초보자를 위한
한국어 - 인도네시아어 단어장

초판 2쇄 인쇄 | 2016년 6월 17일
초판 2쇄 발행 | 2016년 6월 24일

발행인 | 서덕일
지은이 | 아울리아 주내디
펴낸곳 | 도서출판 문예림
주소 | 경기도 파주시 회동길 366 (10881)
전화 | 02-499-1281~2
팩스 | 02-499-1283
E-mail | info@bookmoon.co.kr

출판등록 번호 | 1962. 7. 12(제 406-1962-1호)
ISBN 978-89-7482-762-5(13790)

- 잘못된 책은 구입하신 서점에서 교환하여 드립니다.
- 본 책은 저작권법에 보호를 받는 저작물이므로 무단 전제와 복제를 금합니다.

머리말

한국과 인도네시아가 1988년 수교를 한 이후 한국과 인도네시아어 간의 교류가 지속적으로 활발해져 가면서, 인도네시아어를 배우려는 한국인 또한 그 숫자가 날로 늘어가고 있습니다. 이 간단한 단어장을 통하여 인도네시아어를 배우자 하는 사람들이 인도네시아어를 공부하는 데에 조금이라도 도움이 될 겁니다. 본 단어장의 편찬을 위해 다음과 같은 사전들이 참고로 사용하였습니다.

Echols John dan Shadily H. "Kamus Inggris-Indonesia, Kamus Indonesia-Inggris" (Jakarta, Gramedia, 1988)

안영호 "현대 인도네시아-한국어 사전" (서울, 외국어대학 출판부, 1988)

안영호 "표준 인도네시아 회화 (서울, 명지 출판사, 1990)

안영호 "기초 인도네시아어" (서울, 삼지, 1994)

안영호 "꿩먹고 알먹는 인도네시아어 첫걸음" (서울, 문예림, 2011)

Laszlo Wagner "Indonesian" (Australia, Lonely Planet, 5th Ed, 2006)

Totok Suhardiyanto "Jalan Bahasa Jilid 1" (Jakarta, Wedatama Widya Sastra, 2nd Ed, 2007)
최신영 "입에서 인도네시아어" (서울, 문예림, 2009)
임영호 "인도네시아어-한국어 사전 Kamus Bahasa Indonesia-Korea Standar" (서울, 문예림, 2011)

끝으로 이 단어장 작업을 해 주시느라 수고해 주신 모든 분들과 여러 번에 걸쳐 제안을 해 주신 최병옥과 최은석, 초기 표제어 타이핑 작업을 도와주었던 Ajang Oktavia, Astrid, Marieska 노고에 감사를 드립니다.

2013년 10월
아울리아 주내디

례

머리말 ································ 3

발음 ································ 8

ㄱ ································ 12

ㄴ ································ 58

ㄷ ································ 74

ㄹ ································ 101

ㅁ ································ 103

ㅂ ································ 134

ㅅ ································ 162

ㅇ ································ 198

ㅈ ································ 279

차례

ㅊ ················· 324

ㅋ ················· 338

ㅌ ················· 343

ㅍ ················· 349

ㅎ ················· 357

부록 ················· 379

초보자를 위한
한국어-인도네시아어
단어장

■발음

A	아	H	하	O	오	V	훼
B	베	I	이	P	페	W	웨
C	쩨	J	제	Q	키	X	엑스
D	데	K	까	R	에르	Y	예
E	에	L	엘	S	에스	Z	젵
F	에프	M	엠	T	떼		
G	게	N	엔	U	우		

I. 모음의 발음

a: '아'로 발음 된다

apa ⟨a-pa⟩ (아빠); aku ⟨a-ku⟩ (아꾸);
tua ⟨tu-a⟩ (뚜-아)

i: '이'로 발음 된다

itu ⟨i-tu⟩ (이-뚜); ikan ⟨i-kan⟩ (이-깐)

e: 단어에 따라 발음은 '으'이나 '어' 또한 '에'. 발음은 '으'와 '어'의 중간 소리를 낸다. 그러나 중

간소리를 재기가 쉽지 않아서 이 사전은 '으'로 선택된다.

Bedah ⟨be-dah⟩ (브닿); begitu ⟨be-gi-tu⟩ (브기뚜); teduh ⟨te-duh⟩ (뜨둏)

또한 다른 발음은 '에'

Meja ⟨me-ja⟩ (메-자); enak ⟨e-nak⟩ (에-낙)

u: '우'로 발음된다

Udang ⟨u-dang⟩ (우당); sudah ⟨su-dah⟩ (수닿)

O: '오'로 발음된다

Obat ⟨o-bat⟩ (오-밧); roti ⟨ro-ti⟩ (로-띠)

II. 자음의 발음

B: 'ㅂ'으로 된다

Bau ⟨ba-u⟩ (바우); bosan ⟨bo-san⟩ (보-산)

N: 'ㄴ'으로 된다

Nama ⟨na-ma⟩ (나마); nikah ⟨ni-kah⟩ (니-깡)

C: 'ㅉ'으로 된다

Coba ⟨co-ba⟩ (쪼바); cara ⟨ca-ra⟩ (짜라)

P: 'ㅃ'이나 'ㅍ'으로 된다

인도네시아는 지역에 따라 엑센트가 차이가 있습니다.

D: 'ㄷ'으로 된다

Dikau ⟨di-ka-u⟩ (디-까우); Dengan ⟨deng-an⟩ (등-안)

Q: 'ㅋ'으로 된다

Quran ⟨Qu-ran⟩ (꾸-란)

F: 'ㅍ'으로 된다

Faham ⟨fa-ham⟩ (파-함); film (필음)

R: 'ㄹ'으로 된다

Rajin ⟨ra-jin⟩ (라-진); ribut ⟨ri-but⟩ (리-붓)

G: 'ㄱ'으로 된다

Gigi ⟨gi-gi⟩ (기-기); gelisah ⟨ge-li-sah⟩ (겔-리-샇)

S: 'ㅅ'으로 된다

Santai ⟨san-ta-i⟩ (산-따-이); supir ⟨su-pir⟩ (수-피르)

H: 'ㅎ'으로 된다

Himbau ⟨him-ba-u⟩ (힘-바-우); hutan ⟨hu-tan⟩ (후-딴)

T: 'ㄸ'으로 된다

Teman ⟨te-man⟩ (뜨-만); titip ⟨ti-tip⟩ (띠-띺)

J: 'ㅈ'으로 된다

　　Jelita ⟨jelita⟩ (젤-리-따); juta ⟨ju-ta⟩ (주-따)

V: 'ㅂ'으로 된다

　　Vokal ⟨vo-kal⟩ (보-깔)

K: 'ㄲ'으로 된다

　　Kamus ⟨ka-mus⟩ (까-무ㅅ); kuku ⟨ku-ku⟩ (꾸-꾸)

W: '와'으로 된다

　　Wanita ⟨wa-ni-ta⟩ (와-니-따);
　　wisata ⟨wi-sa-ta⟩ (외-사-따)

L: 'ㄹ'으로 된다

　　Lama ⟨la-ma⟩ (라-마); lima ⟨li-ma⟩ (리-마)

Y: '이'으로 된다

　　Yoyo ⟨yo-yo⟩ (요요); ya (야)

M: 'ㅁ'으로 된다

　　Minum ⟨mi-num⟩ (미-눔); makan ⟨ma-kan⟩ (마-깐)

Z: 'ㅈ'으로 된다

　　Zebra ⟨ze-bra⟩ (제-브라)

ㄱ

가다(명령)	ya 야
가게	toko 또꼬
가게주인	pemilik toko 쁘밀릭 또꼬
가격	harga 하ㄹ가
가격표	label harga 라블하ㄹ가
가곡집	lagu-lagu 라구-라구
가구	perabotan 쁘라보딴
가까운	dekat 드깟
가까워?	Apakah dekat? 아빠까ㅎ 드깟
가끔	kadang-kadang 까당-까당

가격이 절반이다 Setengah harga
스뜽아ㅎ 하ㄹ가

가격 차이가 크다 Perbedaan harganya besar.
쁠베다안 하ㄹ가냐 브사ㄹ

가기 전에 작별인사를 드리고 싶습니다
Sebelum Anda pergi, saya ingin
mengucapkan selamat tinggal.
스블룸 안다 쁘ㄹ기 사야 잉인 믕우짭깐 슬라맛 띵갈

가기 싫어 tidak ingin pergi
띠닥 잉인 프ㄹ기

가끔 시장에 가다 Kadang-kadang pergi ke pasar.
까당 까당 쁘ㄹ기 끄 빠사ㄹ

가난한	miskin 미스낀	가득	penuh 쁘누ㅎ
가늘다	tipis 띠삐ㅅ	가라앉다	tenang 뜨낭
가능	mungkin, bisa 뭉낀, 비싸	가련한	miskin 미스낀
가능성	kemungkinan 끄뭉끼난	가렵다	gatal 가딸
가다	pergi 쁘르기	가루	bubuk 부북

가는 길이야	sedang dalam perjalanan 수당 달람 쁘르잘라난
가는 집마다	pulang ke rumah masing-masing 뿔랑 끄 루마ㅎ 마싱 마싱
가능하면	Kalau bisa / kalau mungkin 깔라우 비사 / 깔라우 뭉낀
가도 되나요?	Boleh pergi? 볼레ㅎ 쁘르기?
가득 따라 주세요	Tolong isi penuh. 똘롱 이시 쁘누ㅎ
가라고 하다	hendak pergi / mau pergi 흔닥 쁘르기 / 마우 쁘르기
가로질러 가다	Jalan untuk ke tempat tujuan 잘란 운뚝 끄 뜸빳뚜주안

가르치다	mengajar 믕아자ㄹ		가스	gas 게ㅅ
가리다	membayangi 믐바양이		가스레인지	kompor 꼼포ㄹ
가마(머리)	cuci rambut 쭈찌 람붓		가스통	tabung gas 타붕 가ㅅ
가면	kalau pergi 깔라우 쁘ㄹ기		가슴	dada 다다
가뭄	kekeringan 끄끄링안		가야한다	harus pergi 하루ㅅ 쁘ㄹ기
가방	tas 따ㅅ		가엾다	bersimpati 브ㄹ심빠띠
가벼운	ringan 링안		가운데	di tengah-tengah 디 뜽아ㅎ 뜽아ㅎ
가수	penyanyi 쁘냐이		가위	gunting 군띵

가벼운 사고	kecelakaan ringan 끄출라까안 링안
가볍게 생각하세요	Jangan terlalu dipikirkan 장안 뜨ㄹ랄루 디피끼ㄹ깐
가스를 잠그다	menggembok gas 믕금복 가ㅅ
가여워라	sepatutnya mengkasihani 스파뚯냐 믕까시하니

한국어	인도네시아어	한국어	인도네시아어
가을	cermin 쯔르민	가장(지위)	status tertinggi 스따뚜스 뜨르띵기
가자	ayo pergi 아요 쁘르기	가장자리	tepian 뜨삐안
가제	kain kasa 까인까사	가지다	membawa 음바와
가정	asumsi 아숨시	가지세요	silahkan ambil 시라-ㅎ깐 암빌
가지 않다	tidak bawa 띠닥 바와	가축	ternak 뜨르낙

가입하다   menjadi anggota
은자디 앙고따

가장 좋아하는 시간   Waktu yang paling menyenangkan
왁뚜 양 빨링 믄으낭깐

가장 친한 친구   Sahabat terbaik
사하밧뜨르바익

가정환경   latar belakang keluarga
라따르 블라깡 끌루아르가

가져오다   membawa kembali
음바와 끔발리

가족이랑 모두 함께 즐겁게   Bersenang-senang bersama dengan seluruh keluarga
브르스낭 스낭 브르사마 등안 슬루루ㅎ 끌루아르가

가치	nilai 닐라이	간단한	sederhana 스떠ㄹ한나
가치가 없다	tidak bernilai 띠닥 브ㄹ닐라이	간부	eksekutif 엑세꾸띺
각자	setiap orang 쓰띠앞 오랑	간섭하다	mencampuri 믄짬뿌리
간격	jarak 자락	간장	kecap asin 께짭아신

가족관계 tali persaudaraan
딸리 쁘ㄹ사우다라안

가족들에게 저를 대신해서 안부 전해 주세요
Tolong sampaikan salamku pada keluargamu
똘롱 삼빠이깐 살람꾸 빠다 끌루아ㄹ가무

가족이 어떻게 되세요?
Ada berapa anggota keluargamu?
아다 브라빠 앙구따 끌루아ㄹ가무?

가치가 오르다 nilai bertambah / nilai menaik
닐라이 브ㄹ땀바ㅎ / 닐라이 므나익

각본 skrip / naskah drama
쓰끄맆 / 나ㅅ까ㅎ 뜨라마

가족이 일보다 더 중요하다
Keluarga lebih penting daripada pekerjaan.
끌루아ㄹ가 르비ㅎ 쁜띵 다리빠다 쁘끄ㄹ자안

간접적	tidak langsung 띠닥 랑숭	갈망하다	menunaikan 므누나이깐
간주하다	mengira 등이라	갈색	coklat 쪼끌랏
간청하다	memohon 므모혼	갈아타다	transfer 또란스퍼ㄹ
간통	perzinahan 쁘ㄹ찌나한	갈증을 풀다	melepas haus 믈르빠ㅅ 하우ㅅ
간판	papan 빠빤	감	potongan 뽀똥안
간호사	perawat 쁘라왓	감기	flu 플루
갈 것이다	akan pergi 아깐쁘ㄹ기	감기약	obat flu 오밧 플루

간다. 어~개(헤어질 때)	pergi ya 쁘ㄹ기 야
간식을 먹다	makan cemilan 마깐 쯔밀란
간염예방주사	Suntikan pencegah hepatitis 순띡딱깐 쁜쯔가ㅎ 해파띠띠스
적당하다	Sesuai 스수아이
갈 길이 멀다	jalan yang akan ditempuh jauh 잘란 양 아깐 디뜸푸ㅎ 자우ㅎ

감기에 걸리다	Kena flu 끄나 플루	감시	pengawasan 뽕으아와산
감독(스포츠)	pelatih 쁠라띠ㅎ	감염되다	terinfeksi 뜨르인펙시
감독하다	mengawasi 믕으아와시	감자	kentang 끈땅
감동하다	tersentuh 뜨르슨뚜ㅎ	감전당하다	terkejut 뜨르끄줏
감동시키다	menggerakan 등그라깐	감정	emosi 에모시
감명	esan 끄산	갑옷	baja 바자
감사합니다	Terima kasih 뜨리마 까시ㅎ	갑자기	tiba-tiba 띠바-띠바
감소되다	berkurang 브르꾸랑	값이 내리다	harga turun 하르가 뚜룬

감기에 걸렸을 땐   Pada waktu kena flu
빠다 왁뚜 끄나 플루

감사하게 여기다   berterimakasih
브르뜨리마까시ㅎ

감자튀김   goreng-gorengan
꼬렝 꼬렝안

갑자기 말하다   tiba-tiba bicara
띠바 띠바 비짜라

18

값이 오르다	harga naik 하르가 나익	강력한	kuat / kuasa 꾸앗 / 꾸아사
강	sungai 숭아이	강변	tepi sungai 뜨삐 숭아이
강간	pemerkosaan 쁘므르꼬사안	강사	pengajar 쁭아자르
강도	pencopetan 쁜쪼뻿딴	강아지	anjing(kecil) 안징 끄찔

갑자기 울다 tiba-tiba menangis
  띠바-띠바 므낭이스

갑작스럽게 secara tiba-tiba
  스짜라 띠바 띠바

값을 깎다 menurunkan harga
  므누룬깐 하르가

비싼 가격 harga yang mahal
  하르가 양 마할

싼 값이 harga yang murah
  하르가 양 무라ㅎ

갔다 오는데 한 시간 안에 될까?
Apa kita akan kembali dalam waktu satu jam?
  아빠끼따 아깐 끔발리 다람 왁뚜 사뚜 잠?

강의하다 memberikan kuliah / mengajar
  음부리깐 꿀리아ㅎ / 믕아자르

한국어	인도네시아어	한국어	인도네시아어
강조하다	menekankan 므느깐깐	개띠	shio anjing 시오 안징
갖다 주다	memberikan 믐브리깐	개막	pembukaan 쁨부까안
갖다	mengambil 믕암빌	개미	semut 스뭇
같이 가다	pergi bersama 쁘르기 브르사마	개선	perbaikan 프르바이깐
개	anjing(besar) 안징(브사르)	개업	pelaksana 쁠락사나
개강하다	mulai semester 물라이 스메스트	개인	individu / pribadi 인디비두 / 쁘리바디
개구리	katak 까딱	개인 수표	cek pribadi 첵 쁘리바디
개다	melipat 믈리빳	개인재산	milik pribadi 밀릭 쁘리바디

강하게 누르다   menekan dengan kuat
므느깐 등안 꾸앗

같이 가고 싶다   Ingin pergi bersama
잉인 쁘르기 브르사마

같이 가자   pergi bersama
쁘르기 브르사마

같이 나가 놀다   pergi keluar bersama
쁘르기 끄루아르 브르사마

개최하다	melemparkan 므렘빠르깐	거래소	pertukaran 쁘ㄹ뚜까란
개혁하다	memperbaharui 음프ㄹ바하루이	거리(도로)	jalan 잘란
객체	obyek 옵엑	거리(멀기)	jauh 자우ㅎ
거기	di sana 디 사나	거미줄	karet 까렛
거대하다	sangat besar 상앗 브사ㄹ	거북이	kura-kura 꾸라 꾸라

개인적으로 secara perorangan
스짜라 쁘ㄹ오랑안

개척하다 memprakarsai / membuat
음쁘라까ㄹ사이 / 음부앗

거기 재미있는 것 없어?
Di sana tidak ada yang menarik?
디 사나 띠닥 아다 양 므나릭

거기엔 상점이 많아 Di sana ada banyak toko.
디 사나 아다 반약 또꼬.

거긴 앉지 마 jangan duduk di situ
장안 두둑 디 시뚜

거래하다 melakukan bisnis dengan-
믈라꾸깐 비ㅅ니ㅅ 등안

거실	ruang tamu 루앙 따무	거주	tempat tinggal 뜸빳 띵갈
거울	cermin 쯔ㄹ민	거주자	residen / penghuni 레시덴 / 뻥후니
거위	gunting 군띵	거짓말하다	membohongi 음보홍이
거의	hampir 함삗	거품	busa 부사

거스름돈 주세요	tolong uang kembaliannya 똘롱 우앙 끔발리안냐
거스름돈이 틀려요	Uang kembaliannya salah 우앙 끔발리안냐 살라ㅎ
거의 먹지 않다	Hampir tidak makan 함삐ㄹ 띠닥 마깐
거의 매일	hampir setiap hari 함삐ㄹ 스띠앞 하리
거의 모든 회사에서	Semua di perusahaan 스무아 디 쁘루사하안
거의 속을 뻔했어	Hampir saja terjadi 함삐ㄹ 사자 뜨르자디
거의 완벽했는데	Hampir saja sempurna 함삐ㄹ 사자 슴뿌ㄹ나
거주 연장기간	memperpanjang masa tinggal 음쁘ㄹ빤장 마사 띵갈

거절하다	menolak / 므놀락
걱정스러운	cemas / 쯔마ㅅ
거의 없는	hampir tidak ada / hampir habis 함삘 띠닥 아다 / 함삘 하비ㅅ
걱정	kuatir / khawatir / cemas 꾸아띠ㄹ / 카와띠ㄹ / 쯔마ㅅ
걱정하다	mencemaskan / mengkhawatirkan 믄쯔마ㅅ깐 / 믕카와띠ㄹ깐
걱정하지마	jangan khawatir / 장안 카와티ㄹ
건강은 어떠세요?	Bagaimana kesehatanmu? 바가이마나 끄세하딴무?
건강을 되찾다	pulih kembali / 뿔리ㅎ 끔발리
건강을 빨리 회복하시길 바랍니다	Semoga anda cepat pulih 스모가 안다 쯔빳 뿔리ㅎ
건강을 유지하다	Mempertahankan kesehatan 믐쁘ㄹ따한깐 끄세하딴
건강증명서	Akte Kesehatan / Sertifikat Kesehatan 악뜨 끄세하딴 / 스ㄹ띠피깟 끄세하딴
건강	sehat / 세핫
건강진단	menjadi sehat / 믄자디 세핫

건강해지다	menjadi sehat 믄자디 세핫	건전지	aki, sel baterei 아끼, 셀 바뜨레이
건너가다	menyeberang 믄예브랑	건축가	arsitek 아ㄹ시떽
건너편	seberang 스브랑	걸레	kain lap / kain pel 까인 랖 / 까인 뻴
건물	gedung 그둥	걸리다	terkena 뜨르께나
건설하다	membangun 음방운	걸어가다	berjalan-jalan 브ㄹ잘란 잘란

건국하다　　　　mendirikan suatu negara
　　　　　　　　믄디리깐 수아뚜 느가라

건배하다　　　toast / cheers(인도네시아어 없음)
　　　　　　　　토아스트 / 찌이ㄹㅅ

건전지 다 됐어　sudah dicharged / sudah penuh
　　　　　　　수다ㅎ 디차ㄹ지 / 수다ㅎ 쁘누ㅎ

걸다　　　　　　　　　　　mencantolkan
　　　　　　　　　　　　　　믄짠똘깐

걸다 / 한국 팀에 돈을 걸다
　　Bertaruh / Saya bertaruh untuk tim Korea.
　　브르따루ㅎ / 사야 브르따루ㅎ 운뚝 팀 꼬레아

걸어서 갈 수 있어요?　　Bisa dengan jalan kaki?
　　　　　　　　　　　　비사 등안 잘란 까끼?

검게	gelap / hitam 글랖 / 히땀	검은색	hitam 히땀
검사하다	mengecek 믕으쩩	겉표지	penutup 쁘누뚭
검색하다	mencari 믄짜리	게	untuk 운뚝
검역소	karantina 까란띠나	게다가	selain itu 슬라인 이뚜
검열	sensor 센소ㄹ	겨냥하다	menembak 므넴박
검열(검토) 하다	meninjau 므닌자우	겨루다	bersaing 브ㄹ사잉

걸어서 약 10분 걸려요
  Kira-kira 10 menit dengan jalan kaki.
  끼라 끼라 스뿔루ㅎ 므닛 등안 잘란 까끼

걸을 수는 없다   Tidak bisa dengan jalan kaki
  띠닥 비사 등안 잘란 까끼

게스트 하우스   guest house / tempat penginapan
  게스트 하우스 / 뜸빳 쁭이나빤

게임   mainan
  마이난

게임에서 이기다   Memenangkan permainan
  므므낭깐 쁘ㄹ마이난

겨울	musim dingin 무심 딩인	결국	pada akhirnya 빠다 아끼ㄹ냐
격차	celah 쯜라ㅎ	계약서	Surat perjanjian 수랏 쁘르잔지안
견인	daya tarik 다야 따릭	계절	Musim 무심
견적가격	penilaian 쁘니라이안	계정	Rekening 레크닝
결과	hasil 하실	계좌	Akun / Rekening 아꾼 / 레크닝

게으른 / 정말 게으르다　　Pemalas / sangat malas
　　　　　　　　　　　　쁘말라ㅅ / 상안 말라ㅅ

겨울에　　pada waktu musim dingin
　　　　　빠다 왁뚜 무심 딩인

겨울엔 밖에 나가기가 싫다
　　Malas keluar pada waktu musim dingin
　　말라ㅅ 끌루아ㄹ 빠다 왁뚜 무심 딩인

겨울이 점점 짧아지다　　Musim dingin lama
kelamaan menjadi semakin pendek
무심 딩인 라마 끌라마안 믄자디 스마낀 뻰덱

격려하다　　Mendorong / memberi semangat
　　　　　　믄도롱 / 음브리 스망앗

견적서　　surat perkiraan biaya
　　　　　수랏쁘ㄹ끼라안비아야

계속 가다	Terus pergi 뜨루ㅅ 쁘르기		Berkurang 브르꾸랑
계속 말해	Terus bicara 뜨루ㅅ 비차라	고구마	Ubi 우비
계획	Rencana 른짜나	고귀한	Berharga 브르하르가
고갈되다	Menipis 므니삐ㅅ	고급스런	Papan atas 빠빤 아따ㅅ

계약하다   Melakukan perjanjian
믈라꾸깐 쁘르잔지안

Melakukan kesepakatan
믈라꾸깐 끄스빠까딴

계산해 주세요.   Tolong hitungkan
똘롱 히뚱깐

Tolong saya mau bayar
똘롱 사야 마우 바야ㄹ

계속해서 가세요   Silahkan terus saja
시랗깐 뜨루ㅅ 사자

계약기간은 5년입니다

Waktu perjanjiannya 5 tahun
왁뚜 쁘르잔지안냐 리마 따훈

계좌를 열다   Membuka akun rekening
믐부까 아꾼 레끄닝

고기	Daging 다깅	고마운	Berterima kasih 브르뜨리마 까싷
고대의	Raksasa 락사사		Berhutang budi 브르후땅 부디
계좌잔액	Saldo 살도	고맙습니다	Terima kasih 뜨리마 까시ㅎ
계획대로	Sesuai rencana 스수아이 른짜나	고무	Karet 까렛
계획적으로	Terencana 뜨른짜나	고무줄	Tali karet 딸리 까렛
고고학	Arkeologi 아ㄹ케올로기	고발하다	menuntut 므눈뜻
고르다	Memilih 므밀맇	고상한	bangsawan 방사완

계약을 체결할 필요가 있습니다.
Perlu mendatangani perjanjian
쁘를루 므난다땅아니 쁘ㄹ잔지안

계획이 다 틀어졌어   Semua rencananya gagal
스무아 른짜나냐 가갈

고등학교   Sekolah menengah atas(SMA)
스콜랗 므능앟 아따ㅅ

고려하다   Mempertimbangkan
음쁘르띰방깐

고속도로	Jalan Tol 잘란 똘	고용하다	Mempekerjakan 믐쁘끄ㄹ자깐
고아	Yatim piatu 야띰 삐아뚜	고위계층	Golongan atas 골롱안 아따ㅅ
고아원	Panti asuhan 빤띠 아수한	고장나다	Rusak 루삭
고양이	Kucing 꾸찡	고전의	Buku klasik 부꾸 끌라식
고요한	Tentram 뜬뜨람	고정된	Tetap 뜨땊
	Sepi 스삐		Stabil 스따빌

고사성어	Pepatah(berasal dari kejadian di masa lampau) 쁘빠땋(브라살 다리 끄자디안 디 마사 람빠우)
고무줄로 묶다	Ikat dengan tali karet 이깟 등안 딸리 까렛
고운피부	Kulit yang indah 꿀릿 양 인닿
고의적으로	Dengan sengaja 등안 승아자
고층빌딩	Gedung pencakar langit 그둥 쁜짜까ㄹ 랑잇

고추(야채)	Cabe 짜베	곧	Langsung / Segera 랑숭 / 스그라
고추장	Saus cabe 사우ㅅ 짜베	곧바로	Dengan segera 등안 스그라
고층의	Pencakar langit 쁘짜까ㄹ 랑잇		Langsung 랑숭
고향	Kampung halaman 깜뿡 할라만	골(스포츠)	Gol 골

고혈압   Tekanan darah tinggi
뜨까난 다랗 띵기

고쳐 줄 수 있어요?   Bisa tolong perbaiki?
비사 똘롱 쁘르바이끼

고통을 겪다   Menderita, kesakitan
믄드리따, 끄사끼딴

고향에 돌아가다   Kembali ke kampung halaman
끔발리 끄 깜뿡 할라만

고향이 어디세요? Dimana kampung halamannya?
디마나 깜뿡 할라만냐?

곧 도착 할거야   Akan segera tiba
아깐 스그라 띠바

곧 볼 수 있으실 거예요.
    Akan segera bisa bertemu kembali
아깐 스그라 비사 브르뜨무 끔발리

골목	Lorong 로롱	공간	Ruang 루앙
골키퍼	Kiper 끼뻬르	공공	Umum 우뭄
곰	Beruang 브루앙	공격	Serangan 스랑안
곰팡이가난	Lapuk 라뿍	공급하다	Menyediakan 믄예디아깐
곳(장소)	Tempat 뜸빳	공기	Udara 우다라
공	Bola 볼라	공기(타이어)	Udara 우다라

곧 ~되다	Akan segera menjadi 아깐 스그라 믄자디
곧 시험이야	Sebentar lagi ujian 스븐따르 라기 우지안
곧장 집에 간다	Segera pulang ke rumah 스그라 뿔랑 끄 루맣
골라 주세요	Tolong pilihkan 똘롱 삘리ㅎ깐
공개적인	Terbuka untuk umum 뜨르부까 운뚝 우뭄
공공재산	Harta kekayaan umum 하르따 끄까야안 우뭄

공동의	Kombinasi 꼼비나시	공부하다	Belajar 블라자ㄹ
공립학교	Sekolah negeri 스콜랗 느그리	공상	Fantasi 판따시
공무	Tugas Negara, Sipil 뚜가ㅅ느가라, 시삘		Khayalan 카얄란
공백	Celah 쫼라ㅎ	공식(수학, 의식)	Rumus 루무스

공무원   Pegawai negeri sipil
쁘가와이 느그리 시삘

공부 하나도 안했어   Tidak belajar sama sekali
띠닥 블라자ㄹ 사마 스깔리

공부를 열심히 하지 않았어요
     Tidak belajar dengan keras
띠닥 블라자ㄹ 등안 끄라ㅅ

공부를 잘하다   Pandai belajar
빤다이 블라자ㄹ

공식에 따라   Mengikuti rumus
등이꾸띠 루무스

     Mengikuti tata cara formal
등이꾸띠 따따 짜라 포ㄹ말

공식적으로 열리다   Dibuka secara resmi
디부까 스짜라 르스미

공식적인	Secara resmi 스짜라 르스미	공유하다	berbagi 브ㄹ바기
공사장	Kepala konstruksi 끄빨라 꼰스뜨룩시	공자(인물)	Kelenteng 끌렌뗑
공약	Janji muluk 잔지 물룩	공작(동물)	Merak 므락
공업	Industri 인두ㅅ뜨리	공장	Pabrik 빠브릭
공업화	Industrialisasi 인두ㅅ뜨리알리사시	공정	keadilan 끄아딜란
공연	Pertunjukan 쁘ㄹ뚠주깐	공제하다	Memotong 므모똥
공예	prakarya 쁘라까ㄹ랴		mendeduksi 믄데둑시
공원	Taman 따만	공증인	Notaris 노따리ㅅ

공식적으로 인정하다	Diakui secara resmi 디아꾸이 스짜라 르스미
공적이 있다	Punya kredit / Berjalan 뿐냐 크레딧 / 브ㄹ잘란
공업지역	Kawasan industri 까와산 인두ㅅ뜨리
공연하다	Menampilkan pertunjukkan 므남필깐 쁘르뚠주깐

공평	Adil 아딜	공휴일	Libur nasional 리부ㄹ 나시오날
공평하게	Dengan adil 등안 아딜	공항	Bandara 반다라
공포영화	Film horor 삘름 호로ㄹ	공황	Panik 빠닉
공헌하다	Menyumbang 믄윰방		Krisis ekonomi 끄리시ㅅ 에코노미

공장노동자	Pekerja pabrik 쁘꼬ㄹ자 빠브릭
공지사항 잠깐	sebentar mengenai prosedurnya 스븐따ㄹ 믕으나이 쁘로스두르냐
공채(증권)	Open rekruitmen 오쁜 레끄릿멘
공화(국)	Harmoni universal 하ㄹ모니 유니프ㄹ살

공항까지 배웅해 드릴게요

Akan saya antar sampai ke bandara
아깐 사야 안따르 삼빠이 끄 반다라

공항에 어떻게 가실 건가요?

Bagaimana Anda akan pergi ke bandara?
바가이마나 안다 아깐 쁘르기 끄 반다라?

과(책)	Bab 밥	관계	Hubungan 후붕안
과거	Masa lalu 마사 랄루	과학자	Ilmuwan 일무완
과속	Cepat 쯔빳	관리자	Manager 메네즈ㄹ
과일	Buah 부앟	관리하다	Mengatur 믕아뚜ㄹ
과자	Kue 꾸엣	관세	Cukai 쭈까이
과정	Proses 쁘로세ㅅ	관점	Sudut pandang 수둣 빤당
관객	Penonton 쁘논똔	관중석	Grandstand 그렌스뗀

공항으로 친구를 마중가려고 해
          Akan menjemput teman di bandara
                                                          믄즘뿟 뚜만 디 반다라

과일을 먹다	Memakan buah-buahan 므마깜 부앟-부앟안
과학	Ilmu pengetahuan alam 일무 쁭으따후안 알람
관계를 맺다(사업)	Membangun hubungan 믐방운 후붕안

관찰하다	Mempelajari 믐쁠라자리	관절염	Rahang sendi 라항 슨디
광고	Iklan 이끌란	교수	Dosen 도센
광물	Mineral 미느랄	교단	Badan keagamaan 바단 끄아가마안
광장	Tanah lapang 따낳 라빵	교류	Arus bolak-balik 아루ㅅ 볼락-발릭
광주리	Keranjang 끄란장	교사, 선생님, 강사님	Pengajar 쁭아자ㄹ
괜찮습니다	Tidak apa-apa 띠닥 아빠-아빠		Guru 구루
교과서	Buku pelajaran 부꾸 쁠라자란	교실	Ruang kelas 루앙 끌라스

관세를 내다   Membayar cukai
            믐바야ㄹ 쭈까이

관세세관   Kantor Bea cukai
          깐또ㄹ 베아 쭈까이

관심을 갖다   Memiliki ketertarikan
            므밀리끼 끄뜨르따리깐

관세를 납부해야 하나요?

Apakah harus membayar cukai?
아빠까ㅎ 하루ㅅ 믐바야ㄹ 쭈까이

교육	Pendidikan 쁘디디깐	교통경찰	Polisi lalu lintas 뽈리시 랄루 린따스
교제하다	Bergaul 브ㄹ가울	교통수단	Alat transportasi 알랏 뜨란스뽀ㄹ따시
교통	Lalu lintas 랄루 린따ㅅ	구(숫자)	Sembilan 슴빌란
교회	Gereja 그레자	구경하다	Melihat-lihat 믈리핫-리핫

관절부위 Bagian dari artikulasi
바기안 다리 아르띠꿀라시

광견병 Penyakit anjing gila
쁘냐낏 안징 길라

교육부 Departemen pendidikan
드빠르뜨멘 쁘디디깐

교환하다 Menukar(barang)
므누까ㄹ(바랑)

교통법규를 어기다 Melanggar peraturan lalu lintas
믈랑가ㄹ 쁘라뚜란 랄루 린따ㅅ

교통사고 Kecelakaan lalu lintas
끄쯸라까안 랄루 린따ㅅ

교통사고 당하다 Mengalami kecelakaan lalu lintas
믕알라미 끄츨라까안 랄루 린따ㅅ

한국어	인도네시아어	한국어	인도네시아어
구두	Sepatu 스빠뚜	구역	Wilayah 윌라얗
구레나룻	Cambang 짬방		blok 블록
구멍	Lubang 루방	구월(9월)	September 쎕뗌브ㄹ
구멍을 뚫다	Melubangi 믈루방이	구절(문장)	Ayat 아얏
구비하다	Berkubu 브ㄹ꾸부		Kalimat 깔리맛
구성(전산)	Kelengkapan 끄릉까빤	구조	Struktur 스뜨룩뚜ㄹ
구성하다	menyusun 믄유순	구좌	Rekening akun 르끄닝 아꾼
구어	Bahasa lisan 바하사 리산	구체적인	Kongkrit 꽁끄릿

교통사고를 내다

Mengakibatkan kecelakaan lalu lintas
믕아까밧깐 끄쯜라까안 랄루 린따ㅅ

교환되나요?

Apakah barang bisa ditukar kembali?
아빠까ㅎ 바랑 비사 디뚜까ㄹ 끔발리

구두 한켤레

Sepatu satu pasang
스빠뚜 사뚜 빠상

국(음식)	Sup 숲	국립	Kemerdekaan 끄므ㄹ데까안
국경	Perbatasan 쁘ㄹ바따산	국민	Warga Negara 와ㄹ가 느가라
국내	Dalam negeri 달람 느그리	국적	Kebangsaan 끄방사안

구별하다   Mendiskriminasikan
                                 믄디ㅅ끄리미나시깐

구좌기록(은행)   Rekaman / Rekap akun
                                 르까만 / 레깝아꾼

구체적으로 협상 합시다
               Mari berunding secara kongkrit
                       마리 브룬딩 스짜라 꽁끄릿

구충제를 먹다   Memakan obat cacing
                                 므마깐 오밧 짜찡

국가를 부르다   Menyanyikan lagu kebangsaan
                                 므냐니깐 라구 끄방사안

국경을 통과하다   Melewati perbatasan dua negara
                                믈레와띠 쁘ㄹ바따산 두아 느가라

국기를 게양하다
           Mengibarkan bendera kenegaraan
                           믕이바ㄹ깐 븐데라 끄느가라안

국내공항   Bandara internasional
                                 반다라 인뜨라 나셔날

국제	International 인뜨ㄹ나셔날	군대	Militer 밀리떼ㄹ
	Antar negara 안따ㄹ느가라	굴	Lokan 로깐
국회	Parlemen 빠ㄹ를르멘		terowongan 뜨로웡안
군고구마	Ubi bakar 우비 바까ㄹ	굵다	Tebal 뜨발

국영   Badan usaha milik negara
바단 우사하 밀릭 느가라

국을 드시겠어요?   Ingin makan sup?
잉인 마깐 숲?

국제공항   Bandara internasional
반다라 인뜨ㄹ나셔날

국제전화   Telepon internasional
뜰르폰 인뜨ㄹ나셔날

군대에서 제대하다   Selesai wajib militer
슬르사이 와집 밀리떼ㄹ

궁금한 건 못참아

Tidak bisa menahan rasa penasaran
띠닥 비사 므나한 라사 쁘나사란

궁금해 죽겠네   Penasaran sekali
쁘나사란 스깔리

굽다	Membakar 믐바까ㄹ	귀	Telinga 뜰링아
궁(건물)	Istana 이ㅅ따나	귀머거리의	Orang tuli 오랑 뚤리
궁금하다	Penasaran 쁘나사란	귀빈	Tamu agung 따무 아궁
권력	Wibawa 위바와	귀신	Hantu 한뚜
권리	Hak 학	귀여운	Lucu 루쭈

권리를 박탈하다 Mencabut hak
믄짜붓 학

귀 기울이다 Mendengarkan dengan seksama
믄등아ㄹ깐 등안 슥사마

권/세권 Buku / Tiga buku
부꾸 / 띠가 부꾸

귀국준비 Persiapan pulang ke negara asal
쁘ㄹ시아빤 뿔랑 끄 느가라 아살

귀국하다 Pulang ke negara asal
뿔랑 끄 느가라 아살

귀중품 보관함
Tempat penyimpanan barang berharga
뜸팟 쁜님빠난 바랑 브ㄹ하ㄹ가

귀여워요	imut-imut, Lucu 이뭇-이뭇, 루쭈	규정하다	Mengatur 응아뚜ㄹ
귀중품	Barang berharga 바랑 브ㄹ하ㄹ가		menentukan 므는뚜깐
귀찮아	menyebalkan 믄예발깐	균형	Keseimbangan 끄스임방안
규정	Patokan 빠또깐	귤	Jeruk 제룩
	peraturan 쁘라뚜란	그것	Itu 이뚜

규정을 초과하다   Melampaui patokan
믈람빠우이 빠또깐

그거 필요없어   Itu tidak perlu
이뚜 띠닥 쁘를루

그건 그렇고   Ngomong-ngomong
응오몽-응오몽

그것뿐이야?   Apakah hanya itu?
아빠깡 하냐 이뚜?

그걸로 됐습니다   Jadinya dengan itu
자디냐 등안 이뚜

그게 내 전문인걸요

     Itu mungkin adalah keahlianku
이뚜 뭉낀 아달랑 끄앟리안꾸

그날	Pada hari itu 빠다 하리 이뚜	그녀	Dia(perempuan) 디아(쁘름푸안)
그동안	Selama itu 슬라마 이뚜	그동안	Selama itu 슬라마 이뚜
그남자	Lelaki itu 를라끼 이뚜	그들	Mereka(Laki-laki) 므레까(라끼-라끼)
그네	Ayunan 아유난	그때	Saat itu / Ketika itu 사앗 이뚜 / 끄띠까 이뚜

그게 바로 나야 Nah itu saya
나ㅎ이뚜사야

그 소식을 들었어요?
Apakah Anda mendengar berita itu?
아파깔 안다 믄등아ㄹ 브리따 이뚜?

그냥 구경하는 거예요 Hanya melihat-lihat saja
하냐 믈리핫-리핫 사자

그냥 날 좀 내버려 둬 Biarkan saya lewat
비아ㄹ깐 사야 레왓

그밖에 Kecuali itu / Selain itu
끄쭈알리 이뚜 / 슬라인 이뚜

그냥 보통이지 Hanya biasa saja
하냐 비아사 사자

그냥 운동중 인데요 Hanya sedang olahraga
하냐 스당 올랗라가

그래	Begitu / Baik 브기뚜 / 바익	그래프	Grafik 그라픽
그부인	Istrinya 이스뜨리냐	그러나	Tetapi 뜨따삐
그후에	Setelah itu / dia 스뜰랗 이뚜 / 디아	그러면	Kalau begitu 깔라우 브기뚜
그래서	Jadi 자디		Jika demikian 지까 드미끼안
	karena itu 까르나이뚜	그러지마.	Jangan begitu 장안 브기뚜

그들이 몇시에 도착하지요?
Mereka jam berapa tibanya ya?
므레까 잠 브라빠 다땅냐 야?

그때 오토바이 타고 있었어
Waktu itu sedang menaiki sepeda motor
왁뚜 이뚜 스당 므나이끼 스뻬닫 모또ㄹ

그래 뭔가 이상해 Benar, ada yang aneh
브나ㄹ, 아다 양 아넿

그래도 안되면 항의 하자. Meskipun begitu
kalau tetap tidak bisa mari kita protes
므ㅅ끼뿐 브기뚜 깔라우 뜨땁 띠닥 비사 마리 쁘로떼ㅅ

그래도 정말 다행이야
Walau begitu benar-benar beruntung
왈라우 브기뚜 브나ㄹ-브나ㄹ 브룬뚱

그런데	Tetapi 뜨따삐	그럼요	Tentu 뜬뚜
그런 후에	Setelah begitu 스뜰랑 브기뚜	그렇게	Begitu 브기뚜
그럼	Kalau begitu 깔라우 브기뚜	그렇군요	Begitu rupanya 브기뚜 루빠냐

그러는 바람에   Gara-gara itu
가라-가라 이뚜

그러려고 한건 아녜요
　　Bukan bermaksud untuk seperti itu
　　부깐 브ㄹ막숟 운뚝 스쁘ㄹ띠 이뚜

그런데 전화를 꺼버리고 받질 않아
　　Tetapi(dia) mematikan handphone
　　dan tidak mengangkat telepon
　　뜨따삐(디아) 므마띠깐 핸폰 단 띠닥 믕앙깟 뜰르폰

그런데요, 전 지금 가봐야 할 것 같아요
　　Tetapi, saya sepertinya harus pergi sekarang
　　뜨따삐, 스쁘ㄹ띠냐 사야 하루ㅅ 쁘ㄹ기 스까랑

그렇게 하면
　　Jika melakukan dengan cara seperti itu
　　지까 믈라꾸깐 등안 짜라 스쁘ㄹ띠 이뚜

그룹(가수)   Grup / Kelompok
그룹 / 끌롬뽁

그만하자   Mari berhenti
마리 브ㄹ흔띠

그릇	Piring 삐링	그을리다	Menghanguskan 믕항우ㅅ깐
그리다	Menggambar 믕감바ㄹ	그처럼	Seperti itu 스쁘ㄹ띠 이뚜
그림	Gambar 감바ㄹ	극(연극)	adegan(drama) 아드간(드라마)
그만 가자.	Ayo pergi 아요 쁘ㄹ기	극복하다	Mengalahkan 믕알랗깐
그만, 그만.	Henti 흔띠		Mengatasi 믕아따시
그물	Jala 잘라		Melawan 믈라완

그럼, 모레는 어때?
Kalau begitu, bagaimana dengan besok lusa?
깔라우 브기뚜 바가이마나 등안 베속 루사?

그렇게는 안돼. Kalau begitu caranya tidak boleh
깔라우 베기뚜 짜라냐 띠닥 볼렣

그렇다면 좋아요. Kalau katanya begitu bagus
깔가우 까따냐 브기뚜 바구ㅅ

그릇 / 국수 3그릇
Piring / mangkuk / Guksu 3 mangkuk
삐링 / 망국 / 국수 3 망국

그저께 Beberapa hari yang lalu
브브라빠 하리 양 랄루

극장	Bioskop 비오스꼽	근접하다	mendekati 믄드까띠
극히	sangat 상앗	근처에	Di sekitar 디 스끼따르
근거하다	Mendasari 믄다사리	금	Emas 으마스
근로자	Buruh kerja 부룽끄르자	금메달	Medali emas 므달리 으마스
근면한	Ketekunan 끄뜨꾸난	금붕어	Ikan mas 이깐 마스
근본	dasar, Asas 다사르, 아사스	금요일	Jumat 줌앗
근심	Kecemasan 끄쯔마산	금지하다	Melarang 믈라랑
근원	Asal 아살	기(국기)	Bendera negara 븐데라 느가라

(비가)그치다	Hujan berhenti turun 후잔 브르흔띠 뚜룬
금고	Lemari besi Brangkas 르마리브시 브랑까스
금방 그칠거야	Akan segera berakhir 아깐 스그라 브라키르
급료를 깎다	Memotong upah 므모똥 우빠ㅎ

47

기간	Periode waktu 뻬리오드 왁뚜	긍정하다	Mengiyakan 믕이야깐
기계	Mesin 므신	기능	Fungsi 풍시
기관지	Pembuluh nafas 쁨불룩 나파ㅅ	기능하다	Berfungsi 브ㄹ풍시
기념하다	Memperingati 믐쁘링아띠	기다리다	Menunggu 므눙구

급한 성질　　Sifat yang terburu-buru
시팟 양 뜨ㄹ부루-뜨ㄹ부루

금지 표지판　　Petunjuk larangan
쁘뚠죽 라랑안

금지품을 소지하고 있습니까?
Apakah Anda membawa barang terlarang?
아빠까ㅎ 안다 믐바와 바랑 뜨를라랑

급하다/나 지금 급해　　Terburu-buru /
Saya sekarang sedang Terburu-buru
뜨ㄹ부루-부루 / 사야 스까랑 스당뜨ㄹ부루-부루

급한 일이 생겼어　　Ada hal yang mendesak
아다 할 양 믄드삭

기계 고장 난것 같아요. 한번 봐 주실래요?
Mesinnya rusak sepertinya,
bisa tolong lihat sebentar?
므신냐 루삭 스쁘ㄹ띠냐? 비사 똘롱 리핫 스븐따ㄹ?

한국어	인도네시아어	발음
기대하다	mengarapkan	믕하랍깐
기둥	Manuver	마누프르
기록	Rekam	르깜
기록하다	Merekam	므르깜
기르다	membesarkan	믐브사르깐
	Menumbuhkan	므눔붛깐
기름	Minyak	민냑
기름기가 많은	Berminyak	브르민냑
기본요금	Tarif dasar	따맆 다사르
기관	Organ	오르간
기내 소지품	Bagasi jinjing	바가시 진징
기본적인	Mendasar	믄다사르
기분	Perasaan	쁘라사안
기쁘다	Senang	스낭
기쁨	Rasa senang	라사 스낭
기사(신문)	Berita	브리따

기반을 잡다

Mendapatkan prasarana / Kedudukan
믄다빳깐 쁘라사라나 / 끄두두깐

기분이 더 좋아지다

Perasaannya menjadi lebih baik
쁘라사안냐 믄자디 르빛바익

기분이 어때? Bagaimana perasaannya?
바가이마나 쁘라사안냐?

기숙사	Asrama 아ㅅ라마	기억해 내다	Mengingat 믕잉앗
기술	Teknik 떼크닉	기원	Asal muasal 아살 무아살
기술자	Teknisi 떼크니시	기분이 좋은	...hati senang … 하띠 스낭
기어오르다	Menjalar 믄잘라ㄹ	기일	tanggal yang pasti 땅갈양빠ㅅ띠
	Menjulur 믄줄루ㄹ	기입하다	Membukukan 음부꾸깐
기억	Ingatan 잉아딴		Mencatat 믄짜땃
기억력	Daya ingat 다야 잉앗	기자	Wartawan 와르따완

기사 다 읽었어요?	Beritanya sudah baca semua? 브리따냐 수닿 바짜 스무아?
기억이 나지 않다	Saya tidak ingat 사야 띠닥 잉앗
기억이 잘안 나요	Saya tidak ingat 사야 띠닥 잉앗
기여하다	Menyumbangkan 므늄방깐

기준가격	Harga standar 하르가 스딴다르	기초적인	Mendasar 믄다사르
기질	Temperamen 뗌쁘라멘		Fundamental 푼다멘딸
기차	Kereta 크레따	기침	Batuk 바뚝
기찻길	Jalan kereta / Rel 잘란 끄레따 / 렐	기차역	Stasiun kereta 스따시운 끄레따
기체	gas, uap air 가ㅅ, 우앞아이르	기타(악기)	Gitar 기따르
기초	Dasar 다사르	기호	cita rasa 찌따 라사

기차가 더 싸겠지만 더 느릴 것이다   Keretanya akan lebih murah tetapi akan lebih lambat
크레따냐 아깐 르빛 무라ㅎ 뜨따삐 아깐 르빛 람밧

기한을 늘리다
jangka waktunya menjadi lebih lama
장까 왁뚜냐 믄자디 르비ㅎ 라마

기회가 되면 또 뵙길 바랍니다   Jika ada kesempatan saya harap bisa bertemu kembali
지까 아다 끄슴빠딴 사야 하랖 비사 브르뜨무 끔발리

기회가 있었다   Ada kesempatan
아다 끄슴빠딴

기호(취미)	kecenderungan 끄쫀드룽안	기후	Iklim 이클림
	tanda, selera 딴다, 슬레라	긴급한	Urgen 우ㄹ겐
기회	Kesempatan 끄슴빠딴		mendesak 믄드삭

기회를 놓치다	Melewatkan kesempatan 믈레왓깐 끄슴빠딴
기회를 잡다	Mengambil kesempatan 믕암빌 끄슴빠딴
긴머리	Rambut yang panjang 람붓 양 빤장
긴생머리	Rambut lurus yang panjang 람붓 루루ㅅ 양 빤장
긴장을 풀다	Melepaskan rasa gugup 믈르빠ㅅ깐 라사 구굽
긴장하지 않았다	Tidak merasa gugup 띠닥 므라사 구-굽

길끝 사거리까지 가세요
Silahkan pergi sampai pertigaan ujung jalan
실랗깐 쁘ㄹ기 삼빠이쁠ㄹ띠가안 우중 잘란

길을 건너다	Menyeberang jalan 므녜브랑 잘란

길	Jalan 잘란	길을 잃다	Tersesat 뜨ㄹ스샷
길 건너편	Seberang jalan 스브랑 잘란	길이	Ukuran panjang 우꾸란 빤장
길다	Panjang 빤장	길이 막히다	Jalan macet 잘란 마쯧
길어지다	Memanjang 므만장	깃대	Standar 스딴다ㄹ
	Menjadi panjang 믄자디 빤장	깃발	Bendera 븐데라

길을 떠나다   Meninggalkan jalan
                                               므닝갈깐 잘란

길을 안내하다   Memandu jalan
                                             므만두 잘란

길 좀 비켜 주세요   Tolong minggir sedikit
                                             똘롱 밍기ㄹ 스디낏

김치를 만들다   Membuat kimchi
                                             음부앗 김치

김치 만들어 줄께   Saya akan buatkan kimchi
                                             사야 아깐 부앗깐 김치

김치 먹어 본적 있어요?
       Apakah Anda pernah makan kimchi?
                 아파까ㅎ 안다 쁘ㄹ낳 마깐 김치?

깊이	Kedalaman 끄달라만	깨끗이	Dengan bersih 등안 브르싫
	Dengan dalam 등안 달람	깨닫다	Tersadar 뜨ㄹ사다ㄹ
까마귀	Gagak 가각		mengetahui 믕으따후이
깔때기	Corong 쪼롱	깨뜨리다	Mengoyak 믕오약
깜박하다	Lupa 루빠		memecahkan 므므짜ㅎ깐
깨(곡물)	biji wijen 비지외젠	깨지기 쉽다	Mudah pecah 무닿 쁘짜ㅎ

김치는 발효 식품이다
Kimchi adalah makanan fermentasi
김치 아달랗 마까난 프ㄹ멘따시

깎아 주세요.
Tolong kupaskan
똘롱 꾸빠ㅅ깐

깎아 주세요. 아줌마
Tolong kupaskan bibi
똘롱 꾸빠ㅅ깐 비비

깜짝 놀란
Tersentak, kaget
뜨ㄹ슨딱, 까겟

깜짝 놀라다
Tersentak kaget
뜨ㄹ슨딱 까겟

꺾다	Belok 벨록	꽃	Bunga 붕아
꺾어지다(방향)	Pecah 쁘짜ㅎ	꽃가게	Toko bunga 또꼬 붕아
껌	Permen karet 쁘ㄹ멘 까렛	꽃가루	Serbuk sari 스ㄹ북 사리
껍질	kulit 꿀릿	꽃무늬	Motif bunga 모띱 붕아
껴안다	merangkul 므랑꿀	꽃병	Vas bunga 바스 붕아
꽂다(플러그)	Menyelipkan 므녤립깐	꽃을 따다	Memetik bunga 므므띡 붕아
	menusuk 므누숙	꽃이 피다	Bunga mekar 붕아 므까ㄹ

깨워 주세요   Tolong bangunkan
                똘롱 방운깐

껍질을 깎다   Mengupas kulit cangkang
                믕우파ㅅ 꿀릿 짱깡

꼭 일찍 일어나셔야 해요   Harus bangun lebih awal
                        하루ㅅ 방운 르빛 아왈

꼭 한번 봐요
                Harus bertemu meskipun hanya sekali
                하루ㅅ 브ㄹ뜨무 므ㅅ끼뿐 한냐 스깔리

꾸짖다	Menegur 므느구ㄹ	꿈	Mimpi 밈뻬
	Menghardik 믕하ㄹ딕	꿈꾸다	Bermimpi 브ㄹ밈뻬
꿀	Madu 마두	끄다(기계)	Mematikan 므마띠깐

꽃이 그려져 있다 Bunganya tergambar
붕아냐 뜨르감바르

꿈에서 미리 알려주다
Memberi tahukan sebelumnya dalam mimpi
음브리따후깐 스블룸냐 달람 밈뻬

끈적거리지 않는 Tidak bergetah
띠닥 브ㄹ그땋

Tidak lengket
띠닥 렝껫

끊지말고 잠깐 기다려봐
Jangan menyerah coba tunggu sebentar
장안 믄예라ㅎ 쪼바 뚱구 스븐따ㄹ

끓는 물 Air yang mendidih
아이ㄹ 양 믄디딯

끓이다 / 여덟 시간 동안 끓이다
Mendidihkan / didihkan selama 8 jam
믄디딯깐 / 디딯깐 슬라마 8잠

끄덕이다	Mengangguk 릉앙국	끓이다	Mendidihkan 믄디딩깐
끈	Tali 딸리	끝	Akhir 아키ㄹ
끊다(술, 담배)	Berhenti 브르흔띠		

끝나다 / 다끝났어 Berakhir / selesai
브라키ㄹ / 슬르사이

끼다(반지, 안경) Menyematkan
므녜맛깐

Memakai
므마까이

끝없는 Tidak ada akhirannya / Abadi
띠닥 아다 아키ㄹ란냐 / 아바디

ㄴ

나라	negara 느가라
나르다	mengangkut 음앙꿋
나날이	dari hari ke hari 다리 하리 끄 하리
나누다	membagi 음바기
나 대신	gantinya aku 간띠냐 아꾸
나무	pohon 뽀혼
나뭇가지	cabang 짜방
나뭇잎	daun 다운

나 어때?　bagaimana menurutmu tentang aku?
바가이마나 므누룻무 뜬땅 아꾸?

나 대신 대답하다　Tolong jawab untuk aku
똘롱 자왑 운뚝 아꾸

나도 그렇게 생각해　Saya juga pikir begitu
사야 주가 삐끼ㄹ 브가뚜

나도 그렇기를 바랍니다　Saya juga berharap begitu
사야 주가 브ㄹ하랍 브기뚜

나도 기뻐　Saya juga senang
사야 주가 스낭

나라를 세우다　Membangun negara
음방운 느가라

나라에서 배분하다　Mendistribusikan bagi negara
믄디ㅅ뜨리부시깐 바기 느가라

나쁘다	tidak bagus / jelek 띠닥 바구ㅅ / 젤렉	나중에	nanti 난띠
나서다	muncul berbalik 문쭐 브ㄹ빌릭	나침반	kompas 꼼빳
나았어요	menjadi sembuh 믄자디 슴부ㅎ	나타나다	muncul 문쭐
나이	umur, usia 우물, 우시아	나팔	terompet 뜨롬뺏
나이프 / 칼	pisau 삐사우	낙타	unta 운따

나만 빼놓고 간 거예요?

Aku ditinggal lalu akan pergi?
아꾸 디띵갈 랄루 아깐 쁘ㄹ기?

나무 밑에 숨다   Bersembunyi di bawah pohon
브ㄹ슴분이 디 바와ㅎ 뽀혼

나무에 새기다   Menebang pohon
므느방 뽀혼

나이가 많은 사람들이 그녀를 좋아해 Banyak orang yang jauh lebih tua menyukai perempuan itu
반약 오랑 양 자우ㅎ 르비ㅎ 뚜아 믄유까이 쁘름뿌안 이뚜

나중에 다시 전화할께요

Saya akan menghubungi kamu lagi nanti
사야 아깐 믕후붕이 까무 라기 난띠

낙선하다	dikalahkan 디깔라ㅎ깐	날다	terbang 뜨ㄹ방
낚시하다	memancing 므만찡	날씨	cuaca 쭈아짜

낙담하다	depresi, kecewa 데쁘레시, 끄쩨와
낙제하다	mengalami kegagalan 믕알라미 끄가갈란
낙태하다	melakukan aborsi 믈라꾸깐 아보ㄹ씨
낙후된	agak terbelakang / kurang maju 아각 뜨ㄹ블라깡 / 꾸랑 마주
낙관하다	optimis 옾띠미ㅅ
난 항상 혼자야	Saya selalu sendiri 사야 슬랄루 슨디리
날 믿어	Percayalah pada diriku 쁘ㄹ짜야라ㅎ 빠다 디리꾸
날씨 좋네요	Wah Cuacanya bagus 와ㅎ 쭈아짜냐 바구ㅅ
날씨가 좋다	Cuacanya bagus 쭈아짜냐 바구ㅅ
날씨가 답답하다	Cuacanya tidak bagus 쭈아짜냐 띠닥 바구ㅅ

날씬하다	langsing 랑씽	날조	penemuan 쁘느무안
날씬한	langsing 랑싱	날짜	tanggal 땅갈
날아가다	terbang, hilang 뜨ㄹ방, 힐랑	낡은	lama / tua / usang 라마 / 뚜아 / 우상

날씨가 덥다　　Harinya panas / Udaranya panas
　　　　　　　하리냐 파나ㅅ / 우다라냐 빠나ㅅ

날씨가 따뜻하고 햇살이 좋다.
Udaranya hangat dan banyak sinar matahari
　　　　우다라냐 항앗 단 반약 시나ㄹ 마따하리

날씨가 따뜻하다　　Harinya / Cuacanya hangat
　　　　　　　　　하리냐 / 쭈아짜냐 항앗

날씨가 맑은　　Cuacanya cerah / Hari cerah
　　　　　　　쭈아짜냐 쯔라ㅎ / 하리 쯔라ㅎ

날씨가 시원하다
　　　　Cuacanya sejuk / Hari yang sejuk.
　　　　쭈아짜냐 스죽 / 하리 양 스죽

날씨가 좋은　　Cuacanya bagus / Hari yang indah
　　　　　　　쭈아짜냐 바구ㅅ / 하리 양 인다ㅎ

날씨가 춥다　　　　　　　　Cuacanya dingin
　　　　　　　　　　　　　쭈아짜냐 딩인

날씬해 보여요　　　　　　Kelihatannya langsing
　　　　　　　　　　　　끌리하딴냐 랑싱

남기다	menyisakan 믄이사깐	남북	arah selatan 아라ㅎ 슬라딴
남다	tersisa 뜨ㄹ시사	남성	laki-laki 라끼 라끼
남동생	adik laki-laki 아딕 라끼 라끼	남자	pria / laki-laki 쁘리아 / 라끼 라끼

남극　　daerah kutub selatan
다에라ㅎ 꾸뚭 슬라딴

남녀　　laki-laki / perempuan
라끼 라끼 / 쁘름뿌안

남부 사람의 말을 하나도 이해 못하겠어.
　　Omongan orang daerah
　　selatan tidak bisa dimengerti
오몽안 오랑 다에라ㅎ 슬라딴 띠닥 비사 디믕으ㄹ띠

남의 충고를 듣다　Mendengarkan saran orang lain
믄등아ㄹ깐 사란 오랑 라인

날이 갈수록　　Seiring jalannya waktu
스이링 잘란냐 왁뚜

날이 갈수록 발전하다
　　Lama kelamaan menjadi berkembang
라마 끌라마안 믄자디 브ㄹ끔방

날이 갈수록 좋아지다
　　Lama kelamaan menjadi baik
라마 끌라마안 믄자디 바익

한국어	인도네시아어	한국어	인도네시아어
남부지역	daerah selatan 다에라ㅎ 슬라딴	낮	siang hari 시앙 하리
남편	suami 수아미	낮은	rendah 른다ㅎ
납세하다	membayar pajak 음바야르 빠작	낮잠 자	tidur di siang hari 띠두르 디 시앙 하리
낭만적인	romantis 로만띠ㅅ	낳다	beranak / berbunga 브ㄹ아낙 / 브ㄹ붕아
낭비야	terbuang percuma 뜨ㄹ부앙 쁘ㄹ쭈마	내기하다	bertaruh 브ㄹ따루ㅎ

남자친구/그녀의 남자친구는 어떤 일을 해?
Pacar dia kerja apa?
빠짜ㄹ 디아 끄ㄹ자 아빠?

남쪽
selatan / arah selatan
슬라딴 / 아라ㅎ 슬라딴

낭비하다
membuang-buang percuma
음부앙 부앙 쁘ㄹ쭈마

내가 말하려는 건
Yang aku katakan
양 아꾸 까따깐

내가 말했잖아
Aku kan sudah bilang
아꾸 깐 수다ㅎ 빌랑

내가 뭐라고 말했어?
Tadi aku bilang apa?
따디 아꾸 빌랑 아빠?

내내	terus menerus 뜨루ㅅ므느루ㅅ	내리다	turun 뚜룬
내년	tahun depan 따훈 드빤	내부	bagian dalam 바기안 달람
내려가다	turun 뚜룬	내 생각엔	pikirku 삐끼ㄹ꾸

내가 뭘 잘못 했어요? Aku salah apa?
아꾸 살라ㅎ 아빠?

내가 알기로는 Yang saya tahu
양 사야 따후

내가 알았을 때 Yang saya tahu waktu itu
양 사야 따후 왁뚜 이뚜

내구력이 있는 bisa tahan lama
비사 따한 라마

내가 이상한 거예요? Apa aku aneh?
아빠 아꾸 아네ㅎ?

내건 내가 고를 거야
Aku yang pilih mana yang aku mau
아꾸 양 필리ㅎ 마나 양 아꾸 마우

내기 할래요? Mau taruhan?
마우 따루한

내 생각에 Menurutku / Pikirku
므누룻꾸 / 삐끼ㄹ꾸

내용	subjek / isi 숩젝 / 이시	내조	bantuan istri 반뚜안이 스뜨리
내일	besok 베속	냄비	panci 빤찌
내일 아침	besok pagi 베속 빠기	냄새 맡다	mencium 믄찌움
내일 오후	besok siang 브속 시앙	냉수	air dingin 아이ㄹ 딩인

내 소개가 늦었네   Kenalanku terlambat
끈날란꾸 뜨ㄹ람밧?

내수 진작(경제용어)
     Mendorong permintaan domestik
믄도롱 쁘ㄹ민따안 도므ㅅ떡

내일 보는 거다 응?   Kita lihat besok, setuju? /
Kita lihat besok, OK?
끼따 리핫 베속, 스뚜주? / 끼따 리핫 베속, 오께?

내일 이 시간에 다시 올게요
besok aku akan datang pada waktu yang sama
베속 아꾸 아깐 다땅 빠다 왁뚜 양 사마

냄새가 안 좋은   baunya tidak enak
바우냐 띠닥 에낙

냄새를 풍기다   mencium bau
믄찌움바우

냉장고	kulkas 꿀까ㅅ	넘치다	meluap 믈루앞
너	kamu 까무	넣다	menaruh 므나루ㅎ
너무 예쁜	sangat cantik 상앗 짠띡	네 번째	ke empat 끄 음빳
넓다	lebar 레바르	네(대답)	ya(jawaban) 야 자와반
넘다	meluap 믈룰앞	네덜란드	Belanda 블란다
넘어지다	terjatuh 뜨ㄹ자뚜ㅎ	네모진	persegi 쁘ㄹ스기

냄새를 제거하다   Menghilangkan bau
 등힐랑깐 바우

너무 적게 먹네   Makan terlalu sedikit
 마깐 뜨ㄹ랄루 스디낏

네가 원하는 대로   Seperti yang aku mau
 스쁘ㄹ띠 양 아꾸 마우

그렇게 해 주세요   Tolong seperti itu
 똘롱 스쁘ㄹ띠 이뚜

네, 제가 박민수 입니다
    (Benar / Betul), saya Park Min Su
    (브나ㄹ / 브뚜ㄹ), 사야 팍 민 수

네트워크	network / 넷웍
넥타이	dasi / 다시
넷(숫자)	empat(angka) / 음빳(앙까)
년/5년	tahun / 5 tahun / 따훈 / 리마 따훈
작년/일년전	tahun lalu / 따훈 랄루
내년/일년후	tahun depan / 따훈 드빤
노동	tenaga kerja / 뜨나가 끄르자
노동력	tenaga / 뜨나가
노동시간	waktu bekerja / 왁뚜 브끄르자
노동자	pekerja / .buruh / 쁘끄르자 / 부루ㅎ
노란색	warna kuning / 와르나 꾸닝
노래	lagu / nyanyian / 라구 / 냐이안
노래방	karaoke / 까라오께
노래하다	bernyanyi / 브르냐이
노력	berusaha / 브르우사하
노를 젓다	mengayuh / 믕아유ㅎ

노동력을 낭비하다   Memboroskan tenaga
음보로ㅅ깐 뜨나가

노래도 좋지요   lagunya juga enak
라구냐 주가 에낙

노래방에서 노래하다   Bernyanyi di tempat karaoke
브르냐이 디 뜸빳 까라오께

노래방을 싫어하다   Tidak suka karaoke
띠닥 수까 까라오께

노름하다	berjudi 브르주디	노파	wanita tua 와니따뚜아
노벨상	hadiah nobel 하디아ㅎ 노벨	녹음하다	merekam 므르깜
노선	jalur 자루ㅎ	녹차	teh hijau 떼ㅎ 히자우
노트	catatan 짜따딴	논문	skripsi 스끄립시
노트북	notebook 노트북	놀다	bermain 브르마인
노크하다	mengetuk 믕으뚝	놀라다	terkejut 뜨르끄줏

노래와 음악	lagu dan musik 라구 단 무식
노래 잘하다	Pintar bernyanyi 삔따르 브르냐이
노래 좀 그만 불러	Tolong berhenti bernyanyi 똘롱 브르흔띠 브르냐이
노력하다	berusaha / terus mencoba 브르우사하 / 뜨루ㅅ 믄쪼바
노인	orang tua(sudah tua) 오랑 뚜아(수다ㅎ 뚜아)
노트북은 누구 거예요?	Notebook ini punya siapa? 노트북 이니 뿐야 시아빠?

농구	basket 바스껫	농촌	pedesaan 쁘데사안
농민	petani 쁘따니	높은	tinggi 띵기
농업	pertanian 쁘ㄹ따니안	높은 가격	harga tinggi 하ㄹ가 띵기
농업세	pajak pertanian 빠작 쁘ㄹ따니안	높이	tinggi 띵기

논쟁하지 말자.   Jangan membantah / berdebat
장안 믐반따ㅎ / 브ㄹ드밧

놀랄까 봐 걱정하다
       Saya kuatir kamu akan terkejut
       사야 꾸아띠ㄹ 까무 아깐 뜨ㄹ꺼줏

놀러 나가다   keluar untuk jalan-jalan
                끌루아ㄹ 운뚝 잘란-잘란

놀러오다   datang untuk jalan-jalan
                다땅 운뚝 잘란-잘란

농담이야   hanya guyonan / hanya bercanda
                 한야 구요난 / 한야 브ㄹ짠다

농담하다   membuat guyonan
                           음부앗 구요난

농림부   Departemen Pertanian dan Kehutanan
             데빠ㄹ뜨멘 쁘ㄹ따니안 단 끄후따난

놓다	menaruh 므나루ㅎ	누구세요?	Siapa? 시아빠?
누구	siapa 시아빠	누룽지	karak nasi 까락 나시
누구나	siapa saja 시아빠 사자	누르다	memencet 므멘쩻

높은 성적을 거두다
(Mendapat / memperoleh) nilai yang tinggi
(믄다빳 / 믐뿌ㄹ올레ㅎ) 닐라이 양 띵기

높은 위치 tempat yang tinggi
뜸빳 양 띵기

누가 더 나이가 많아요? Siapa yang lebih tua?
시아빠 양 르비ㅎ 뚜아?

누가 시켰어? Siapa yang menyuruh?
시아빠 양 믄유류ㅎ?

누가 알고 싶은데? Siapa yang mau tahu?
시아빠 양 마우 따후?

누구 배고파? Siapa yang lapar?
시아빠 양 라빠ㄹ?

누구 차례예요? Giliran siapa? / Siapa berikutnya?
길리란 시아빠? / 시아빠 브리꿋냐?

누군데? Siapa dia? / Siapa ya?
시아빠 디아? / 시아빠 야?

한국어	인도네시아어	한국어	인도네시아어
눅눅하다	lembab 름밥	눈병	sakit mata 사낏 마따
눈(기후)	salju 살주	눈보라	badai salju 바다이 살주
눈(신체)	mata 마따	눈썹	alis mata 알리ㅅ 마따
눈동자	bola mata 볼라 마따	눈앞	di depan mata 디 드빤 마따
눈물	air mata 아리ㄹ 마따	눈이 내리다	turun salju 뚜룬 살주

누구를 찾으세요?	Cari siapa? 짜리 시아빠?
누구의 집에 가시는데요?	Pergi ke rumah siapa? 쁘ㄹ기 끄 루마ㅎ 시아빠?
누군가와 통화하다	Menelepon siapa? 므느레폰 시아빠?
누설하다	membuka rahasia 음부까 라하시아
눈사람	orang-orangan salju 오랑 오랑안 살주
눈사람을 만들다	Membuat orang-orangan salju 음부앗 오랑 오랑언 살주
눈을 뜨다	Membuka mata 음부까 마따

눈이 아프다	sakit mata 사낏 마따	뉘앙스	nuansa 누안사
눈이 오다	turun salju 뚜룬 살주	뉴스	berita 브리따
눈치보다	Sungkan 숭깐	느리다	lambat 람밧

눈이 부시다 Mata terbelalak, sangat mengejutkan / mengesankan
마따 뜨ㄹ블라락, 상앗 응으줏깐, 응으산깐

눈싸움하다 lempar-lemparan salju / main salju
렘빠ㄹ 렘빠ㄹ란 살주 / 마인 살주

눈에 거슬리는 Sakit mata
사낏 마따

눈이 나빠서 안경을 써야해.
Matanya sakit karena itu memakai kacamata
마따냐 사낏 까르나 이뚜 므마까이 까짜마따

뉴스를 듣다 mendengarkan berita
믄등아ㄹ깐 브리따

느긋한 nyaman, cukup puas
냐만, 쭈꿉 뿌아ㅅ

느끼해(맛) Rasanya(makanan / minuman) 아니면 terlalu berminyak
라사냐(음식 / 음료수) 이니 아니면 뜨ㄹ라루 브ㄹ민약

느끼다	merasa 므라사	능력	keahlian 끄아ㅎ리안
늘어나다	meningkat 므닝깟	능숙한	pintar, dalam 삔따ㄹ, 달람
늙다	sudah tua 수다ㅎ 뚜아	능숙해지다	menjadi ahli 믄자디 아ㅎ리
늙은	tua 뚜아	늦었다	terlambat 뜨ㄹ람밧
늙은 여성	perempuan tua 쁘름뿌안 뚜아	늦은	larut 라룻
능(왕의 무덤)	Makam raja 마깜 라자	늦잠자다	tidur siang 띠두르 시앙
능동적인	aktif 악띱		

늦게 도착하다	Datang terlambat 다땅 뜨ㄹ람밧
늦게 일어나다	Bangun terlambat 방운 뜨ㄹ람밧
늦게 잠자리에 들다	Bangun kesiangan 방운 끄시앙안
늦잠을 자주 자요	Sering mengantuk 스링 믕안뚝

한국어	인도네시아어
다른	lain 라인
다른 것들	yang lain 양 라인
다가가다 mendekati 믄드까띠	다른 면 jika, kalau 지까, 깔라우

다가오다(시기)
Mendekati / mencapai(peluang / kesempatan)
믄드까띠 / 믄짜빠이(쁠루앙 / 끄슴빠딴)

다른 것으로 바꾸다 Pindah ke tempat lain
삔다ㅎ 끄 뜸빳 라인

다른 것 좀 보여 주세요
Tolong perlihatkan yang lain
똘롱 쁘ㄹ리핫깐 양 라인

다른 도시보다 오토바이가 많다
Di kota lain ada banyak sepeda motor
디 꼬따 라인 아다 반약 스뻬다 모또ㄹ

다른 말은 안 해? Tidak ada yang mau dikatakan?
띠딱 아따 양 마우 디까따깐?

다른 방법으로 하자   Ayo coba cara lain.
아요 쪼바 짜라 라인

다른 사람으로 착각했어요
Saya kira Anda orang lain
사야 끼라 안다 오랑 라인

다른 방법	cara yang lain 짜라 양 라인	다리를 다치다	Kaki terluka 까끼 뜨ㄹ루까
다리(건축)	jembatan 즘바딴	다림질하다	menyeterika 믄예떼리까
다리미	seterika 스뜨리까	다만	saja, cuma, hanya 사자, 쭈마, 한야

다른 색도 있어요?   Ada warna lain?
아다 와르나 라인?

다른 선택권이 없어   Ada pilihan yang lain?
아다 삘리한 양 라인

다른 음식으로 바꿔도 되요?
Boleh ganti makanan yang lain?
볼레ㅎ 간띠 마까난 양 라인?

다른 일을 없습니까?
Tidak ada pekerjaan yang lain?
띠닥 아다 쁘끄ㄹ자안 양 라인?

다리와 도로   jembatan dan jalan
즘바딴 단 잘란

다 먹다/다 먹었어요
Makan semua / Sudah makan semua
마깐 스무아 / 수다ㅎ 마깐 스무아

다발/장미꽃 한 다발   Buntelan, gelondong,
seikat / seikat bunga mawar
분뜰란, 글론동, 스이깟 / 스이깟 붕아 마와ㄹ

다사다난	sibuk sekali 시북 스깔리	다섯	lima 리마
다섯 번째	nomer lima 노메ㄹ 리마	다소간	Kurang lebih 꾸랑르비ㅎ

다수의   banyak sekali, berlipat ganda
반약 스깔리, 브ㄹ리빳 간다

다시 가져가다   Membawa pergi lagi / kembali membawa pergi
음바와 쁘ㄹ기 라기 / 끔발리 음바와 쁘ㄹ기

다시 개최되다   Mengadakan lagi / menggelar lagi
믕아다깐 라기 / 믕글라ㄹ 라기

다시 느려지다   Menjadi lambat lagi
믄자디 람밧 라기

다시 돌려줘야 해   Harus dikembalikan lagi
하루ㅅ디끔발리깐라기

다시 말씀해 주세요   Tolong bicara lagi
똘롱 비짜라 라기

다시 오셨으면 좋겠네요

     Saya harap dapat datang lagi
사야 하랖 다빳 다땅 라기

다시 전화하다   Menelepon kembali
므늘레폰 끔발리

다시 전화할게   Akan saya telepon lagi
아깐 사야 뜰레뽄 라기

다 알아	Tahu semua 따후 스무아	다음달	bulan depan 불란 뜨빤
다음날	Esok hari 에속 하리	다음번	nomer berikut 노메ㄹ 브리꿋
다시 한 번	Sekali lagi 스깔리 라기	다음부터는	Di waktu lain 디 왁뚜 라인
다시 한번하다	Sekali lagi 스깔리 라기	다음으로	Berikutnya 브리꿋냐

다시 한 번 잘 찾아봐   Coba cari sekali lagi
쪼바 짜리 스깔리 라기

다 알아듣다   Saya mengerti semua
사야 믕으ㄹ띠 스무아

다운되다(전산)   jatuh
자뚜ㅎ

다음 아시안게임   Asian Game yang akan datang
아시안 게임 양 아깐 다땅

다음 아시아게임은 어디서 열려?   Di mana akan diadakan Asian Game yang akan datang?
디마나 아깐 디아다깐 아시안 게임 양 아깐 다땅?

다음 역에 내리다   Turun di stasiun berikutnya
뚜룬 디 스따시운 브리꿋냐

다음 일요일은 괜찮아?   Minggu depan tidak apa-apa? / Minggu depan ada waktu?
밍구 드빤 띠닥 아빠 아빠? / 밍구 드빤 아다 왁뚜?

다음주	Minggu depan 밍구 드빤	다큐멘터리	dokumentari 도꾸멘따리
다이어트하다	diet 디엣	다행이다	untungnya 운뚱냐
다치다	terluka 뜨르루까	닦다	menggosok / melap 믄고속 / 므랖

다음에 올게요 Saya akan datang lagi
사야 아깐 다땅 라기

다음에 다시 전화할게 Saya akan telepon lagi
사야 아깐 뜰레뽄 라기

무슨 일이 생겼는데요? Ada kejadian apa?
아다 끄자디안 아빠?

다음에 사용하다 Akan dipakai lain waktu
아깐 디파까이 라인 왁뚜

다음에 얘기해 줄게요 Nanti akan saya ceritakan
난띠 아깐 사야 쯔리따깐

다지다 Menguatkan, menekankan, mencincang
믕우앗깐, 므느깐깐, 믄찐짱

다 팔렸어 Sudah terjual semua
수다ㅎ 뜨르주알 스무아

단거 많이 먹지 마
Jangan sering makan yang manis-manis
장안 스링 마깐 양 마니ㅅ 마니ㅅ

단독의	sendiri 슨디리	단어	kata 까따
단백질	protein 쁘로떼인	단어 넣기	menempatkan 므늠빳깐
단식	sistem yang mudah 싯뗌 양 무다ㅎ puasa 뿌아사	단위	unit 우닛
		단지	aja, saja 아자, 사자

단결하다　　menjadi satu, bersama-sama
은자디 사뚜, 브ㄹ사마 사마

단계
fase, bertingkat, bertahap, tahapan, tingkatan
파세, 브ㄹ띵깟, 브ㄹ따핲, 따하빤, 띵까딴

단발머리　　rambut pendek setelinga
람붓 뻰덱 스뜰링아

단언하다　　memastikan mengafirmasikan
므마ㅅ띠깐, 믕아피ㄹ마시깐

단장　　kepala suatu partai
끄빨라 수아뚜 빠ㄹ따이

단체　　kelompok, badan, partai
끌롬뽁, 바단, 빠ㄹ따이

단체손님　　Sekelompok tamu, para tamu
스끌롬뽁 따무, 빠라 따무

단추	kancing 깐찡	달다(맛)	manis 마니ㅅ
닫다	tutup, menutup 뚜뚭, 므누뚭	달러	dolar 돌라ㄹ
달(시간)	bulan 불란	달력	tanggal 땅갈
달(천체)	bulan 불란	달리다	lari, berlari 라리, 브ㄹ라리

투쟁하다   Berjuang, memperebutkan
브ㄹ주앙, 음쁘르붓깐

단체 여행객   Kelompok wisatawan / turis
끌롬뽁 외사따완 / 뚜리ㅅ

달라붙다   menempel, mengikat pada sesuatu
므넴뻴, 음이깟 빠다 스수아뚜

달라붙다(옷이 젖어서)
Melekat(karena bajunya basah)
믈르깟(까레나 바주냐 바사ㅎ)

달리기 경주를 하다   Perlombaan lari
쁘ㄹ롬바안라리

달면서 맛있다   Manis dan enak
마니ㅅ 단 에낙

달성하다   mencapai, memperoleh
믄짜빠이, 음쁘ㄹ올레ㅎ

달아요	manis 마니ㅅ	닭띠	shio ayam 시오 아얌
달팽이	siput / keong 시뿟 / 께옹	닮은	mirip 미립
닭	ayam 아얌	담배	rokok 로꼭
닭고기	ayam 아얌	담배를 피우다	merokok 므로꼭
닭날개	sayap ayam 사얍 아얌	담보	jaminan 자미난

달아나다	terbang, melarikan diri 뜨ㄹ방, 믈라리깐 디리
달팽이처럼 느린	Lambat seperti keong 람밧 스쁘ㄹ띠 께옹

닭 머리와 다리 좀 잘라 주세요
Tolong potong kepala dan kaki ayam
똘롱 뽀똥 끄빨라 단 까끼 아얌

담당하다	bertanggung jawab, Berwajib 브ㄹ땅궁 자왑, 브ㄹ와집
담배를 끊다	berhenti merokok 브ㄹ흔띠 므로꼭
담배를 피워도 될까요?	Boleh merokok? 볼레ㅎ 므로꼭

한국어	인도네시아어	한국어	인도네시아어
담요	selimut 슬리뭇	당근	wortel 오ㄹ뗄
답례하다	membalas jasa 음발라ㅅ 자사	당부하다	meminta 므민따
답변하다	menjawab 믄자왑	당연하다	tentu saja 뜬뚜 사자

담배 피우지마   Jangan merokok
장안 므로꼭

담보대출   garansi, meminjam
가란시, 므민잠

담임하다   bertugas, bertanggung jawab
브ㄹ뚜가ㅅ, 브ㄹ땅궁자왑

당신께 행운이 있기를 빕니다.
Saya harap keberuntungan dipihak Anda /
Saya harap anda beruntung
사야 하랖 끄브룬뚱안 디삐학 안다 / 사야 하랖 안다 브룬뚱

당신도 그녀를 아세요?
Anda juga kenal perempuan itu?
안다 주가 끄날 쁘름뿌안 이뚜?

당신 뜻대로 하세요   Lakukan yang Anda suka
라꾸깐 양 안다 수까

당신 말씀이 맞아요
Benar kata Anda / Betul perkataan Anda.
브나ㄹ 까따 안다 / 브뚤 쁘ㄹ까따안 안다

당연하지	tentu saja 뜬뚜 사자	당황하다	bingung 빙웅
당좌예금	Rekening 르끄닝	대(나무)	bambu 밤부

당신말을 못 알아듣겠어요.
Saya tidak mengerti apa yang anda katakan
사야 띠닥 응으르띠 아빠 양 안다 까따깐
Saya tidak mengerti maksud Anda
사야 띠닥 응으르띠 막숫 안다

당신을 알게 되어서 매우 기뻐요.
Saya sangat senang berkenalan dengan Anda
사야 상앗 스낭 브르끄날란 등안 안다

당신을 위한 거예요.   Untuk anda / Demi Anda
운뚝 안다 / 드미 안다

당신이 디나씨 아니신가요?
Apakah anda kenal dengan Dina?
아빠까ㅎ 안다 끄날 등안 디나?

당신이 승자예요   Anda adalah pemenang
안다 아달라ㅎ 쁘므낭

당신이 원하는 대로요   Terserah Anda
뜨르스라ㅎ 안다

대강 얼마나 걸려?
Kira-kira memakan waktu berapa lama?
끼라 끼라 므마깐 왁뚜 브라빠 라마?

대규모의	makro 마끄로	대답하다	menjawab 믄자왑
대극장	teater besar 떼아뜨르 브사ㄹ	대량	kolonel, ajudan 콜로넬, 아주단
대기(권)	atmosfer 앗모ㅅ페ㄹ	대륙	benua 브누아
대단한	hebat 헤밧	대리점	agen, perwakilan 아겐, 프ㄹ와낄란

대단하시군요.   Wah hebat ya
와 헤밧 야

대담하게 말을 하다   Menjawab
믄자왑

대령하다   menunggu perintah
므눙구 쁘린따ㅎ

대본   Naskah, fondasi yang kuat, prinsip dasar
나ㅅ까ㅎ, 폰다시 양 꾸앗, 프린싶 다사ㄹ

대부분 너무 놀라한다   Semua terkejut
스무아 뜨ㄹ끄줏

대사   hal yang besar, pidato, duber, ambasador
할 양 브사ㄹ, 삐다또, 두베ㅅ, 암바사도ㄹ

대사관 가는 길이에요.
    Jalan menuju kedutaan / arah ke kedutaan
잘란 므누주 그두따안 / 아랑 끄 끄두따안

대명사	kata ganti 까따 간띠	대중	biasa saja 비아사 사자
대변	buang air besar 부앙 아이ㄹ 브사ㄹ	대중식당	restoran umum 레ㅅ또란 우뭄
대사관	kedutaan 끄두따안	대출하다	meminjam 므민잠

대/선풍기 3대	Buah / Kipas angin 3 buah 부아ㅎ / 끼빠ㅅ 앙인 띠가 부아ㅎ
대변을 보다	buang air besar 부앙 아이ㄹ 베사ㄹ
대신하다	Menggantikan 믕간띠깐
대의(원대한 뜻)	alas, andalan, angkatan 알라ㅅ, 안달란, 앙까딴
대접하다	melayani, menjamu, mentraktir 믈라야니, 믄자무, 믄뜨락띠르
대중교통	transportasi umum 뜨란ㅅ뽀ㄹ따시 우뭄
대처하다	menanggulangi, berhasil mengatasi 므낭굴라이, 브ㄹ하실 믕아따시
대체로	sekira-kira, pas-pasan 스끼라-끼라, 빠ㅅ빠산
대체하다	mengganti, menggantikan 믕간띠, 믕간띠깐

대통령	presiden 쁘레시덴	대학교	universitas 우니베ㄹ시따ㅅ
대표(회사)	kantor pusat 깐또ㄹ 뿌삿	대학원	S2 / S3 에스 두아 / 에스 띠가
대표팀	tim perwakilan 팀 쁘ㄹ와낄란	대화	percakapan 쁘ㄹ짜까빤

대출기한은 얼마인가요?
  Berapa lama batas waktu pinjaman?
  브라빠 라마 왁뚜 삔자만

대/택시 1대
  Buah 아니면 armada / Taksi 3 (buah / armada)
  부아ㅎ / 아ㄹ마다 / 딱시 띠가 부아ㅎ / 아ㄹ마다

대통령을 뽑다 memilih presiden
  므밀리ㅎ 쁘레시덴

대표단 Delegasi
  델레가시

대표자 perwakilan
  쁘ㄹ와낄란

대학에서 강의를 맞고 있습니다.
  Kelas di universitas hampir penuh
  끌라ㅅ디우니베ㄹ시따ㅅ함삐ㄹ 쁘누ㅎ

대학원에서 공부중인 Sedang belajar S2 / S3
  스당 블라자ㄹ 에스 두아 / 에스 띠가

대회	kongres, rapat 꽁그레ㅅ, 라빳	더 늦다	lebih lambat 르비ㅎ 람밧
댄스	dansa 단사	더 많이	lebih banyak 르비ㅎ 반약
더	lebih 르비ㅎ	더 쉽다	lebih mudah 르비ㅎ 무다ㅎ
더 나가서는	maju 마주	더운	panas 빠나ㅅ
더 높은	lebih tinggi 르비ㅎ 띵기	더 있어	masih ada 마시ㄹ 아다

대합실	Ruang tunggu, lobi 루앙뚱구, 로비
대항하다	bertempur, berkelahi, berjuang 브ㄹ뗌뿌ㄹ, 브ㄹ끌라히, 브ㄹ주앙
더 드시겠어요?	Mau makan lagi? 마우 마깐 라기?
정말 더럽군	sungguh sangat kotor 숭구ㅎ 상앗 꼬또ㄹ
더럽히다	Mengotori 믕오또리
더 많이 있다	masih ada banyak 마시ㅎ 아다 반약
더불어	Bersama-sama 브ㄹ사마사마

더 큰	lebih besar 르비ㅎ 브사ㄹ	덕담	kata-kata mutiara 까따 까따 무띠아라
덕	kebajikan 끄바지깐	덫	jebakan 즈바깐

더블 룸   double room / kamar untuk 2 orang
다블 룸 까마ㄹ 운뚝 두아 오랑

더빙하다   Dubbing(TV) / menirukan
더빙(TV) / 므니루깐

더 작은 것은 없나요?Ada ukuran yang lebih kecil?
아다 우꾸란 양 르비ㅎ 끄찔?

더치페이하다   Bayar sendiri-sendiri
바야ㄹ 슨디리 슨디리

더치페이해도 될까요?
    Tidak apa-apa kalau bayar sendiri-sendiri?
띠각 아빠 아빠깐 깔라우 바야ㄹ 슨디리 슨디리?

더 큰 것은 없나요?
Tidak ada ukuran yang lebih besar?
띠닥 아다 우꾸란 양 르비ㅎ 베사ㄹ?

더 필요한 거 없어요. / 충분해요
tidak ada lagi yang dibutuhkan / cukup
띠닥 아다 라기 양 디부뚜ㅎ깐 / 쭈꾸

던져버리다   membuang dengan melempar jauh / membuang
음부앙 등안 믈렘빠ㄹ 자우ㅎ / 음부앙

덮다(담요)	menyelimuti 믄옐리무띠	도구	alat, perkakas 알랏, 쁘ㄹ까까ㅅ
덮다(책)	menutup 므누뚭	도덕	moral 모랄
데리고 오다	bawa ke sini 바와 끄 시니	도둑	pencuri / pencoleng 쁜쭈리 / 쁜쫄렝
데스크톱	dekstop 덱스땁	도망가다	melarikan diri 믈라리깐 디리
데이트	kencan 끈짠	도서관	perpustakaan 쁘ㄹ뿌ㅅ따까안

덜 심심하게 하다 tidak terlalu bosan
띠닥 뜨ㄹ랄루 보산

데다(불에) terbakar
뜨ㄹ바까ㄹ

데이트를 약속하다 Janji untuk kencan
잔지 운뚝 끈짠

데치다 masak setengah matang
마삭 스뜽아ㅎ 마땅

도/40도 suhu / 40 celsius
수후 / 음빳 뿔루ㅎ 셀시우ㅅ

도기 barang pecah belah, barang tembikar
바랑 쁘짜ㅎ 블라ㅎ, 바랑 뜸비까ㄹ

도달하다 mencapai, menjaga
믄짜빠이, 믄자가

데이터베이스	data base 데이터베이스	독수리	elang 엘랑
도시	kota 꼬따	독신	bujangan 부장안
도자기	keramik 끄라믹	독일	Jerman 제ㄹ만
도착하다	tiba / datang 띠바 / 다땅	독자	pembaca, langganan 쁨바짜, 랑가난

도를 넘다   mencapai
은짜빠이

도매로 팔다   menjual secara grosir
믄주알 스짜라 그로시ㄹ

도와줄 수 있어요?   Bisa tolong? Bisa bantu?
비사 똘롱? / 비사 반뚜?

도움이 되는   dapat menolong
따빳 믄놀롱

도움이 필요한 일이 있으면, 말씀만 해주세요

Kalau Anda membutuhkan pertolongan, tolong meminta
깔라우 안다 음부뚜ㅎ깐 쁘ㄹ똘롱안, 똘롱 므민따

Jangan sungkan-sungkan meminta bantuan jika membutuhkan
장안 숭깐-숭깐 므민따 반뚜안 지까 음부뚜ㅎ깐

도착할거야   Akan segera tiba / akan tiba
아깐 스그라 띠바 / 아깐 띠바

한국어	Indonesia	한국어	Indonesia
독자(구독)	pembaca 쁨바짜	돈을 받다	menerima uang 므느리마 우앙
독특한	spesial, unik 스페시알, 우닉	돈을 벌다	mendapat uang 믄다빳 우앙
돈	uang 우앙	돌다(방향)	memutar balik 므무따ㄹ 발릭

독립하다   menjadi(bebas, merdeka, mandiri)
은자디(베바ㅅ, 므ㄹ데까, 만디리)

독창적인   kreatif
끄라띺

돈 많이 벌고 복 받으세요
     Semoga banyak uang, banyak rejeki
     스모가 반약 우앙, 반약 르즈끼

돈을 계산하다   Menghitung uang
     믕히뚱 우앙

돈을 많이 쓰지 않다
     Tidak sering menghabiskan uang
     띠닥 스링 믕하비ㅅ깐 우앙

돈을 모으다 / 오토바이를 사기 위해 돈
     Mengumpulkan uang
     믕움뿔깐 우엉
     Mengumpulkan uang untuk membeli sepeda motor
     믕움뿔깐 우앙 운뚝 믐벨리 스뻬다 모또ㄹ

돌아오다	datang kembali 다땅 끔발리	동	perunggu 쁘룽구
돌연히	secara tiba-tiba 스짜라 띠바-띠바	동(방향)	timur 띠무ㄹ
돕다	panas 빠나ㅅ	동남아	Asia Selatan 아시아 슬라딴

돈을 빌려주실 수 있으세요?

Bisa pinjami saya uang?
비사 삔잠미 사야 우앙

돈을 송금하다

Mengirimkan uang
믕이림깐 우앙

돈을 인출하다

Mengambil uang
믕암빌 우앙

돈 충전해주세요

Tolong pinjami saya uang
똘롱 삔자미 사야 우앙

돌려드리러 왔어요

Saya datang untuk mengembalikan uang
사야 다땅 운뚝 믕음발리깐 우앙

돌려주다

memberikan kembali
음브리깐 끔발리

돌보다

merawat, mengurusi
므아왓, 믕우루시

동갑 맞아요

benar / betul / setuju.
브나ㄹ / 브뚤 / 스뚜주

동료	teman sekerja 떼만 스끄ㄹ자	동생	adik 아딕
동메달	medali perunggu 므달리 쁘룽구	동시에	saat yang sama 사앗 양 사마
동물	binatang / hewan 비나땅 / 해완	동업자	mitra 미뜨라
동물원	kebun binatang 끄분 비나땅	동유럽	Eropa timur 에로빠 띠무르
동반하다	membawa serta 믐바와 스ㄹ따	동의하다	setuju 스뚜주
동사	kata kerja 까따 끄ㄹ자	돼지	babi 바비

동갑인	sebaya 스바야
동료의 집을 방문하다	Mengunjungi rumah teman sekerja 믕운중이 루마ㅎ 떼만 스끄ㄹ자
동반자	peserta / pendamping / sekutu 쁘스ㄹ따 / 픈담핑 / 스꾸뚜
동반자관계	Ikatan / hubungan (pendamping / peserta / sekutu) 이까딴 / 후붕안(쁜담삥 / 쁘스ㄹ따 / 스꾸뚜)
동안/8시간 동안	Selama delapan jam 슬라마 들라빤 잠

돼지띠	Shio babi 시오 바비	두꺼비	katak 까딱
되나요?	Apakah boleh? 아빠까ㅎ 볼레ㅎ?	두다	Menaruh 므나루ㅎ
되다	sudah 수다ㅎ	두려운	Takut 따굿
되풀이하다	berulang kali 브ㄹ울랑 깔리	두려워하다	takut 따굿
두고 가다	Meninggalkan 므닝갈깐	두부	tahu 따후

동포　　　　　　　　　　sekampung, sedarah
　　　　　　　　　　　　스깜풍, 스다라ㅎ

돛을 달다　　　　　memasang layar / bendera
　　　　　　　　　　므마상 라야ㄹ / 븐데라

됐다 안됐다 해요　　　　Lakukan sebisamu
　　　　　　　　　　　　라꾸깐 스비사무

두개로 자르다　　　　Potong menjadi dua
　　　　　　　　　　　뽀똥 믄자디 두아

두고 잊어버리다　　　　Lupa taruh dimana
　　　　　　　　　　　루빠 따루ㅎ 디마나

두근거리다　　　　deg-degan, berdebar
　　　　　　　　　드그-드그안, 브ㄹ드바ㄹ

두 번째　　　　　　nomer dua / ke dua
　　　　　　　　　노므ㄹ 두아 / 끄 두아

둑	tambak 땀박
둔화(경제용어)	menurun 므누룬
둘(숫자)	dua(angka) 두아(앙까)
둘 다	kedua-duanya 끄두아 두아냐
둘러싸다	menggerumuti 믕그루무티
둥근	bundar 분다ㄹ
뒤꿈치	tumit 뚜밋
뒤쪽	belakang 블라깡
두 번 했어.	Sudah dua kali 수다ㅎ 두아 깔리
두통이 있는	ada rasa sakit, merasa sakit 아다 라사 사낏, 므라사 사낏
두 팀이 비겼어	Membandingkan dua tim 믐반딩깐 두아 띰
둘러보다	melihat(sekitar / sekeliling) 믈리핫(스끼따ㄹ / 스끌리링)
둘레(원주)	sekeliling, sekitar, seputar 스끌리링, 스끼따ㄹ, 스쁘따ㄹ
뒤에 있는 사람들	Dibelakang orang-orang 디블라깡 오랑 오랑
뒤죽박죽인	kacau balau, berantakan 까짜우 발라우, 브란따깐

뒷담화	gosip 고싶	드럼(악기)	drum 드럼
뒷면	belakang 블라깡	드세요(어른에게)	Silahkan 시라ㅎ깐
드라이브하다	menyetir 믄으띠르	듣다	mendengar 믄등알

뒤집다(안을 밖으로)	membalikkan 믐발릭깐
뒤쫓다	mengejar, menindak lanjuti 믕으자ㄹ, 므닌닥 ㄹ
드라이어	alat pengering rambut 알랏 쁭으링 람붓
드라이하다(머리)	Mengeringkan rambut 믕으랑깐 람붓
드리다	memberikan 믐브리깐
득점이 나질 않았어요	Skornya tidak baik 스꼬ㄹ냐 띠닥 바익
듣기로는	menurut yang saya dengar 므누룻 양 사야 등아ㄹ
듣기 좋은	enak didengar 에낙 디등아ㄹ
들다(손에)	mengangkat tangan 믕앙깟 땅안

들어가다	masuk 마숙	등대	menara api 므나라 아삐
들판	lapangan, medan 라빵안, 메단	등록하다	mendaftar 믄닾따ㄹ

들다(역기를)   mengacungkan(jari tengah)
믕아충깐(자리 뜽아ㅎ)

들르다   mampir, mengunjungi
맘삐ㄹ, 믕운중이

들어가도 돼?   Boleh masuk?
볼레ㅎ 마숙?

등(인체)   punggung(badan / tubuh)
뿡궁(바단 / 뚜부ㅎ)

등급   kelas, martabat, kadar
끌라ㅅ, 마ㄹ따밧, 까다ㄹ

등급에 도달하다
Meraih / mencapai(target / tahapan)
므라이ㅎ / 믄짜빠이(따ㄹ겟 / 따하빤)

등기우편   Surat / pos tercatat
수랏 / 뽀ㅅ 뜨ㄹ짜땃

등기우편으로 보내려고요   Mengirimkan pos tercatat
믕이림깐 뽀ㅅ 뜨ㄹ짜땃

디자인하다   mendesain, merancang
믄디사인, 므란짱

디스크	disket 디ㅅ껫	따지다	membedakan 음베다깐
디지털	digital 디기딸	딱딱한	keras 끄라ㅅ
따뜻하다	hangat 항앗	딸	anak perempuan 아낙 쁘름뿌안
따라가다	mengikuti 믕이꾸띠	딸기	stroberi 스뜨로베리
따르지 않다	tidak berbeda 띠닥 브—베다	딸꾹질	tersedak, kesedak 뜨ㄹ스닥, 끄스닥

디지털 카메라	digital kamera 디지딸 까메라
등록증	Kartu Tanda Penduduk(KTP) 까ㄹ뚜 딴다 쁜두둑(까떼뻬)
따다(과일)	membusuk(buah) 음부숙(부아ㅎ)
따뜻하게 하다(난방)	membuat hangat 음부앗 항앗
따로	terpisahkan 뜨ㄹ삐사ㅎ깐
따르다(명령)	Menuruti 므누루띠
따르다(액체)	menuangkan(cairan) 므노앙깐(짜이란)

땅	tanah 따나ㅎ	떨어지다	jatuh 짜뚜ㅎ
땅을 갈다	menggali tanah 믕갈리 따나ㅎ	또는	dan 단
땅콩	kacang 까짱	또한	lalu, kemudian 랄루, 끄무디안
때때로	kadang-kadang 까당 까당	똑같다	sama 사마
때리다	memukul 므무꿀	똑바로 가다	jalan lurus 잘란 루루ㅅ
때문에	Karena 까르나	뚜껑	tutup botol 뚜뚭 보똘
떠나다	Meninggalkan 므닝갈깐	또 까먹었어요?	Lupa lagi? 루빠 라기?

땀을 흘리다　　　　　keringatnya mengalir
　　　　　　　　　　　끄랑앗냐 믕아리ㄹ

땅을 밟다　　Meninggalkan jejak, bertumpu
　　　　　　므닝갈깐 제작, 브ㄹ뚬뿌

떼(무리)　sekelompok, sekerumun, segerombol
　　　　　스끌롬뽁, 스끄루문, 스그롬볼

떠올리다/그녀를 떠올리곤 했다　　(Mengenang /
　　　　　　　mengingat) / Mengenang wanita itu
　　　　　　　(믕으낭 / 믕이앗) / 믕으낭 와니따 이뚜

똑같이 예쁘다	sama cantik 사마 짠띡	뜯다	memetik 므므띡
뚱뚱하다	gemuk 그묵	뜯어봐	Coba buka 쪼바 부까
뜨거운	panas 빠나ㅅ	뜻(의미)	arti 아ㄹ띠
뜨거워	panas 빠나ㅅ		

뛰다   melompat / meloncat
므롬팟, 므론찻

뜨다(물에서)   melampung(di air)
믈람뿡(디 아이ㄹ)

뜨다(연예인)
membelakan mata / melototi(selebriti)
믐블라라깐 마따 / 믈로또띠(슬레브리띠)

뜻대로   Seperti yang diharapkan
스쁘ㄹ띠 양 디 후랖깐

똑똑히 말하다   (Berbicara / mengucapkan / mengatakan) dengan jelas
(브ㄹ비짜라 / 믕우짭깐 / 믕아따깐) 등안 즐라ㅅ

뜨거운 물 조금만 더 주세요
Tolong tambah air panas
똘롱 땀바ㅎ 아이ㄹ 빠나ㅅ

ㄹ

한국어	Indonesia	
라디오	radio 라디오	

라디오 　　　　　radio
　　　　　　　　라디오

라면 　　　　　　kalau
　　　　　　　　깔라우

라이터 　　　pemantik api
　　　　　　　뻬만띡 아삐

러시아 　　　　　rusia
　　　　　　　　루시아

러시아어 　　bahasa rusia
　　　　　　　바하사 루시아

라디오 방송국 stasiun radio
　　　　　　스따시운 라디오

레드카드 　　　kartu merah
　　　　　　　카ㄹ뚜 메라ㅎ

레몬주스 　　　　lemon jus
　　　　　　　　레몬 주ㅅ

레벨 　　　　level, tingkat
　　　　　　　　레벨, 띵깟

레스토랑 　　　　restoran
　　　　　　　　레ㅅ또란

로그인(전산) 　　　　log-in
　　　　　　　　로ㄱ 인

로맨틱한 　　　　romantis
　　　　　　　　로만띠ㅅ

로비 　　　　　　　lobi
　　　　　　　　로비

루마니아 　　　　romania
　　　　　　　　로마니아

렌터카 회사 　　　penyewaan mobil
　　　　　　　　쁜예와안 모빌

로딩 용량(전산) 　kapasitas men-download
　　　　　　　　까빠시따ㅅ 믄-다운롯

로마에 가면 로마법을 따라야지 　Jika pergi ke Roma,
　　　　　　　berlakulah seperti orang Roma
지까 쁘ㄹ기 끄 러마, 브ㄹ라꿀라ㅎ 스쁘ㄹ띠 오랑 로마

리더	pemimpin 쁘밈삔	리셉션	resepsi 르셉시
리듬	irama, ritme 이라마, 릿메	리스트	daftar 닾따ㄹ
리모컨	remote kontrol 리모트 꼰뜨롤	립스틱	lipstik 립스띡

롤/휴지 3롤   Gulungan / tisu 3 gulungan
굴룽안 / 띠슈 띠가 굴룽안

룸서비스   pelayanan kamar
쁠라야난 까마ㄹ

리터/물 1리터   Liter / air 1 liter
리터 / 아이ㄹ 사뚜 리터

한국어	인도네시아어	발음
마늘	bawang putih	바왕 뿌띠ㅎ
마르다	kering	끄링
마른(건조)	kering	끄링
마술	sulap	술랖
마스크	topeng	또뼁
마시다	minum	미눔
마실 것	tempat minum	뜸빳 미눔
마우스(전산)	mouse	마우스
~해야 한다	sesuai / secara adil	스수아이 / 스짜라 아딜
마리/닭 3마리	Ekor / Ayam 3 ekor	에꼬ㄹ / 아얌 띠가 에꼬ㄹ
마약	ganja, cobat-obatan terlarang	간자, 오밧-오밧딴 뜰라랑
마약을 하다	Memakai obat-obatan terlarang	므마까이 오밧 오밧딴 뜰라랑
마우스 오른쪽 클릭하다	Meng-klik mouse kanan	믕클릭 마우스 까난
마을	perkampungan, pedesaan	쁘ㄹ깜뿡안, 쁘데사안
마을 입구	Pintu masuk pedesaan	삔뚜 마숙 쁘데사안

마음	perasaan 쁘라사안	마지막	terakhir 뜨르아끼르
마음에 드는	suka 수까	마찬가지로	seperti halnya 스쁘르띠 할냐
마음에 드십니까?	Suka? 수까?	마치다	menyelesaikan 믄옐레사이깐

마음대로   terserah semuanya
뜨르세라ㅎ 스무아냐

마음에 드는 물건   Barang yang disukai
바랑 양 디수까이

마음에 안 들어요.   Tidak suka
띠닥 수까

마음을 다해서   Berbuat sesuka hati
브르부앋 스수까 하띠

마음이 따뜻한   Orang yang lembut hati
오랑 양 름붓 하띠

마음이 아파   perasaanku terluka
쁘라사안꾸 뜨르루까

마음이 아픈   Hatiku terluka
하띠꾸 뜨르루까

마음이 평온한   perasaan yang tenang
쁘라사안 양 뜨낭

마중 나가다   keluar untuk menyambut
끌루아르 운뚝 믄얌붓

막 뛰어가다	Berlari 브ㄹ라리	막내	anak terakhir 아낙 뜨ㄹ아끼ㄹ
막(연극)	secepat mungkin 스쯔빳 뭉낀	만(바다)	Pesisir(pantai) 쁘시시ㄹ(빤따이)

마천루   Gedung pencakar langit
그둥 쁘짜까ㄹ 랑잇

마취하다   memberi anesteri
음베리 아네ㅅ떼리

마침표를 찍다   Mendapatkan karcis terakhir
믄다빳깐 까ㄹ찌ㅅ 뜨ㄹ아끼ㄹ

막 2년 되었어요   Sudah 2 tahun
수다ㅎ 두아 따훈

막다   berhenti / mencegah
브ㄹ흔띠 / 믄쯔가ㅎ

막 일어났어요   Baru bangun
바루 방운

막 ~하려 하다   Baru akan melakukan
바루 아깐 믈라꾸깐

만기가 되다   Masa guna sudah berakhir
마사 구나 수다ㅎ 브ㄹ아끼ㄹ

만나고 싶다 / 대와씨를 만나고 싶어요
Ingin bertemu / Ingin menemui Dewi
잉인 브ㄹ뜨무 / 잉인 메네무이 대외

만들다	membuat 음부앗	만족해요	puas 뿌아ㅅ
만약	kalau 깔라우	만화영화	Film kartun 필름 까ㄹ뚠
만족스러워	puas 뿌아ㅅ	많은	banyak 반약
만족시키다	memuaskan 메무아ㅅ깐	많은 곳	banyak tempat 반약 뜸빳
만족하다	puas 뿌아ㅅ	많은 사람	banyak orang 반약 오랑

만나다   bertemu / berjumpa
브ㄹ뜨무 / 브ㄹ줌빠

만들어 내다   membangun, memproduksi
음방운, 음쁘록둑시

만약 그렇다면   kalau begitu / apabila begitu
깔라우 브기뚜 / 아빠빌라 브기뚜

만약 그렇지 않다면   Kalau tidak begitu
깔라우 띠닥 브기뚜

만약 바쁘지 않으시면, 같이 가요.
Kalau tidak sibuk, ayo pergi bersama
깔라우 띠닥 시북, 아요 쁘ㄹ기 브ㄹ사마

만약 필요하다면   Kalau diperlukan
깔라우 디쁘ㄹ루깐

많이	Banyak 반약	말(동물)	kuda(hewan) 꾸다(해완)
많이 먹다	Banyak makan 반약 마깐	말(언어)	bicara(bahasa) 비짜라(바하사)
맏아들	anak paling besar 아낙 빨링 브사ㄹ	말띠	shio kuda 시오 꾸다

많이 돌봐주시기 바랍니다
　　　　　Tolong diurus dengan baik
　　　　　똘롱 디우루ㅅ 등안 바익

많이 들어도 하나도 이해하지 못한다
　　　　　Meskipun sering mendengar tapi
　　　　　tetap saja tidak mengerti apapun
　　ㅁㅅ끼뿐 스링 믄등아ㄹ 따삐 뜨땁 사자 띠닥 믕으ㄹ띠 아빠뿐

많이 먹고 많이 커라　Banyak makan cepat tinggi
　　　　　　　　　반약 마깐 쯔빳 띵기

많이 먹었어　　　　　Banyak makan(telah)
　　　　　　　　　반약 마깐(뜰라ㅎ)

많이 바쁘지 않아　　　Tidak begitu sibuk
　　　　　　　　　띠닥 브기뚜 시북

말도 안돼　　　　　　tidak dapat dipercaya
　　　　　　　　　띠닥 따빳 디쁘ㄹ짜야

말라보여요　　　　　Kelihatan kurus
　　　　　　　　　끌리하딴 꾸루ㅅ

말리다(건조) kering	말을 타다 naik kuda
끄링	나익 꾸다
말씀 kata / tutur kata	말하자면 kalau, jika
까따 / 뚜뚜ㄹ까따	깔라우, 지까

마르다(체중)
    semakin kurus, menjadi kurus(berat badan)
    스마낀 꾸루ㅅ, 믄자디 꾸루ㅅ(베랏 바단)

말레이시아인   orang Malaysia
    오랑 말라이시아

말씀하실 것이 있으면, 제가 전해 드릴게요
    Kalau mau titip pesan, akan saya sampaikan
    깔라우 마우 띠띺 쁘산, 아깐 사야 삼빠이깐

말씀해 주실 수 있나요
    Ada yang Anda mau sampaikan pada saya?
    아다 양 안다 마우 삼빠이깐 빠다 사야?

말을 자르다
    Memotong orang sewaktu masih berbicara
    므모똥 오랑 스왁뚜 마시ㅎ 브르비짜라

말 자르지마요   Jangan potong jika orang bicara
    장안 뽀똥 지까 오랑 비짜라

말하고 싶은 기분이 아니야
    Sedang tidak ingin bicara
아니면 sedang tidak mood untuk bicara
    스당 띠닥 잉인 비짜라
    스당 띠닥 뭇 운뚝 비짜라

말하기를	kabarnya, konon 까바ㄹ냐, 꼬논	맛	rasa 라사
맑은(날씨)	Cerah(cuaca) 쯔라ㅎ(쭈아짜)	맛없다	tidak enak 띠닥 에낙

말하다   berbicara / berkata
브르비짜라 / 쁘르까따

말할 필요가 없다
     Tidak ada yang perlu dibicarakan
     띠닥 아다 양 쁘ㄹ루 디비짜라깐

말해봐   coba katakan
쪼바 까따깐

말했잖아요   saya sudah katakan
사야 수다ㅎ 까따깐

맛보다   mencoba, mencicipi
믄쪼바, 믄짜짜삐

맛보세요   coba rasakan, coba cicipi.
쪼바 라사깐, 쪼바 찌찌삐

맛없어 보여   Kelihatannya tidak enak
끌리하딴냐 띠닥 에낙

맛이 좋은   rasanya enak / lezat
라사냐 에낙 / 르잣

맛있게 먹어   Silahkan dinikmati 아니면
Nikmati makanannya ya
실라ㅎ깐 디닉마띠 닉마띠 마까난냐 야

맞나요?	Benar / betul? 브나르 / 브뚤?	매너	etika 에띠까
맞은편	di seberang 디 스브랑	매년	setiap tahun 스띠앞 따훈
맡기다	menitipkan 므니띺깐	매다	mengikat 등이깟

맛있어?   Apakah enak / lezat?
아빠까ㅎ 에낙 / 르잣?

맛있겠다   kelihatannya enak
끌리하딴냐 에낙

망가뜨리다   memecah, menjebol
므므짜ㅎ, 믄제볼

망치다 / 다 망쳐 버렸잖아   Kacau balau, berantakan / Semua sudah berantakan
까짜우 발라우, 브란따깐 / 스무아 수다ㅎ 브란따깐

맞는 길로 가고 있나요?   Apakah kita berjalan di jalan yang benar
아빠까ㅎ 끼따 브르잘란 디 잘란 양 브나ㄹ

맞는지 보려고 입어봤어   Sudah dicoba untuk melihat cocok atau tidak(pakaian)
수다ㅎ 디쪼바 운뚝 믈리핫 쪼쪽 아따우 띠닥(빠까이안)

맞추다   membandingkan, melaraskan
믐반딩깐, 믈라라ㅅ깐

매력	pesona 쁘소나	매트리스	kasur 까수ㄹ
매일	setiap hari 스띠앞 하리	매표소	loket karcis 로껫 까ㄹ찌ㅅ
매일 2알씩	Sehari 2 kali 스하리 두아 깔리	매혹	pesona 쁘소나
매진	terjual habis 뜨ㄹ주알 하비ㅅ	매화	setiap 스띠앞
매트	keset 께셋	맥박	denyut nadi 든윷 나디

맡아서 해 나가다

    Saya harus melakukan pekerjaan ini karena merupakan kewajiban saya
    사야 하루ㅅ 믈라꾸깐 프끄ㄹ자안 이니 까르나 므루빠깐 끄와지반 사야

매니큐어 칠하다   Mengecat kuku
    믕으짯 꾸꾸

매력 있는   mempesona, menarik
    음쁘소나, 므나릭

매우   sangat / amat / sekali
    상앗 / 아맛 / 스깔리

매우 당황하다   Sangat kelabakan / sangat bingung
    상앗 끌라박깐 / 상앗 빙웅

| 맥주 | bir
비ㄹ | 머리가 나쁜 | tidak pintar
띠닥 삔딸 |
|---|---|---|---|
| 맥주 4병 | Bir 4 botol
비ㄹ 음빳 보똘 | 머리가 아프다 | sakit kepala
사낏 끄빨라 |
| 맵다 | pedas
쁘다ㅅ | 머리를 감다 | cuci rambut
쭈찌 람붓 |

매우 조금   Sangat sedikit / sedikit sekali
상앗 스디낏 / 스다낏 스깔리

매일 몇 시부터 몇 시까지 일해요?   Setiap hari bekerja dari jam berapa sampai jam berapa?
스띠앞 하리 브끄ㄹ자 다리 잠 브라빠 삼빠이 잠 브라빠?

맥주나 술을 드시겠어요?   Apakah Anda minum bir atau minuman keras lainnya?
아빠까ㅎ 안다 미눔 비ㄹ 아따우 미누민 끄라ㅅ 라인냐

맥주 많이 마시면 배 나올 거야.
Kalau terlalu banyak minum bir,(perut akan kembung / perut akan bertambah besar)
깔라우 뜨ㄹ라루 반약 미눔 비ㄹ,
(쁘룻 아깐 끔붕 / 쁘룻 아깐 브ㄹ땀바ㅎ 브사ㄹ)

열매는 맺다   berbuah, berhasil
브ㄹ부아ㅎ, 브ㄹ하실

머리   rambut, kepala, otak
람붓, 끄빨라, 오딱

머리가 벗겨지다   menjadi botak
믄자디 보딱

머리카락	rambut 람붓	먹고싶다	Ingin makan 잉인 마깐
머물다	tinggal 띵갈	먼(거리)	jauh(jalan) 자우ㅎ(잘란)

머리가 좋다   pintar, cerdas, pandai
삔따ㄹ, 쯔ㄹ다ㅅ, 빤다이

머리를 가로 젓다(거절)
       Memberi belahan pada rambut
       음브리 블라한 빠다 람붓

머리를 기르다   Memanjangkan rambut
므만장깐 람붓

머리를 묶다   mengikat rambut
믕이깟 람붓

머리를 숙이다   Menundukkan kepala
므눈둑깐 끄빨라

머리를 스타일링하다
       Membuat rambut menjadi lebih keren
       음부앗 람붓 믄자디 르비ㅎ 끄렌

머리를 풀다   menggerai rambut
믕그라이 람뭇

먹다/다 먹어   Makan / makan semua
마깐 / 마깐 스무아

먹어봐도 되요?   Boleh coba?
볼레ㅎ 쪼바?

먼가요?	Apakah jauh? 아빠까ㅎ 자우ㅎ?	멀지?	Jauh kan? 자우ㅎ 깐?
먼지	debu 데부	멈추다	berhenti 브르흔띠
멀리뛰기	loncat jauh 론짯 자우ㅎ	멈칫하다	sungkan 숭깐

먼저   lebih dahulu / terlebih dahulu
레비ㅎ 다훌루 / 뜨ㄹ르비ㅎ 다훌루

먼저 가도 되지?   Boleh pergi dulu, kan?
볼레ㅎ 쁘ㄹ기 둘루, 깐?

먼저 가도 될까요?   Apakah boleh pergi dahulu?
아빠까ㅎ 볼레ㅎ 쁘ㄹ기 다후루?

먼저 간다.   Pergi terlebih dahulu
쁘ㄹ기 뜨ㄹ르비ㅎ 다훌루

먼저 도착하다   Datang terlebih dahulu
다땅 뜨ㄹ르비ㅎ 다훌루

멀미를 멈추게 하다   Menghentikan(mabuk laut / mabuk udara / mabuk naik kendaraan)
믕헨띠깐(마북 라웃 / 마북 우다라 / 마북 나익 끈다라안)

멀미하다   mabuk jika naik kendaraan
마북 지까 나익 끈다라안

멍청하지 않다   tidak berlaku bodoh / Jangan seperti orang bodoh
띠닥 브ㄹ라꾸 보도ㅎ / 장안 스쁘ㄹ띠 오랑 보도ㅎ

멋진	keren 끄렌	메뚜기	belalang 블라랑
메달	medali, tanda jasa 메달, 딴다 자사	메모리(전산)	Kapasitas 까빠시따ㅅ

메뉴   menu, daftar makanan
                                  메뉴, 다ㅍ따ㄹ 마까난

메뉴판   daftar makanan / menu
                                  닾따ㄹ 마까난 / 메뉴

메뉴판을 보여 주세요   Boleh lihat menunya
                                  볼레ㅎ 리핫 메누냐

메다   menambatkan, membelit
                                  므남밧깐, 음블릿

메달을 따다   mendapat / memperoleh medali
                                  믄다빳 / 음프ㄹ올레ㅎ 메달리

메달을 수여하다
     (Memberi / menggelari) medal / tanda jasa
            (음브리 / 믕글라리) 메달 / 딴다 자사

메모   memo, pesanan, catatan
                                  메모, 쁘사난, 짜따딴

메모를 남기다   Meninggalkan pesan
                                  므닝갈깐 쁘산

메시지를 보내다   Mengirim (pesan / amanah)
                                  믕이림 (쁘산 / 아마나ㅎ)

한국어	인도네시아어	한국어	인도네시아어
멜로디	melodi / balada 멜로디 / 발라다	면도칼	pisau cukur 삐사우 쭈꾸ㄹ
멤버	anggota 앙고따	면도하다	bercukur 브ㄹ쭈꾸ㄹ
며느리	menantu 므난뚜	면세점	duty free 두티 프리
며칠	beberapa hari 브브라빠 하리	면적	area, daerah 아레아, 다에라ㅎ
며칠에?	Hari apa ini? 하리 아빠 이니?	면접	wawancara 와완짜라
면도기	Alat cukur 알랏 쭈꾸ㄹ	명령	perintah, aba-aba 쁘린따ㅎ, 아바-아바

멜로영화   (Drama / sandiwara) yang sedih
(드라마 / 산디와라) 양 스디ㅎ

며칠 표를 사려고 하나요?
Mau beli tiket untuk kapan?
마우 블리 티껫 운뚝 까빤?

면도용 크림   krim untuk bercukur
크림 운뚝 브ㄹ쭈꾸ㄹ

면밀히 검토하다   mematut-matut
므마뚯 마뚯

명/10명   Orang / sepuluh(10) orang
오랑 / 스풀루ㅎ(10)오랑

명령체계	sistem perintah 시스팀 쁘린따ㅎ	명성	kepopuleran 끄뽀뿔레란
명부	daftar nama 다ㅍ따ㄹ 나마	명절	hari raya / besar 하리 라야 / 브사ㄹ
명사	kata benda 까따 븐다	몇 가지	beberapa 브브라빠

명승고적   tempat (bersejarah / indah)
뜸빳 브ㄹ스자라ㅎ / 인다ㅎ

명승지   tempat yang permai
뜸빳 양 쁘ㄹ마이

명예와 지위   Kehormatan dan kedudukan
끄호ㄹ마딴 단 끄두둑깐

명절에 가족 모두 모여서 즐겁게 보낸다.
Berkumpul bersama keluarga dan bersenang-senang pada hari raya
브ㄹ꿈뿔 브ㄹ사마 끌루아ㄹ가 단 브ㄹ스낭 스낭 빠다 하리 라야

명절에 사람들은 전통음식을 먹는다.
Pada hari raya orang-orang makan makanan tradisional
빠다 하리 라야 오랑 오랑 마깐 마까난 뜨라디시오날

명절을 쇠다   menikmati hari raya / hari besar
므닉마띠 하리 라야 / 하리 브사ㄹ

명중하다   membidik dengan tepat
믐비딕 등안 뜨빳

몇 년	beberapa tahun 브브라빠 따훈	몇 번	beberapa kali 브브라빠 깔리
몇몇의	beberapa 브브라빠	몇 살이야?	Umur berapa? 우우ㄹ 브라빠?

명함이 있다   Saya punya kartu nama
         사야 뿐야 까ㄹ뚜 나마

명확한   eksplisit, definitif, jelas
         엑스쁠리싯, 데피니띺, 즐라ㅅ

몇 가지 소개 좀 해주세요   tolong kenalkan sedikit
         똘롱 끄날깐 스디낏

몇 가지 의견   beberapa pendapat
         브브라빠 쁜다빳

몇 개 있는   ada berapa buah
         아다 브라빠 부아ㅎ

몇 곳을 소개해 주세요
     Tolong rekomendasikan beberapa tempat
         똘롱 레꼬멘다시깐 브브라빠 뜸빳

몇 년도에?   Berapa tahun sekali diadakan?
         브라빠 따훈 스깔리 이아다깐?

몇 년 후 다시 열려요?
     Berapa tahun lamanya akan dibuka kembali?
         브라빠 따훈 라마냐 아깐 디부까 끔발리?

몇 년 후에   beberapa tahun kemudian
         브브라빠 따훈 끄무디안

몇 시에?	Jam berapa? 잠 브라빠?	몇 층?	Lantai berapa? 란따이 브라빠?
몇 주	Beberapa minggu 브브라빠 밍구	몇 컵	beberapa cangkir 브브라빠 짱끼ㄹ

몇 시 비행기인데?   Pesawat jam berapa?
쁘사왓 잠 브라빠?

몇 시에 도착해요?   Jam berapa tiba?
잠 브라빠 띠바?

몇 시에 떠나요?   Jam berapa akan berangkat?
Anda akan berangkat(jam / pukul) berapa?
잠 브라빠 아깐 브랑깟?
안다 아깐 브랑깟(잠 / 뿌꿀) 브라빠?

몇 시에 시작하나요?   Jam berapa akan dimulai?
Akan dimulai jam berapa?
잠 브라빠 아깐 디물라이?
아깐 디물라이 잠 브라빠?

몇 시에 우리 가요?   Jam berapa kita berangkat?
잠 브라빠 끼다 브랑깟?

몇 시에 일어나요?   Jam berapa anda bangun?
Jam berapa bangunnya?
잠 브라빠 안다 방운?
잠 브라빠 방운냐?

몇 살이세요?   Berapa usiamu? Berapa umurmu?
브라빠 우시아무? 브라빠 우무르무?

모기장	kelambu 끌람부	모델(사람)	model(orang) 모델(오랑)
모니터	monitor 모니또르	모두	semua 세무아
모니터하다	mengawasi 믕아와시	모두 같다	seperti semua 스쁘르띠 스무아

몇 일전에   Beberapa hari yang lalu
브브라빠 하리 양 랄루

몇 장씩 현상하시겠어요?
　　　　Mau mencetak foto berapa lembar?
　　　　Berapa lembar mau dicetak?
마우 믄쩨딱 포또 브라빠 름바르?
브라빠 름바르 마우 디쩨딱?

모기가 물다   Nyamuknya menggigit
냐묵냐 믕기깃

모기에 물리다   Digigit nyamuk
디기깃 냐묵

모기에 물린 자국   Bekas gigitan nyamuk
브까ㅅ 기기딴 냐묵

모두 당신을 위한 거라고요
　　　Semua untuk / demi Anda
스무아 운뚝 / 드미 안다

모두 뜻대로 이루어지길 바랍니다
　Saya harap semua berjalan dengan baik
사야 하랖 스무아 브르잘란 등안 바익

120

모두들 가요	Semua pergi 스무아 쁘ㄹ기	모자	topi 또뻬
모래	biji, pasir 비지, 빠시ㄹ	모자를 쓰다	memakai topi 므마까이 또뻬
모레	besok lusa / lusa 베속 루사 / 루사	모조품	imitasi, tiruan 이미따시, 띠루안

모두 앉으세요 Semua silahkan duduk
스무아 시라ㅎ깐 두둑

모두 얼마예요?
Semua berapa? / Berapa total semuanya?
스무아 브라빠? 브라빠 또딸 스무아냐?

모든 가게가 문을 닫다 Semua toko tutup
스무아 또꼬 뚜뚭

모든 것을 포함하다 Semua sudah termasuk
스무아 수다ㅎ 뜨ㄹ마숙

모든 여자들은 흰 피부를 가지고 싶어 한다
Semua wanita / perempuan ingin
mempunyai kulit putih
스무아 와니따 / 쁘름뿌안 잉인 믐쁜야이 꿀릿 뿌띠ㅎ

모르겠는데, 거기까지는 생각해보질 않았어
Tidak tahu, saya tidak pernah kepikiran
sampai situ. berpikir
띠닥 따후, 사야 띠닥 쁘ㄹ나ㅎ 끄삐끼란 삼빠이 시뚜

모르는 사람 Orang yang tidak dikenal
오랑 양 띠닥 디끄날

모자 쓰세요 Pakailah topi 빠까일라ㅎ 또삐	목걸이 kalung 깔룽
모자가 끼다 mengepit topi 믕으삣 또삐	목격자 saksi, keterangan 삭시, 끄뜨랑안
모퉁이 sudut, pojokan 수둣, 뽀족깐	목록 daftar, kalatog 닾따ㄹ, 까따록
목(구멍) leher 레헤ㄹ	목마른 haus 하우ㅅ

모르다 / 잘 모르다
  tidak tahu / tidak tahu sama sekali
  띠닥 따후 / 띠닥 따후 사마 스깔리

모방하다
  meniru, mencontoh
  므니루, 믄쫀또ㅎ

모으다
  menggabung, menghimpun(kan)
  믕가붕, 믕힘뿐(깐)

모이다
  berhimpun, berkelompok
  브ㄹ힘뿐, 브ㄹ끌롬뽁

모자가 좀 커야 할 것 같아요.
  Sepertinya topinya harus sedikit lebih besar
  스쁘ㄹ띠냐 또삐냐 하루ㅅ 스디낏 르비ㅎ 브사ㄹ

모자라는
  kurang, tidak cukup
  꾸랑, 띠닥 쭈꾸ㅍ

목걸이를 차다
  memakai kalung
  므마까이 깔룽

목소리	suara 수아라	목의 염증	leher bengkak 레헤ㄹ 븡깍
목수	siku, tukang kayu 시꾸, 뚜깡 까유	목적	angan, tujuan 앙안, 뚜주안
목요일	hari kamis 하리 까미ㅅ	목표	cita-cita, tujuan 찌따-찌따, 뚜주안
목욕하다	mandi 만디	몰라	tidak tahu 띠닥 따후
목이 쉬다	bernafas 브ㄹ나파ㅅ	몸	tubuh, badan 뚜부ㅎ, 바단
목재	kayu 까유	몸매	bentuk badan 븐뚝 바단

목격하다	memberi kesaksian 음브리 끄삭시안
목도리를 하다	Berselendang 브ㄹ스렌당
목소리가 왜 그래요?	Kenapa dengan suaramu? Kenapa suaramu begitu? 끄나빠 등안 수아라무?, 끄나빠 수아라무 브기뚜?
목적을 달성하다	Meraih impian, mencapai target 므라이ㅎ 임삐안, 믄짜빠이 따ㄹ겟
몰두하다	menggeluti, memperdalam 응글루띠, 음쁘ㄹ달람

못(도구)	paku 빠구	무거워	berat 브랏
못생긴	jelek 즐렉	무겁다	berat 브랏
몽골	mongolia 몽골리아	무게가 나가다	terlalu berat 뜨ㄹ랄루 브랏
묘비	nisan 니산	무너지다	roboh / runtuh 로보ㅎ / 룬뚜ㅎ

몰래	sembunyi- sembunyi 슴분이-슴분이
몰래 먹다	bersembunyi-sembuyi 브ㄹ슴분이-슴분이
몰래 도망 오다	Menyelusup diam-diam 믄을루숩 디암 디암
몰래 훔치다	mencuri, sembunyi-sembunyi 믄쭈리, 슴분이- 슴분이
몸무게가 얼마야?	Berapa berat badanmu 브라빠 브랏 바단무
못생기다	bertampang jelek 브ㄹ땀빵 즐렉
못 참겠어	Tidak tertahankan, tidak dapat menahan lagi 띠닥 뜨ㄹ따한깐, 띠닥 다빳 므나한 라기

무덤	kuburan 꾸부란	무슨 일	Masalah apa 마살라ㅎ 아빠
무력한	lumpuh 룸뿌ㅎ	무슨 일이건	Masalah itu 마살라ㅎ 이뚜
무료	gratis 그라띠ㅅ	무엇	apa 아빠
무선	tanpa kawat (kabel) 딴빠 까왓 (까블)	무역	dagang 다강

묘사하다 mendiskripsikan, menggambarkan
믄디ㅅ끄립시깐, 믕감바ㄹ깐

무관심하다 Mencuekan, mengabaikan
믄쭈엑깐, 믕아바이깐

무단 횡단하다 Menyeberang jalan pada waktu lampu masih merah
믄으브랑 잘란 빠다 왁뚜 람뿌 마시ㅎ 메라ㅎ

무대(연극) panggung(drama / sandiwara)
빵궁(드라마 / 산디와라)

무설탕 sugar free candy / permen tanpa gula
슈가ㄹ 프리 켄디 / 프ㄹ멘 딴빠 굴라

무슨 급한 일이 있어요? Ada hal(darurat / penting)?
아다 할(다루랏 / 쁜띵)?

무슨 노랜지 아세요? Anda tahu ini lagu apa?
안다 따후 이니 라구 아빠?

무역부	perdagangan 쁘르다강안	무죄	tidak bersalah 띠닥 브ㄹ살라ㅎ
무역하다	berdagang 브르다강	무한한	tanpa batas 딴빠 바따스

무슨 말인지 모르겠어 Tidak tahu maksudnya
Saya tidak mengerti Anda bicara apa?
띠닥 따후 막숟냐
사야 띠닥 등으ㄹ띠 안다 브짜라 아빠?

무슨 얘기 중이야?
Sedang ngomongin apa? / Sedang cerita apa?
스당 응오몽인 아빠? / 스당 쯔리따 아빠?

무슨 언어로? Dengan bahasa apa? /
Menggunakan bahasa apa?
등안 바하사 아빠? / 믕구나깐 바하사 아빠?

무슨 일로 오셨어요? Kenapa datang kesini?
끄나빠 다땅 끄시니?

무슨 일이야?
Ada masalah apa? / Apa yang terjadi?
아다 마살라ㅎ 아빠? / 아빠 양 뜨ㄹ자디?

무슨 얘기를 하시는 거예요?
Sedang(membicarakan / mendiskusikan) apa?
스당(믐비짜라깐 / 믄디ㅅ꾸시깐) 아빠?

무역법	hukum perdagangan 후꿈 쁘르다강안

묵다	pondok 쁜독	문서	surat, dokumen 수랏, 도꾸멘
문	pintu 삔뚜	문을 닫다	tutup pintu 뚜뚜프 삔뚜
문맹의	buta huruf 부따 후루프	문을 열다	buka pintu 부까 삔뚜
문명	peradaban 쁘라다반	문자	pesan 쁘산
문법	tata bahasa 따따 바하사	문장	kalimat 깔리맛

무슨 책 출판해요?   Buku apa yang diterbitkan?
부꾸 아빠 양 디뜨르빗깐?

무엇을 드시고 싶으세요?   Mau makan apa?
마우 마깐 아빠?

문 좀 열어줘요.   Tolong buka pintunya.
똘롱 부까 삔뚜냐

묶다   menambatkan, memberkas
므남밧깐, 음브르까스

문을 두드리다   mengetuk pintu
믕으뚝 삔뚜

문을 잠갔어요?   Mengunci pintu
믕운찌 삔뚜

문자 보내줘   tolong kirim SMS
똘롱 끼림에 ㅅ엠스

문제	masalah 마살라	묻다(땅에)	kubur(ditanah) 꾸부르(디따나)
문제가 있다	ada masalah 아다 마살라	물	air 아이르
문학	literatur 리뜨라뚜ㄹ	물가	harga 하르가
문화	kebudayaan 끄부다야안	물고기	ikan 이깐
문화유산	warisan 와리산	물들이다	semburat 슴부랏

문자를 보내다	mengirim pesan 믕이림 쁘산
문제가 되질 않다	tidak menjadi masalah 띠닥 믄자디 마살라
문제를 풀다	memecahkan masalah 므므짜흐깐 마살라
문화원	institusi kebudayaan 인스디뚜시 끄부다야안
묻다(질문)	bertanya(pertanyaan) 브르따냐(쁘르따냐안)
물가가 갑자기 올랐어	Harganya tiba-tiba naik 하르가냐 띠바-띠바 나익
물가가 많이 오르다	harganya melambung tinggi 하르가냐 믈람붕 띵기

물러서!	Mundur! 문두르	물리학자	ahli fisika 앟리 피시까
물리	fisika 피시까	물소	kerbau 끄르바우
물리학	jurusan fisika 주루산 피시까	물약	sirup obat 시루쁘 오밧

물가도 올랐으니 수고비도 올라야죠.
Karena harga naik upah juga harus naik.
까르나 하르가나 나익 우빠흐 주가 하루스 나익

물가를 모르니 비싸게 사게 돼.
Kalau tidak tahu harganya bisa saja terbeli dengan harga mahal
깔라우 띠닥 따후 하르가냐 비사 사자 뜨르블리 등안 하르가 마할

물건을 모두 정리하셨어요?
Barang-barangnya sudah dirapikan?
바랑-바랑냐 수다 디라삐깐

물고기를 잡다   menangkap ikan
                              므낭깝 이깐

물다(곤충)   menggigit(serangga)
                              등기깃(스랑가)

물 더 주세요   Tolong refill air putihnya.
                              똘롱 레이필 아이ㄹ 뿌띠냐

물리다(곤충)   gigitan(serangga)
                              기기딴(스랑가)

물어볼 것이다	pertanyaan 쁘르따냐안	물체	objek 오브젝
물이 맑다	air jernih 아이ㄹ 즈르니	물품	artikel 아르띠끌
물이 얼다	air es 아이ㄹ 에스	뭐 먹어요?	Makan apa? 마깐 아빠?
물질	zat 잣	뭐야?	Apaan? 아빠안?

뭐가 과학적이예요.   Ini ilmiah
                                                     이니 일미아흐

뭐더라? 뭐지?   Itu apa? Apaan?
                                                 이뚜 아빠? 아빠안?

뭐 더 마실래?   Mau minum apa lagi?
                                              마우 미눔 아빠 라기?

뭐 드시겠어요?   Mau makan apa?
                                               마우 마깐 아빠?

뭐에 대해 말하지?   Apa yang dibicarakan?
                                                 아빠 양 디비짜라깐?

뭐 이상한 거 못 느끼겠어?

                   Apakah kamu tidak merasa aneh?
                       아빠까 까무 띠닥 므라사 아네흐?

뭐 좀 드셨어요?   Apakah kamu sudah makan?
                                     아빠까 까무 수다 마깐?

뭐해?	Lagi apa? 라기 아빠?	뭘 탈건데? Akan naik apa? 아깐 나익 아빠?
뭘 먹어?	Lagi makan apa? 라기 마깐 아빠?	미리 말하다 bicara duluan 비짜라 둘루안

뭐 필요해?   Apa yang kamu butuhkan?
아빠 양 까무 부뚜흐깐?

뭐하고 계세요?   Apa yang sedang dilakukan?
아빠 양 스당 딜라꾸깐?

뭐 하나만 도와 줬으면 좋겠어요.
       Saya harap kamu bisa membantu saya.
           사야 하랍 까무 비사 음반뚜 사야

뭐하느라 바빴어요?   Kenapa kamu sibuk?
끄나빠 까무 시북?

뭐 하느라 신경도 안 쓴 거야?
   Apakah kamu tidak akan peduli sama sekali?
          아빠까 까무 띠닥 아깐 쁘둘리 사마 스깔리?

뭐 하려고?   Apa yang akan kamu lakukan?
아빠 양 아깐 까무 라꾸깐?

뭔가 수상해   Sesuatu yang dicurigai
스수아뚜 양 디쭈리가이

뭘 먹는 것을 제일 좋아하세요?
        Makanan apa yang paling disukai?
         마까난 아빠 양 빨링 디수까이?

미국	Amerika 아메리까	미술	kesenian 끄스니안
미국인	warga Amerika 와르가 아메리까	미술관	galeri seni 갈레리 스니
미끄러지다	tergelincir 뜨ㄹ글린찌ㄹ	미용실	salon 살론
미끄럼틀	meluncur 믈룬쭈ㄹ	미치겠네	ah hampir gila! 아 함삐르 길라!
미남	cowok ganteng 쪼웍 간뜽	미친	gila 길라
미래	masa depan 마사 드빤	믹서	blender, mikser 브렌더, 믹서
미소	senyum 스늄	민간	orang 오랑

미식축구   sepakbola Amerika
세빡볼라 아메리까

미안해 할 필요는 없어요

Anda tidak perlu menyesal
안다 띠닥 쁘를루 므녜살

미원(조미료)   miwon(bumbu)
미원(붐부)

미원 넣지 마세요

Jangan masukkan penyedap rasa.
장안 마슈깐 쁘녜답 라사

민요	lagu rakyat 라구 락얏	믿다	percaya 쁘르짜야
민족	bangsa 방사	밉다	benci 븐찌
민중	rakyat 락얏	믿지 마	Jangan percaya 장안 쁘르짜야

미터 / 30 미터 믿을 수 없어
Meter / 30 meter tidak bisa percaya
메뜨르 / 띠가 뿔루ㅎ 메뜨르 띠닥 비사 쁘르짜야

미지근한	hangat-hangat kuku 항앗-항앗 꾸꾸
민주	demokratis, demokrat 드모끄라띠스, 데모끄랏
믿어봐	Coba untuk percaya 쪼바 운뚝 쁘르짜야
밀도	kepadatan 끄빠다딴
밀수하다	menyelundupkan 므녤룬둡깐
밑줄 긋다	menggaris bawahi 믕가리스 바와히

ㅂ

바늘	jarum 자룸
바다	pantai 빤따이
바(술집)	bar 바르
바닷게	kepiting laut 끄뻐띵 라웃
바깥	di luar 디 루아르
바라다	keinginan 끄잉이난
바깥쪽	sebelah luar 스블라 루아르
바라보다	memandang 므만당
바나나	pisang 삐상
바람(기후)	angin 앙인

바꾸다 — mengubah / mengganti
응우바 / 응간띠

바꿀 수 없다 — tidak bisa dirubah
띠닥 비사 디루바

바뀌었으면 좋겠어 — Saya harap ini bisa di rubah
사야 하랍 이니 비사 디 우바ㅎ

바나나 한 다발 — sesisir pisang
스씨씨ㄹ 삐상

바디클린져 — sabun pembersih badan
사분 뻠브르시 바단

바람이 그치다 — angin berhenti berhembus
앙인브ㄹ흔띠브ㄹ흠부ㅅ

바람개비	baling-baling 발링-발링	바쁘다	sibuk 시북
바람둥이	playboy 쁠래이보이	바쁘지 않다	tidak sibuk 띠닥 시북
바로 가	langsung pergi 랑숭 쁘르기	바쁜	yang sibuk 양 시북
바람이 불다	angin bertiup 앙인 브르띠웊	바이러스	virus 비루스

바람이 세게 불다　　angin bertiup kencang
　　　　　　　　　앙인 브르띠웊 끈짱

바람이 시원하네　　　Anginnya segar ya
　　　　　　　　　앙인냐 스가르 야

바람이 자주 불다　　angin bertiup berkali-kali
　　　　　　　　　앙인냐 브르띠웊 블깔리 깔리

바로 옆에　　　　　langsung ke samping
　　　　　　　　　랑숭 끄 삼삥

바로 위에　　　　　langsung ke atas
　　　　　　　　　랑숭 끄 아따스

바로 이해 할 수 있었어
　　　　　　　　　Dapat dipahami dengan tepat
　　　　　　　　　다빳 디 빠함미 등안 뜨빳

바로 정면에 있는　　yang di depan adalah
　　　　　　　　　양 디 드빤 아달라ㅎ

바지	celana 쩔라나	밖	sisi luar 시시 루아르
박람회	pameran 빠메란	밖에	diluar 디 루아르
박물관	museum 무세움	반	setengah 스뜽아
박사(학위)	ahli 아흘리	반대로	sebaliknya 스발릭냐
박수	tepuk tangan 뜨뿍 땅안	반대하다	menentang 므는땅

바쁘신 와중에도 배웅해 주시니, 대단히 감사합니다.
Walaupun dalam keadaan sibuk tapi bisa mengantar kemari, benar-benar terima kasih
왈라우뿐 달람 끄아다안 시북 따삐 비사 믕안따르 끄마리, 브나르-브나르 뜨리마 까시

바쁨에도 불구하고	meskipun sibuk 므스끼뿐 시북
바이러스 걸린 것 같아	Tampaknya terserang virus 땀빡냐 뜨르스랑 비루스
바이러스를 퍼뜨리다	virus menyebar 비루스 므녜바르
바이러스에 감염되다	terinfeksi virus 뜨린벡씨 피루ㅅ

반드시	dengan pasti 등안 빠스띠	반장(학급)	ketua kelas 끄뚜아 끌라스
반복하다	mengulang 믕울랑	반지	cincin 찐찐
반영하다	mencerminkan 믄쯔르민깐	반하다	jatuh cinta 자뚜 찐따
반응	reaksi 레앆씨	받다	menerima 므느리마

반 / 한시 반   jam satu lewat tiga puluh menit
잠 사뚜 레왓 띠가 뿔루 므닛

반가운   yang menggembirakan
양 믕금비라깐

반만 주세요   Tolong beri setengah
똘롱 브리 스뜽아

반말로 얘기하다
berbincang dengan bahasa informal
브르빈짱 등안 바하싸 인퍼르말

반으로 나누다   dibagi setengah
디바기 스뜽아

반지를 끼다   menyematkan cincin
므녜맛깐 찐찐

반지를 끼면 손이 답답해요   Jika memakai cincin tangan terasa tidak nyaman
지까 므마까이 찐찐 땅안 뜨라사 띠닥 냐만

받아들이다	menerima 므느리마	발달하다	membangun 음방운
받아쓰기	diktat 딕땃	발등	punggung kaki 뿡궁 까기
발가락	jari kaki 자리 까끼	발명하다	menciptakan 믄찝따깐
발견하다	menemukan 므느무깐	발전하다	berkembang 브르끔방

반품하다   mengembalikan barang
  응음발릭깐 바랑

받는 사람이 없네   tidak ada orang yang menerima
  Orang yang menerima tidak ada ya.
  띠닥아다오랑양므느리마, 어랑 양 므느리마 띠닥 아다 야

받았을 걸요.   Tampaknya sudah diterima
  땀빡냐 수다 디뜨리마

발견하다(역사, 과학적으로)   menemukan
  므느무깐

발리 호텔은 어디에 있어요?   Di mana hotel Bali?
  디 마나 호뗄 발리?

발리 호텔 건너편   Seberang hotel Bali
  스브랑 호뗄 발리

발생하다   terjadi / kecolongan
  뜨르자디 / 끄쫄롱안

발음	pengucapan 쁭우짜빤	밝은	cerah 쯔라
발자국	bekas jejak kaki 브까ㅅ즈작까끼	밝히다(밝게)	menerangi 므느랑이
	tapak kaki 따빡 까끼	밟다	injak 인작
발톱	kuku kaki 꾸꾸 까끼	밤(때)	malam 말람
발효하다	fermentasi 프르믄따시	밝히다(입장)	menjelaskan 믄즐라쓰깐

발을 들이다	terlanjur / kepalang 뜨르란주르 / 끄빨랑
발진	Erupsi, biang keringat 에룹시 비앙 끄링앗
발표하다	melakukan presentasi 믈라꾸깐 쁘레쓴따씨
발행하다	menerbitkan / mengedarkan 므느ㄹ빗깐 / 믕에다ㄹ깐
발효식품	makanan berfermentasi 마까난 브르프르믄따시
발휘하다	Mempertunjukan 믐쁘ㄹ뚠주깐
밤 새지마	Jangan begadang 장안 브가당

밤늦은	larut malam 라룻 말람	방귀뀌다	kentut 끈뜻
밥	nasi 나시		mengentut 믕은뜻
밥 먹어	makan nasi 마깐 나시	방금 전	barusan 바루산
밥이 타다	nasinya gosong 나시냐 고송	방 번호	nomor kamar 노모르 까마르
밥하다	menanak nasi 므나낙 나시	방법	cara 짜라
방	kamar 까마르	방송국	stasiun penyiaran 스따시운 쁘니아란

밥 먹었어요?   Sudah makan?
수다 마깐

밥 사주고 싶어   Saya ingin mentraktir makan
사야 잉인 믄뜨락띠르 마깐

밥이나 먹으러 가자   Ayo kita makan
아요 끼따 마깐

방문하다   berkunjung / bertamu
브ㄹ꾼중 / 브르따무

방문하다 / 바트 동생 방문하러 갔었어요
Bart pergi mengunjungi seseorang
빠트 쁘르기 믕운중이 스스오랑

한국어	인도네시아어	한국어	인도네시아어
방송하다	menyiarkan 믄이아ㄹ깐	배(과일)	pir 삐ㄹ
방영	penayangan 쁘나양안	배(교통)	kapal 까빨
방콕	bangkok 방콕	배(인체)	perut 쁘룻
방향	arah 아라	배가 아프다	sakit perut 사낏 쁘룻

방 번호가 어떻게 되는데?
>Nomor kamarnya berapa?
노모르 까마르냐 브라빠

방부제(의학)
>antiseptik(obat)
안띠띠셒띡(오밧)

방안에 에어컨이 있나요?
>Apakah ada AC di dalam kamar?
아빠까 아다 아세 디 달람 까마ㄹ?

방을 빌리다	meminjam kamar 므민잠 까마ㄹ
방이 답답하다	kamar sempit 까마르 슴삣
방이 몇 개 있나요?	Ada berapa kamar? 아다 브라빠 까마ㄹ?
방이 엉망하다	kamarnya berantakan 까마ㄹ 브란따깐

배고파	lapar 라빠ㄹ	배낭	tas ransel 따ㅅ 란슬
배고프다	lapar 라빠ㄹ	배를 타다	menaiki kapal 므나이끼 까빨
배구	voli 볼리	배신자	pengkhianat 쁭히아낫
배구경기	pertandingan voli 쁘ㄹ딴딩안 볼리	배부르다	kenyang 그냥
배 나온	perut buncit 쁘룻 분찟	배불러	kenyang 그냥

배가 고파지다   menjadi lapar
믄자디 라빠ㄹ

배고파 죽겠다   Sangat lapar
상앗 라빠ㄹ

배고픔을 참다   menahan lapar
므나한 라빠ㄹ

배달해 주실수 있나요?   Bisa diantar?
비사 디안따ㄹ?

배를 젓다   mendayung kapal
믄다융 까빨

배불러서 더 못 먹겠어요.   Kenyang sekali jadi tampaknya tidak bisa makan lagi.
그냥 스깔리 자디 땀빡냐 띠닥 비사 마깐 라기

한국어	인도네시아어	발음
배우	artis	아르띠스
배웅하다	melepaskan	믈르빠ㅅ깐
	mengantar	믕안따ㄹ
배추	kubis	꾸비스
배터리	baterai	바뜨라이
백(100)	seratus	스라뚜스
백금	platinum	쁠라띠눔
백년	seratus tahun	스라뚜스 따훈
백만(숫자)	sejuta	스주따
백만장자	jutawan	주따완
백합	bunga bakung	붕아 바꿍
백화점	mal	멀
뱀	ular	울라ㄹ
뱀띠	shio ular	시오 울라ㄹ
백혈구	leukosit	르루꺼싯
버리다	membuang	믐부앙

배영(수영법)　　　　　　　　gaya punggung(berenang)
　　　　　　　　　　　　　가야 뿡궁(브르낭)

배웅 나오지 마세요. 돌아가세요
　　　　Dilarang mengantar. Silahkan pergi
　　　　딜라랑 믕안따ㄹ. 실라깐 쁘르기

배은망덕한 일이야　　　　Tidak tahu terima kasih
　　　　　　　　　　　　띠닥 따후 뜨리마 까시

한국어	인도네시아어
버섯	jamur 자무ㄹ
버스	bis 비스
버스 39번	bis nomor 39 비스 노모르 39
버스를 타다	menaiki bis 므나이끼 비스
번/한번	sekali 스깔리
번개	petir 쁘띠ㄹ
번식하다	mengalikan 믕아리깐
번역하다	menerjemahkan 므느르즈마깐

백번은 얘기했겠다
tampaknya sudah dibicarakan berkali-kali
땀빠크냐 수다 디비짜라깐 브르깔리-깔리

버너
alat pembakar, kompor
알랏쁨바까ㄹ, 꼼뽀ㄹ

버스는 거의 타질 않아요
hampir ketinggalan bis
함삘 끄띵갈란 비스

버섯을 따다
memetik jamur
므므띡 자무ㄹ

버스를 타고 갈 수 있나요?
Apakah bisa pergi dengan menaiki bis?
아빠까 비사 쁘르기 등안 므나이끼 비스?

버스정류장
pemberhentian bis
쁨브르흔띠안 비스

번/세번째
nomor / ketiga kali
노모르 / 끄띠가 깔리

범위	jarak 자락	벨소리	suara bel 수아라 벨
범죄	kejahatan 끄자하딴	벨트	ikat pinggang 이깟 삥강
법(방법)	aturan 아뚜란	벽등	lampu tempel 람뿌 뗌쁠
법률	hukum 후꿈	벽(집)	dinding 딘딩
벗기다(사과등)	mengupas 믕우빠스	벽돌	bata 바따
베란다	teras 떼라스	벽시계	jam dinding 잠 딘딩

번/세 번 해야 해.	Harus dilakukan tiga kali 하루스 딜라꾸깐 띠가 깔리
공휴일	hari libur nasional 하리 리부르 나시오날
벌 받다	menerima hukuman 므느리마 후꾸만
벌써 3월 말이다	Sudah bulan maret 수다 불란 마릇
벌/옷 한벌	sepasang / sepasang baju 스빠상 / 스빠상 바주
벗겨지다(머리)	rontok(rambut) 런떡(람붓)

변호사	pengacara 뻥아짜라	병 / 맥주 3병	botol 보똘
변화하다	berubah 브루바ㅎ	병원	rumah sakit 루마 사낏
별말씀을요	sama-sama 사마-사마	보건소	klinik 끌리닉
별장	villa 필라	보고하다	melapor 믈라뽀ㄹ
병(질병)	penyakit 쁘냐낏	보내다	mengirim 등이림
병맥주	bir botol 비ㄹ 보똘	보너스	bonus / uang jasa 보너스 / 우앙 자사

베다	membacok / memarang 음바쪽 / 므마랑
벽에 걸다	digantung di dinding 디간뚱 디 딘딩
변색하다	mengganti warna 믕간띠 와르나
병마개(코르크)	tutup botol gabus 뚜뚜프 보똘 가부스
병에 걸리다	terserang penyakit 뜨르스랑 쁘냐낏
병원에 가야하다	Harus pergi ke rumah sakit 하루스 끄 루마 사낏

보다	melihat 믈리핫	보름달	bulan purnama 불란 뿌르나마
보라색	ungu 웅우	보리	gandum 간둠

병의 원인
: penyebab penyakit
쁘느밥 쁘냐낏

병이 차도가 있다
: Masa penyembuhan
마사 쁘늠부한

보고서를 작성하고 있어요
: Sedang membuat laporan
스당 믐부앗 라뽀란

보고서를 작성했어요?
: Sudahkah laporannya disusun?
수다까 라뽀란냐 디수순?

보고서 번역을 도와달라고 하려고요
: Hendak meminta bantuan menerjemahkan laporan
흔닥 므민따 반뚜안 므느르즈마깐 라뽀란

보관하다 / 잘 보관하다
: menyimpan / menyimpan dengan baik
므님빤 / 믄임빤 등안 바익

보관했다가 다음에 쓴다
: menyimpan dengan baik lalu digunakan.
믄임빤 등안 바ㅣㄱ 랄루 디구나깐

보리밭	ladang gandum 라당간둠	보조하다	mengabdi 믕압디
보리차	teh gandum 떼ㅎ간둠	보증금	deposito 드뽀시또
보살피다	merawat 므라왓	보증기간	masa garansi 마사 가란시
보상하다	mengganti rugi 믕간띠 루기	보지 않다	tidak terlihat 띠닥 뜨를리핫
보어	keterangan 끄뜨랑안	보충하다	melengkapi 믈릉까삐
보장하다	menjamin 믄자민	보통	biasanya 비아사냐
보조개	lesung pipi 르숭 삐삐	보통이 아닌	tidak umum 띠닥 우뭄

보너스를 주다 memberikan bonus
음브리깐 보누ㅅ

보다(비교) daripada(perbandingan)
다리빠다(쁘르반딩안)

보름동안 계속 비가 오지 않았어 Selama bulan purnama tidak pernah turun hujan.
슬라마 불란 뿌르나마 띠닥 쁘르나 뚜룬 후잔

보여줘 Tolong perlihatkan padaku
똘롱 쁘를리핫깐 빠다꾸

보통 키	tinggi rata-rata 띵기 라따 라따	복숭아(과일)	persik(buah) 쁘르식(부아)
보행자	pejalan kaki 쁘잘란 까끼	복습하다	melancar 믈란짜ㄹ
보험	asuransi 아수란시	복싱	tinju 띤주
복권	karcis 까르찌스	복잡한	yang rumit 양 루밋
복사	menyalin 므냘린	복잡해	rumit 루밋
복수(단위)	beberapa unit 브브라빠 유닛		ruwet 루웃

보존하다　　　　　　　　　mempertahankan
　　　　　　　　　　　　　음쁘르따한깐

보통 9시부터 6시까지
　　pada umumnya dari jam 9 sampai jam 6
　　빠다 우뭄냐 다리 잠 슴빌란(9) 삼빠이 잠 으남(6)

보편적이다　　　　　　　　bersifat universal
　　　　　　　　　　　　　브르시팟 유니프르살

보호하다　　　　　　　　　menjaga / melindungi
　　　　　　　　　　　　　믄자가 / 믈린둥이

복사할 줄 알아요?
　　Apakah kamu tahu caranya menyalin?
　　아빠까 까무 따우 짜라냐 므냘린?

복지	kesejahteraan 끄스자뜨라안	봉급	gaji 가지
복통	sakit perut 사낏 쁘룻	봉투	amplop 암쁠롭
본사	kantor pusat 깐또르 뿌삿	봉하다	menganugerahkan 등아누그라깐
본질	hakekat, prinsip 하께깟, 쁘린싶	봉하다(편지)	menutup 므누뚭
볼펜	bolpen 볼뻰		menimbuni 므님부니
봄	musim semi 무심 스미	부(재산)	harta 하르따

복잡하게 얽힌	kusut / kompleks 꾸숫 / 꼼쁠렉스
복잡한 일	pekerjaan yang rumit 쁘끄르자안 양 루밋
복잡해지다	menjadi ruwet 믄자디 루웃
본적은 없다	tidak pernah 띠닥 쁘르나
볼륨을 줄이다	mengurangi volume 믕우랑이 폴룸므
봉지	kantong plastik 깐똥 쁠라스띡

부가세	pajak tambahan 빠작 땀바한	부동산	vendor 펜도ㄹ
부계	garis dari ayah 가리ㅅ 다리 아야ㅎ	부두	dermaga 드르마가
부끄러운	malu 말루	부모	orang tua 오랑 뚜아

봐주다	Memahami, mengecek 므마하미, 믕으쩩
봐주세요	Tolong dilihat silahkan mencoba 똘롱디리핫 실라깐 믄쪼바
봤어요?	Apakah kamu sudah lihat? 아빠 까ㅎ 수다ㅎ 리핫?
부담스럽게 하고 싶지 않아	Saya tidak ingin membebani 사야 띠닥 잉인 믐브바니
부드러운	yang lembut / lembek / halus 양 름붓 / 름벡 / 할루스
부드러운 피부	kulit yang halus 꿀릿 양 할루스
부드럽다	lembut / lembek / halus 름붓 / 름벡 / 할루스
부르다	memanggil / menyuarakan 므망길 / 므뉴아라깐

부문	divisi 디비시	부엌	dapur 다뿌르
부분	bagian 바기안	부인	istri 이스뜨리
부사	busa 부사	부작용	efek samping 에펙 삼삥
부상당한	timbul 띰불	부재중이다	sedang di luar 스당 디 루아ㄹ
부어 오른	bombastis 봄바스띠스	부족하다	kurang 꾸랑
부엉이(새)	burung hantu 부룽 한뚜	부주의한	ceroboh 쯔로보

부르다 / 그녀를 불러 올게요
Saya akan memanggil wanita itu
사야 아깐 므망길 와니따 이뚜

부모님과 살고 있어 Saya tinggal dengan orang tua
사야 띵갈 등안 오랑 뚜아

부부 pasangan suami istri
빠상안 수아미 이스뜨리

부유한 yang berada(kaya)
양 브라다(까야)

부인과 아이는 건강하시죠?
Istri dan anak baik-baik saja kan?
이스뜨리 단 아낙 바익-바익 사자 깐?

부처	budha 붇다	북한	korea utara 꼬레아 우따라
부추기다	bersekongkol 브르숭껑껄	분(시간)	menit 므닛
부합하다	sesuai 스수아이	분개하다	sangat marah 상앗마라ㅎ
북경(도시)	mandarin 만다린	분별 있는	bijaksana 비작사나
북부지역	utara 우따라	분석하다	menganalisa 등아날리사
북아메리카	amerika utara 아메리까 우따라	분침	jarum panjang 자룸 빤장
북쪽	utara 우따라	분홍색	merah muda 메라ㅎ무다

부자/그녀 집은 부자예요
Orang kaya / rumah wanita itu megah
오랑 까야 / 루마 와니따 이뚜 므가

부탁드릴 일이 있습니다   Saya punya permohonan
사야 뿌냐 쁘르모혼난

부탁하려 하다   saya ingin memohon sesuatu
사야 잉인 므모혼 스수아뚜

분필로 쓰다   menulis dengan kapur
므눌리스 등안 까뿌르

한국어	인도네시아어	한국어	인도네시아어
불	api 아삐	불안한	meresahkan 므르사깐
불공평한	isu panas 이수빠나스	불운한	disayangkan 디사양깐
불구가 된	menjadi cacat 믄자디짜짯	불쾌한	kesal 끄살
불만족한	mengecewakan 믕으쩨와깐	불편하다	tidak nyaman 띠닥 냐만
불면증	insomnia 인솜니아	불평하다	mengeluh 믕을루ㅎ
불빛	sinar lampu 시나르 람뿌	불필요한	tidak diperlukan 띠닥 디쁘ㄹ루깐
불안정한	tidak stabil, labil 띠닥 스따빌, 라빌	불합격하다	gagal 가갈

분홍색이 더 좋아

Saya lebih suka warna merah muda
사야 르비 수까 와르나 메라ㅎ무다

불다   meniup
                                        므니웊

불륜의 남녀관계   hubungan perselingkuhan
                       후붕안 쁠슬링꾸한

불면증에 걸리다   menderita insomnia
                              믄드리따 인솜니아

154

불행하게	yang sial / 양 시알
불행하다	sial / 시알
불효	ketidak patuhan / 끄띠닥 빠뚜한
붓	sikat / 시깟
붓다	menuangkan / 므누앙깐
붕대	perban / 쁘르반
붙이다	mengancingkan / 믕안찡깐
	menempelkan / 므넴뻴깐
브라질	brazil / 브라질
브랜드	merk / 메륵
비가 그치다	hujan reda / 후잔 르다
비가 오다	turun hujan / 뚜룬 후잔
비결	rahasia / 라하시아
비관하다	pesimis / 쁘시미스

불을 붙이다　menyalakan lampu
므날라깐 람뿌

불이 깜박깜박하다　lampu berkedip-kedip
람뿌 브르끄딥-끄딥

붕대를 감아야 한다　Perbannya harus dililitkan
쁘르반냐 하루스 딜릴릿깐

비가 갑자기 내리다　tiba-tiba turun hujan
띠바-띠바 뚜룬 후잔

비가 갑자기 퍼붓다　Tiba-tiba hujan turun
띠바-띠바 후잔 뚜룬

비교적	komparatif 껌빠라띠프	비듬	ketombe 끄똠베
비기다	berakhir seri 브르아키르스리	비디오	video 비디오
	menyamakan 므냐마깐	비밀스럽게	rahasia 라하시아
비누	sabun 사분	비밀이야	ini rahasia 이니 라하시아
비교적 쉽다	relatif mudah 렐라띠프 무다	비범한	luar biasa 루아르 비아사

비가 퍼붓다　　　　　　　　　　hujan tercurah
　　　　　　　　　　　　　　　후잔뜨르쭈라ㅎ

비결이 뭐야?　　　　　　　　　Apa rahasianya?
　　　　　　　　　　　　　　　아빠 라하시아냐?

비공식적인　　　　　　melobi / di bawah tangan
　　　　　　　　　　　믈러비 / 디 바와 땅안

비공식 휴일이라서 회사마다 달라
　　Libur resmi setiap perusahaan berbeda
　　리부르 르스미 스띠앞 쁘루사하안 브르베다

비 그쳤어?　　　　　　　　　　Hujannya sudah reda?
　　　　　　　　　　　　　　　후잔냐 수다 르다?

비교하다　　　　　　　　　　　membandingkan
　　　　　　　　　　　　　　　믐반딩깐

한국어	인도네시아어
비서	sekretaris 슈르따리스
비스킷	biskuit 비스꾸잇
비슷하다	sama, mirip 사마, 미립
비용	biaya 비아야
	ongkos 옹꼬스
비우다	melowongkan 믈로웡깐
비율	skala 스깔라
	presentase 쁘레슨따스
비자	visa 비자
비탈길	lereng 레렝

한국어	인도네시아어
비린내가 나다	tercium bau amis 뜨르찌움 바우 아미스
비밀 / 이거 비밀이야	Rahasia / ini rahasia ya 라하시아 / 이니 라하시아 야
비밀을 지키다	menjaga rahasia 믄자가 라하시아
비빔밥	nasi campur ala Korea 나시 짬뿌르 알라 꼬레아
비싸게 팔다	jual dengan harga mahal 주알 등안 하르가 마할
비싸요, 좀 깎아 주세요	Ini mahal, tolong beri diskon 이니 마할, 똘롱 브리 디스꼰

한국어	인도네시아어	한국어	인도네시아어
비행기	pesawat / 쁘사왓	빌다	memohon / 므모혼
비행기 편	sisi pesawat / 시시 쁘사왓	비행기멀미	mabuk udara / 마븍 우다라
빈곤한	kemiskinan / 끄미ㅅ끼나나	빌딩	bangunan / 방우난
빈 공간	ruang kosong / 루앙 꺼성	빌리다	meminjam / 므민잠
빈혈	anemia / 아네미아	빗	sisir / 시시ㄹ

비서를 뽑다　　mencopot jabatan sekretaris
　　　　　　　믄쪼뽓 자바딴 슈끄르따리스

비오는 날씨　　cuaca hujan
　　　　　　　쭈아짜 후잔

비올거야　　sepertinya akan turun hujan
　　　　　　스쁘르띠냐 아깐뚜룬 후잔

비자를 연장하다　　memperpanjang visa
　　　　　　　　음쁘르빤장 비자

비즈니스 관계를 맺다

　　bersahabat dengan rekan bisnis
　　브르사하밧 등안 르깐 비스니스

비평하다　　mengkritis, mendebat / menyindir
　　　　　　믕끄리띠ㅅ, 믄드밧 / 믄인디ㄹ

빗자루	sapu 사뿌	빠르게	dengan cepat 등안 쯔빳
빛	cahaya 짜하야	빠지다	jatuh 자뚜ㅎ
	pancaran 빤짜란	빨간색	merah 메라후

비프스테이크   steak daging sapi
                                스테이크 다깅 사삐

비행기 표는 샀어요?
   Apakah kamu sudah membeli tiket pesawat?
                 아빠까 까무 수다 음블리 띠껫 쁘사왓?

빌려주다   memberikan pinjaman
                                음브리깐 쁜자만

빌려 주신다면 정말 좋겠어요
          saya benar-benar berharap kamu
          bisa meminjamkannya ke saya
사야 브나르-브나르 브르하랍 까무 비사 므민잠깐냐 끄 사야.

빙하가 녹다   gletser mencair
                                글렛스르 믄짜이르

빛나는 눈   mata yang berkilauan
                                마따 양 브르낄라우안

빛이 충만한   penuh cahaya / gemerlap
                                쁘누 짜하야 / 그므를랍

빨랫줄	tali jemuran 딸리 즈무란	빼앗아 차지하다	merampas 므람빠스
빨리	cepat 쯔빳	뽑다	mencabut 믄짜붓
빨리와	Cepat kemari 쯔빳 끄마리	뾰족한	runcing, mancung 룬찡, 만쭝
빵	roti 로띠	삐다	keseleo, terkilir 끄슬레오, 뜨르낄리르
뺨	pipi 삐삐	삐졌어	menjadi marah 믄자디마라ㅎ
빼내다	mencabut 믄짜붓		

빠른/두 시간 빠른

    lebih cepat / dua jam lebih cepat
    르비 쯔빳 / 두아 잠 르비 쯔빳

빠른 속도로   pada tingkat yang lebih cepat
    빠다 띵깟 양 르비 쯔빳

빠를수록 좋다   lebih cepat lebih baik
    르비 쯔빳 르비 바익

빨간 펜으로 밑줄 긋다

    menggaris bawahi dengan pena merah
    믕가리스 바와히 등안 뻬나 메라

빨래가 안 말라요   Cucian tidak kering
    쭈찌안 띠닥 끄링

빨래를 널다	menggantung cucian 믕간뚱 쭈찌안
빨래를 해서 널다	karena mencuci baju, pakaian digantungkan 까르나 믄쭈찌 바주, 빠까이안 디간뚱깐
빨리 회복하기를 바랍니다	Saya harap Anda cepat sembuh 사야 하랖 안다 쯔빳 슴부
빵 잘라주세요	Tolong potong rotinya 똘롱 뽀똥 로띠냐
빼앗다	merampok, merampas 므람뽁, 므람빠스

ㅅ

한국어	Indonesia	발음
4(숫자)	empat	음빳
사거리	perempatan	쁘름빤안
사건	peristiwa, kasus	쁘리스띠와, 까수스
사격하다	menembak	므넴박
사고	kecelakaan	끄쩰라까안
4등(등수)	seperempat	스쁘름빳
사공	pendayung	쁜다융
사과(과일)	apel	아쁠
사나운	liar	리아르
사는 방식	cara hidup	짜라 히둡
사다	membeli	믐블리
오대양	5 lautan	리마 라웉안
사람	orang	오랑
사람들	orang-orang	오랑-오랑

4년 후에 다시 개최 돼

Ditahan kembali setelah 4 tahun

디따한 끔발리 스뜰라 음빳(4) 따훈

내가 이 식사 살께

Saya akan mentraktir makanan ini

사야 아깐 믄뜨락티르 마까난 이니

사귀다   pacaran

빠짜란

사라지다	hilang 힐랑	사랑하다	mencintai 믄찐따이
사랑	cinta 찐따	사랑해요	mencintaimu 믄찐따이무
사랑에 빠지다	jatuh cinta 짜뚜 찐따	사망	kematian 끄마띠안

사람들이 그러는데 이 영화 재미있데
Orang-orang bilang film ini menyenangkan
오랑-오랑 빌랑 피름 이니 므녜낭깐

사람들이 말하기를   orang-orang bilang
오랑-오랑 빌랑

사람들이 바글바글하네   terlalu banyak orang
뜨ㄹ랄루 반약 오랑

사람마다 다르다   setiap orang berbeda
스띠압 오랑 브르베다

사람마다 좋아하는 것은 다르다
Kesukaan setiap orang berbeda.
끄수까안 스띠앞 오랑 브르베다

사람이 만든   yang dibuat oleh orang
양 디부앗 올레 오랑

사랑스러운(아기나 애인)   menggemaskan
믕그마ㅅ깐

사랑스러운(어른에게)   berkarisma
브르까리스마

사망하다	mati, wafat 마띠, 와팟	사실	sebenarnya 스브나르냐
사무실	kantor 깐또르	사십	40 음빳 뿔루
사물	barang pribadi 바랑쁘리바디	사업하다	berbisnis 브르비스니스
	objek 옵젝	사용법	cara pemakaian 짜라쁘마까이안
사방	di setiap sisi 디 스띠앞시시	사용자	pengguna 쁭구나
사별하다	kehilangan 끄힐랑안	사용하다	menggunakan 믕구나깐

사무실에서 그 문제에 대해 논의 하죠
Mari kita bahas masalah ini di kantor
마리 끼따 바하스 마살라 이니 디 깐또르

사생활을 존중하다	menghormati privasi 믕호르마띠 쁘리파시
사생활을 캐묻다	ingin tahu tentang privasi 잉인 따후 뜬땅 쁘리파시
사실을 말하다	berkata yang sebenarnya 브르까따 양 스브나르냐
사업이 번창하다	bisnisnya sukses 비스니스냐 슉세스

사원(사람)	pekerja 쁘끄르자	사위	menantu 므난뚜
사실적인	jelas, nyata 즐라스, 냐따	사육하다	memelihara 므믈리하라
사원(절)	pura, candi 뿌라, 짠디	사이에	diantara 디안따라
4월	April 아쁘릴	사자(동물)	singa 싱아

사용안내 — informasi penggunaan
인포르마시 뼁구나안

사용하지 않다 — tidak digunakan
띠닥 디구나깐

사장 — pemilik perusahaan, bos
쁘밀릭 쁘루사하안, 보스

사장님께 허락받다 — mendapatkan izin dari bos
믄다빳깐 이진 다리 보스

사직하다 — mengundurkan diri, meletakkan jabatan
응운두ㄹ깐디리, 믈르딱깐 자바딴

사진 3×4사이즈 한 장 — selembar foto ukuran 3x4
슬름바르 포또 우꾸란 3×4(띠가 깔리 음빳)

사진기를 준비할게요
Saya akan menyiapkan kameranya
사야 아깐 믄이앞깐 까메라냐

사전	kamus 까무스	사투리	dialek, logat 디알릭, 로갓
사진 한장	selembar foto 슬름바르 포또	사학	sejarah 스자라
사찰	vihara 피하라	사회	masyarakat 마샤라깟
사탕	permen 쁘르멘	삭제하다	menghapus 믕하뿌스

사진을 찍다   mengambil foto
　　　　　　　믕암빌 포또

사진 촬영 금지   dilarang membuat video
　　　　　　　　딜라랑 믐부앗비데오

사진 한 장씩 인쇄해 주세요
　　　Tolong cetak fotonya perlembar
　　　똘롱 쩨딱 포또냐 쁘를름바르

사탕 드세요   silahkan makan permennya
　　　　　　실라흐깐 마깐 쁘르맨냐

사학자   ahli sejarah / sejarawan
　　　　아흘리 스자라 / 스자라완

사회경험이 없을 거예요
　　　saya tidak pernah bersosialisasi
　　　사야 띠닥 쁘르나ㅎ 브ㄹ소시알리사시

산	gunung 구눙	살 / 30살	umur / 30 tahun 우무르 / 30(띠가 뿔루ㅎ) 따훈
산 정상	puncak gunung 뿐짝 구눙	살구	aprikot 아쁘리꼿
산림	hutan 후딴	살다	hidup 히둡
산맥	pegunungan 쁘구눙안	살인	pembunuhan 쁨부누한
산부인과	ginekologi 기네걸러기	살찌다	naik berat badan 나익 브랏 바단
산출량	keluaran 끌루아란	삶다	mendidih 믄디디흐
	jumlah hasil produksi 줌라ㅎ 하실 쁘로둑시	삶은 계란	telur rebus 뜰루르 르부스
산모	ibu 이부	삼(숫자)	tiga 띠가
산업	industri 인두스뜨리	삼십	tiga puluh 30 띠가 뿔루
산책하다	jalan-jalan 잘란-잘란	삼월	maret 마릇
산파	bidan 비단	삶은 고구마	ubi rebus 우비 르부스

살이 많이 찐 것 같아 sepertinya bertambah gemuk
스쁘ㄹ나ㅎ르 땀바ㅎ그묵

삶의 태도	cara hidup 짜라 히둡
삼거리	pertigaan 쁘르띠가안
상대선수	pemain lawan 쁘마인 라완
삼일	tiga hari 띠가 하리
삼촌	paman 빠만
상(우승)	penghargaan 뼝하르가안
상관없이	tidak masalah 띠닥 마살라ㅎ
상담	konsultasi 꼰술따시
상담하다	berkonsultasi 브르껀술따시
상당하는(금액)	setara 스따라
	cocok 쪼쪽
상당히	sangat 상앗
상대적인	relatif 렐라띠프
상상하다	membayangkan 음바양깐
상세히	secara terperinci 스짜라 뜨르쁘린찌
상품의(고급)	produk 쁘로둑
상반신을 찍다	rontgen 런슨
상사병	mabuk cinta 마북 찐따

상업채권	obligasi komersial 어블리가시 꺼므르시알
상응하다	mempertimbangkan 음쁘ㄹ띰방깐
상자 / 맥주 1 상자	kotak / bir 1 kotak 꼬딱 / 비르 사뚜 꼬딱

상영하다	memutar 므무따르
상용하다	menggunakan 믕구나깐
상의(옷)	jas, blus 자ㅅ, 블루ㅅ
상징하다	menyimbolkan 므녬볼깐
	melambangkan 믈람방깐
상처	luka 루까
상처를 받다	terluka 뜨를루까
상태	keadaan 끄아다안

상자처럼 생겼어 berbentuk seperti kotak
브르븐뚝 스쁘르띠 꼬딱

상을 타다 mendapatkan penghargaan
믄다빳깐 쁭하ㄹ가안

상점은 아침 8시에 문을 연다
toko buka pukul 8 pagi hari
또꼬 부까 뿌꿀 들라빤(8) 빠기 하리

상점은 저녁 9시에 문을 닫는다
toko tutup pukul 9 malam hari
또꼬 뚜뚭 뿌꿀 슴빌란(9) 말람 하리

상품목록을 덧붙이다
tambahkan ke daftar produk
땀바흐깐 끄 다프따르 쁘로둑

상품을 진열하다 memajang barang dagangan
므마장 바랑 다강안

상품	produk 쁘로둑	새벽	dini hari 디니 하리
상호간에	berbagi 브ㄹ바기	새우	udang 우당
상형	operasi plastic 오쁘라시쁠라ㅅ띡	새콤달콤한	asam manis 아삼 마니스
상황	keadaan 끄아다안	새해	tahun baru 따훈 바루
새 단어	kata baru 까따 바루	색깔	warna 와르나
새(동물)	burung 부룽	색소폰	saksofon 삭소폰
새 것의	hal-hal baru 할-할 바루	색종이	kertas berwarna 끄ㄹ따ㅅ브ㄹ와르나
새롭다	baru 바루	샐러드	salad 살라드

상품을 팔다 Menjual barang dagangan
믄주일 바랑 다강안

새끼를 낳다 melahirkan anak anjing
믈라히르깐 아낙 안징

새 집으로 이사하다 pindah ke rumah yang baru
삔다 끄 루마흐 양 바루

새해 복 많이 받으세요 Selamat tahun baru
슬라맛 따훈 바루

샘플	contoh 쫀또흐	생각나다 tiba-tiba teringat 띠바띠바 뜨링앗
생각	pikiran 삐끼란	생각하다 berfikir;berpikir 브르피끼르 ; 브ㄹ삐끼ㄹ

색은 예쁜데 좀 크네
Warnanya cantik tapi kebesaran
와르나냐 짠띡 따삐 끄브사란

샘플을 보여주세요   Tolong perlihatkan contohnya
똘롱 쁘를리핫깐 쫀또냐

생각해 볼게요   akan saya pikirkan
아깐 사야 삐끼르깐

생각보다 무겁네요
ini lebih berat dari yang saya pikirkan
이니 르비흐 브랏 다리 양 사야 삐끼르깐

생각보다 비싸다고요?   kamu bilang ini
lebih mahal dari yang kamu perkirakan?
까무 빌랑 이니 르비ㅎ 마할 다리 양 까무 쁘ㄹ끼라깐?

생각이 있어요? 없어요?   Ada ide? Atau tidak?
아다 이데? 아따우 띠닥?

생각지도 않게   bahkan tidak berfikir
바흐깐 띠닥 브르피끼르

생각할 시간이 필요해
Saya butuh waktu untuk berfikir
사야 부뚜흐 왁뚜 운뚝 브르피끼르

생과일주스	jus buah segar 주스 부아흐 스가르
생강	jahe 자헤
생리	Menstruasi 믄스뜨루아시
	datang bulan 다땅불란
생맥주	bir 비르
생물	makhluk hidup 막흘룩 히둡
생방송	siaran langsung 시아란 랑숭
생산물	produk 쁘로둑
생산성	produktivitas 쁘로둑띠피따스
생산	produksi 쁘로둑시
생수	air mineral botol 아이르 미느랄 보똘
생일	ulang tahun 울랑 따훈
생태계	ekosistem 에꺼시스뜸
생활	kehidupan 끄히두빤
샤워기	alat pancuran 알랏 빤쭈란
샴푸	sampo 삼뽀
생계를 위해 일한다	Bekerja mencari nafkah 브끄르자 믄짜리 나프까ㅎ
생계비를 번다	Mencari nafkah 믄짜리 나프까ㅎ
생명을 구하다	Menyelamatkan kehidupan 믄엘라맛깐 끄히두빤
생방송하다	melakukan siaran langsung 믈라꾸깐 시아란 랑숭

서기장	petugas sekretaris 쁘뚜가ㅅ 스끄르따리스	서류	dokumen 도꾸멘
서늘한	dingin 딩인	서명	tanda tangan 딴다 땅안
서두르다	bergegas 브르그가스	서비스하다	melayani 믈라야니

생일카드를 그녀에게 드리려고요
Dia ingin memberikan kartu ulang tahun ke wanita itu
디아 잉인 음브리깐 까르뚜 울랑 따훈 끄 와니따 이뚜

생일 케이크   kue ulang tahun
꾸에 울랑 따훈

생활이 점점 우울해져요
Hidupnya lama-kelamaan menjadi suram
히둡냐 라마-끌라마안 믄자디 수람

서로   saling / satu sama lain
살링 / 사뚜 사마 라인

서로 같은   satu sama lain yang sama
사뚜 사마 라인 양 사마

서로 다른   satu sama lain yang berbeda
사뚜 사마 라인 양 브르베다

서로 밀착된   berhubungan erat satu sama lain
브르후붕안 으랏 사뚜 사마 라인

서빙하다	melayani 믈라야니	석사	menguasai 믕우아사이
서양	barat 바랏	석유	minyak tanah 미냑 따나흐
서점	toko buku 또꼬 부꾸	선글라스	kacamata hitam 까짜마따 히땀
서커스	sirkus 시르꾸스	선물	hadiah 하디아
서행	melambat 믈람밧	선물하다	membuat hadiah 음부앗 하디아

서로 부딪히다 saling menabrak
살링 므납락

서로 섞다 berbaur satu sama lain
브르바우르 사뚜 사마 라인

서로 싸우다 saling bertengkar
살링 브르뚱까르

서로 아세요? Kenal satu sama lain?
끄날 사뚜 사마 라인?

서비스요금 biaya pelayanan
비아야쁠라야나나

서비스(전자제품 등) layanan elektronik
라야난 엘렉뜨러닉

서비스가 엉망이다 layanannya berantakan
라야난냐 브란따깐

선반	mesin bubut 므신 부붓
선생님	guru 구루
선수	pemain 쁘마인
선조	leluhur 르루후르
선출하다	memilih 므밀리ㅎ
선크림	suncream 산크림
선택하다	memilih 므밀리
선풍기	kipas angin 끼빠스 앙인
설(음력)	Tahun Baru 따훈 바루
설명서	panduan 빤두안
서술하다	Menceritakan, mendeskripsikan 믄쯔리따깐, 믄데스끄립시깐
선발팀	kelompok orang-orang terpilih 끌롬뽁 오랑-오랑 뜨르삘리ㅎ
선글라스를 쓰다	mengenakan kacamata hitam 믕으나깐 까짜마따 히땀
선물을 살 수가 없다	tidak bisa membeli hadiah 띠닥 비사 믐블리 하디아ㅎ
선물하고 싶었어요.	Ingin memberikan hadiah 잉인 음브리깐 하디아ㅎ
선을 긋다	menentukan batas 므는뚜깐 바따ㅅ
선착순으로	dengan urutan kedatangan 등안 우루딴 끄다땅안

설명하다	menjelaskan 믄즐라스깐	설탕	gula 굴라
설사	diare 디아레	섬	pulau 뿔라우
설사약	obat diare 오밧 디아레	성(이름)	nama keluarga 나마 끌루아르가
설익은	setengah matang 스뜽아ㅎ 마땅	성공하다	sukses 숙세스
설치하다	menyediakan 므녜디아깐	성교하다	berkhotbah 브ㄹ꼿바ㅎ

선착순으로 티셔츠를 준다.
Memberikan kaos berurutan
믐브리깐 까오스 브ㄹ우루딴

선크림을 계속 바르다
terus mengoleskan sunkrim
뜨루스 믕올레ㅅ깐 산크림

선크림을 바르다
membalurkan suncream
믐발루르깐 산크림

설날음식
makanan tahun baru
마까난 따훈 바루

설립하다
mendirikan, mengadakan
믄디리깐, 믕아다깐

설사하다
buang-buang air / diare
부앙-부앙 아이르 / 디아레

성격	karakter 까락뜨르	성질	sifat 시팟
성냥	korek api 꼬렉 아삐	성탄절	natal 나탈
성립하다	terwujud 뜨ㄹ우줏	세 번째	tiga kali 띠가 깔리
	tercipta 뜨ㄹ찝따	세 시간	tiga jam 띠가 잠
성장하다	tumbuh 뚬부흐	세게 때리다	menampar 므남빠르
성적	pertunjukan 쁘르뚠죽깐	성형수술	bedah plastik 브다흐 쁠라스띡

설 쇠러 고향에 가?

Akankah pulang ke kampung halaman pada saat tahun baru?
아깐까 뿔랑 끄 깜뿡 할라만 빠다 사앗 따훈바루?

성격이 발랄하고 좋은

kepribadiannya riang dan baik
끄쁘리바디안냐 리앙 단 바익

성공하시기를 바랄게요.   Semoga sukses
스모가 숙세스

성은 박 입니다. 이름은 민수입니다.
Nama keluarga saya park, nama saya Minsu.
나마 끌루아르가 사야 박, 나마 사야 민수.

ㅅ

177

세관신고	laporan pabean 라뽀란 빠베안	세미나	seminar 스미나르
세계	dunia 두니아	세배	ritual tahun baru 리뚜알 따훈 바루
세계에서	didunia 디두니아	세뱃돈	uang tahun baru 우앙 따훈 바루
세관	kantor pabean 깐또ㄹ 빠베안	세일(할인판매)	obralan 오브랄란
세금	pajak 빠작	세탁기	mesin cuci 므신 쭈찌
세기	abad 아바드	세탁세제	detergen 데뜨르젠
세다	menghitung 믕히뚱	세탁소	binatu 비나뚜
세달	tiga bulan 띠가 불란	세탁하다	mencuci baju 믄쭈찌 바주
세대	rumah tangga 루마 땅가	세포	sel 셀

성함을 알려 주시겠어요?
Akankah kamu memberitahuku namamu?
아깐까ㅎ 까무 믐브리따후꾸 나마무?

세권 주세요   Tolong beri saya tiga buku
똘롱 브리 사야 띠가 부꾸

셋	tiga 띠가
소	sapi 사삐
소견	pendapat 쁜다빳
	pandangan 빤당안
소고기	daging sapi 다깅 사삐
소극적인	pasif 빠싶
소금	garam 가람
소나기	hujan deras 후잔 드라ㅅ
소득	penghasilan 쁭하실란
소득세	pajak penghasilan 빠작 쁭하실란
소름끼치는	meremang 므르망
소리	suara 수아라
소리치다	teriak 뜨리악
소매치기	pencopet 쁜쪼뻿
소매업하다	pengecer 쁭에쩨르
소멸하다	memadamkan 므마담깐
소변	kencing 끈찡
소변보다	buang air kecil 부앙 아이르 끄찔
세금을 내다	membayar pajak 음바야르 빠작
세를 주다	memberikan pajak 음브리깐 빠작
소개하다	memperkenalkan 음쁘르끄날깐

소비자	konsumen 꼰수멘	소유	milik 밀릭
소비하다	mengkonsumsi 믕꼰숨시	소수민족	minoritas 미노리따스
소설	novel 노펠	소아마비	polio 뽈리오
소식	berita, kabar 브리따, 까바ㄹ	소포	paket 빠껫
소원	harapan 하라빤	속눈썹	bulu mata 불루 마따

소개해 드릴게요
Saya akan memperkenalkan pada Anda.
사야 아깐 믐쁘ㄹ끄날깐 빠다 안다

소리를 듣다
mendengarkan suara
믄등아르까누 수아라

소식이 없는
yang tidak ada kabar
양 띠닥 아다 까바르

소송에서 이기다 memenangkan (gugatan/perkara)
므므낭깐 (구가딴/ 쁘ㄹ까라)

소음이 조금 있다 Ini mungkin terdengar sedikit
이니 뭉낀 뜨르등아르 스디낏

소파 어디에 둬요? Sofanya diletakkan dimana?
소파냐 딜르딱깐 디마나?

속닥거리다	berbisik 브르비식
속담	pepatah 쁘빠따ㅎ
속도	kecepatan 끄쯔빠딴
속삭이다	berbisik 브르비식
속성으로	oleh property 올레 쁘로쁘르띠
속어	kata gaul, slang 까따가울, 슬랑
속이다	menipu 므니뿌
손	tangan 땅안
손가락	jari 자리
손가방	tas jinjing 따스 진징
손녀	cucu perempuan 쭈쭈 쁘름뿌안
손님	pelanggan 쁠랑간
손등	punggung tangan 뿡궁 땅안
손목시계	jam tangan 잠 땅안
소프트웨어	perangkat lunak 쁘랑깟 루낙
소화	pencernaan, pemadam kebakaran 쁘쯔ㄹ나안, 쁘마담끄바까란
소화불량	gangguan pencernaan 강구안 쁜쯔르나안
소화에 좋다	pencernaan lancar 쁜쯔르나안 란짜르
속도를 줄이다	mengurangi kecepatan 믕우랑이 끄쯔빠딴

손수건	sapu tangan 사뿌 땅안	솔직히 말하자면	sejujurnya 스주주르냐
손실	kerugian 끄루기안	손톱	kuku 꾸꾸
손을 올리다	angkat tangan 앙깟 땅안	손해	kerusakan 끄루사깐
손자	cucu laki-laki 쭈쭈 라끼-라끼	솔직한	jujur 주주르
손잡이	pegangan tangan 쁘강안 땅안	솔질을 하다	memelihara 므믈리하라
손전등	senter 센뜨르	솜씨	ketrampilan 끄뜨람삘란
손재주	ketangkasan 끄땅까산	쇼윈도	display jendela 디스쁠레이 즌델라

속이려하지 마	Jangan tertipu 장안 뜨르띠뿌
속하다	termasuk / tergolong 뜨르마숙 / 뜨르골롱
손으로 누르다	bertumpuh dengan tangan 브르뚬뿌 등안 땅안
손을 흔들어 인사하다	berjabat tangan menyapa 브르자밧 땅안 므냐빠
손톱깎이	pemotong kuku 쁘모똥 꾸꾸

쇼핑	berbelanja 브르블란자	수동의	pasif 빠시프
수건	handuk 한둑	수량	kuantitas 꾸안띠따스
수군	angkatan laut 앙까딴 라웃	수력	tenaga air 뜨나가 아이르
수년	bertahun-tahun 브르따훈 따훈	수련	bunga teratai 붕아 뜨라따이
송년회	pesta akhir tahun 페스따아키ㄹ 따훈	수류탄	granat 그라낫
수다스러운	cerewet 쯔레웻	수리하다	memperbaiki 음쁘르바이끼
수단	jalan, arti 잘란, 아ㄹ띠	수면	permukaan air 쁘르무까안 아이르
수도	modal 모달	수박	semangka 스망까

송별회   pesta perpisahan
         뻬스따 쁘ㄹ삐사한

송별회를 열다 mengadakan pesta selamat tinggal
              믕아다깐 뻬스따 슬라맛 띵갈

송이/장미 3송이   tangkai / mawar 30 tangkai
                  땅까이 / 마와르 띠가 뿔루ㅎ 땅까이

수고하다   Melihat kebelakang
           믈리핫끄블라깡

수백의	ratusan 라뚜산	수습하다	menjaga 믄자가
수상하다	memenangkan 므므낭깐		mendapat pelatihan 믄다빳 쁠라띠한
수선하다	membetulkan 믐브뚤깐	수신	penerimaan pesan 쁘느리마안 쁘산
수송하다	mengangkut 믕앙꿋	수십 여의	puluhan 뿔루한
수속	prosedur 쁘러세두르	수영	berenang 브르낭
수수료	komisi 꼬미시	수영장	kolam renang 꼴람 르낭
수술	operasi 오쁘라시	수요일	Rabu 라부

수공의　　　　　　hasil karya, manual
　　　　　　　　　하실까ㄹ야, 마누알

수도요금 받으러 왔나요?
　　　　Anda datang untuk menerima tariff air?
　　　　안다 다땅 운뚝 므느리마 따리프 아이르?

수상(직위)　　　　menerima penghargaan
　　　　　　　　　므느리마 쁭하르가안

수여하다　　　　　Menganugrahkan
　　　　　　　　　믕아누그라ㅎ깐

한국어	인도네시아어
수입	pendapatan 쁜다빠딴
수입세	bea impor 베아 임뽀르
수입품	barang impor 바랑 임뽀르
수입하다	mengimpor 등임뽀르
수준	tingkat 띵깟
수집하다	Mengumpulkan 등움뿔깐
수 천의	beribu-ribu 브리부-리부
수정액(사무용품)	tipe-ex 띠쁘엑스
수첩	buku catatan 부꾸 짜따딴
수출세	bea ekspor 베아 엑스뽀르
수출입	impor dan ekspor 임뽀르 단 엑스뽀르
수출하다	mengekspor 등엑스뽀르
수탉	ayam jantan 아얌 잔딴
수퍼마켓	supermarket 수쁘르마르껫
수평선	garis ufuk 가리ㅅ우푹
수표	cek 쩩
수학	matematika 마떼마띠까
수학자	ahli matematika 아흘리 마떼마띠까
수험생	peserta ujian 쁘스ㄹ따우지안
수확하다	panen 빠넨

수영할 줄 알아요? Apakah kamu bisa berenang?
아빠까 까무 비사 브르낭?

수퍼마켓에 자주 가 Sering pergi ke supermarket
스링 쁘르기 끄 수쁘르마르껏

숙고하다	memikirkan 므미끼르깐	숙제	pekerjaan rumah 쁘끄르자안 루마ㅎ
	mempertimbangkan 음쁘ㄹ띰방깐	순서	urutan 우루딴
숙련된	terampil 뜨람삘	순서대로	dalam urutan 달람 우루딴
숙모	bibi 비비	순탄한	lumpuh 룸뿌ㅎ
숙박하다	menginap 릉이낲	숟가락	sendok 센독

순회하다　　berjalan mondar-mandir
　　　　　　브르잘란 몬다르 만디르

술 도수가 높아요　　kadar alkoholnya tinggi
　　　　　　　　까다르 알꼬홀냐 띵기

술 많이 먹지 마
　　Jangan terlalu banyak minum alkohol
　　장안 뜨를랄루 바냑 미눔 알꼬홀

술을 끊다　　berhenti minum alkohol
　　　　　　브르흔띠 미눔 알꼬홀

술 잘하시네요.　　Jago minum alkhohol ya
　　　　　　　자고 미눔 알꼬홀

숨기다　　melindungi, menyembunyikan
　　　　　믈린둥이, 믄옘분이깐

술	alkohol 알꼬홀	쉽죠?	Mudah kan? 무다ㅎ 깐?
술집	tempat minum 뜸빳 미눔	스물(숫자)	20 두아 뿔루
술 취한	mabuk 마북	스위치	sakelar 사끌라르
숫자	angka 앙까	스케줄	jadwal 자드왈
숲	belantara 블란따라	스키를 타다	bermain ski 브르마인 스키
쉬운	gampang 감빵	스키장	lapangan ski 라빵안 스키
쉽다	gampang 깜빵	스타(인물)	superstar 수쁘르스따르

숨쉬기 어려운 sulit bernapas
술릿 브르나빠스

쉬다 / 잘 쉬었어?
Istirahat / apakah telah istirahat dengan baik?
이스띠라핫 / 아빠까ㅎ 뜰라ㅎ 이ㅅ띠라핫 등안 바익?

쉽게 믿는 gampang percaya
감빵 쁘르짜야

쉽게 상하다 cepat tersinggung
쯔빳 뜨르싱궁

스타일	gaya 가야	슬픔	kesedihan 끄스디한
스트레스 받다	stres 스뜨레스	습격당하다	menyerang 므녜랑
스페인어	bahasa spanyol 바하사 스빤욜	습관	kebiasaan 그비아사안
스포츠	olah raga 올라 라가	습도	kelembaban 끌름바빤
스프링	pegas 쁘가스	승객	penumpang 쁘눔빵
스피커	pengeras suara 쁭으라ㅅ 수아라	승리	menang 므낭
슬퍼하지 마	jangan sedih 장안 스디흐	승리하다	memenangkan 므므낭깐
슬프다	sedih 스디흐	승무원	awak pesawat 아왁 쁘사왓

스스로에게 untuk diri mereka sendiri
운뚝 디리 므레까 슨디리

스포츠 신문 Koran olah raga
꼬란 올라ㅎ 라가

습도가 높아서 힘들어
kelembaban tinggi jadi capai
끌름바빤 띵기 자디 짜빠이

승자	pemenang 쁘므낭	시(문학)	karangan 까랑안
시(도시)	kota 꼬따	시(시간)	jam 잠

시간/한 시간　　　　　　　　　　　jam / satu jam
　　　　　　　　　　　　　　　　　　잠 / 사뚜 잠

시간당 300km　　　　　　　　　　300km perjam
　　　　　　　　　　　　띠가 라뚜스 낄로 메뜨르 쁘르 잠

시간도 없고 바빠
　　　　　Saya tidak punya waktu dan sibuk
　　　　　　　　　　사야 띠닥 뿌냐 왁뚜 단 시북

시간약속을 해 주세요
　　　　Tolong tentukan waktu untuk janjian
　　　　　　　　똘롱 뜬뚜깐 왁뚜 운뚝 잔지안

시간을 낼 수가 없다
　　　　Tidak bisa meluangkan waktu tepat
　　　　　　　　띠닥 비사 믈루앙깐 왁뚜 뜨빳

시간을 약속하다
　　　　tepat waktu, komitmen terhadap waktu
　　　　　　　　뜨빳 왁뚜, 꼬밋믄 뜨ㄹ하닾 왁뚜

시간을 절약하다　　　　　　　menghemat waktu
　　　　　　　　　　　　　　　　　믕헤맛 왁뚜

시간이 걸리다　　　　　　　　　memakan waktu
　　　　　　　　　　　　　　　　　므마깐 왁뚜

시간	waktu 왁뚜	시도하다	mencoba 믄쪼바
시간경계선	perbatasan 쁘ㄹ바따산	시들다	melayu 믈라유
시간당	per jam 쁘르 잠	시민	warga negara 와르가 느가라
시계	jam 잠		masyarakat 마샤라깟
시기	waktu, masa 왁뚜, 마사	시샘하다	cemburu 쯤부루
시끄러운	berisik 브리식	시스템	sistem 시스뜸
시내	bus kota 부스 꼬따	시아버지	ayah mertua 아야 므르뚜아
시내중심	pusat kota 뿌삿 꼬따	시어머니	ibu mertua 이부 므르뚜아
시다	asam 아삼	시원하다	sejuk 스죽

시간이 되다	Sudah waktunya 수다ㅎ왁뚜냐
시간이 오래 걸리다	memakan banyak waktu 므마깐 바냑 왁뚜
시간이 정말 빠르다	waktu cepat sekali berlalu 왁뚜 쯔빳 스깔리 브를랄루

시원한	sejuk 스죽	시행하다	melaksanakan 믈락사안
낱말	kata puitis 까따 뿌이띠ㅅ	시험	ujian 우지안
시작하다	mulai 물라이	시험삼아하다	melalui tes 믈랄루이 떼ㅅ
시장	pasar 빠사르	시험지	kertas ujian 끄르따스 우지안
시청자	pemirsa 쁘미ㄹ사	식량	pangan 빵안
시체	mayat 마얏	식당	rumah makan 루마 마깐

시계를 차다   memasang jam
    ㅁ마상 잠

시위하다   Berdemonstrasi, protes
    브ㄹ데몬스뜨라시, 쁘로떼스

시장에 자주 가세요?
    Apakah Anda sering pergi ke pasar?
    아빠까 안다 스링 쁘르기 끄 빠사르?

시점   Waktu, sudut pandang
    왁뚜, 수둣빤당

시키지 마세요   Jangan menyuruh
    장안 믄유루ㅎ

식당칸	ruang makan 루앙 마깐	식초	cuka 쭈까
식	upacara, bentuk 우빠짜라, 븐뚝	식탁	taplak meja 따쁠락메자
식사하다	makan 마깐	식품	bahan makanan 바한 마깐
식용유	minyak goreng 미냑 고랭	신(종교)	Tuhan 뚜한
식이요법하다	cara hidup 짜라 히둡	신고	pengaduan 쁭아두안

시험 결과가 어때요?	Bagaimana hasil ujiannya? 바가이마나 하실 우지안냐?
시험 문제	pertanyaan ujian 쁘르따냐안 우지안
시험 봤어요?	Sudah ujian? 수다흐 우지안?
시험에 떨어지다	Tidak lulus ujian 띠닥 루루ㅅ 우지안
식중독	keracunan makanan 끄라쭈난 마까난
신경 쓰다	memberikan perhatian 므므브리깐쁘ㄹ하띠안
신경쓰지 마	Jangan pedulikan 장안 쁘둘리깐

신고서	surat laporan 수랏라뽀란	신병	tentara baru 뜬따라 바루
신랑	pengantin pria 쁭안띤 쁘리아	신비	misteri 미스뜨리
신뢰하다	mempercayai 음쁘르짜야이	신선하다	segar 스가르
신문	koran 꼬란	신앙	iman 이만
신발	sepatu 스빠뚜	신용	kredit 끄레딧

신경 쓰지 않다   Tidak peduli
띠닥 쁘둘리

신고서를 작성하셨나요?
Apakah Anda sudah menulis laporan?
아빠까ㅎ 안다 수다ㅎ 므누리ㅅ 라뽀란?

신고서를 작성해 주세요   Tolong tulis laporannya
똘롱 뚤리ㅅ 라뽀란냐

신랑측   Pihak pengantin pria
삐학 쁭안띤 쁘리아

신문을 보면 알게 될 거예요
Kalau membaca koran kita akan tahu
깔라우 음바짜 꼬란 끼따 아깐 따후

신발을 신다   memakai sepatu
므마까이 슴빠뚜

신용장	surat kredit 수랏 끄르딧	실	benang 브낭
신용카드	kartu kredit 까르뚜 끄레딧	실례합니다	permisi 쁘르미시
신중한	Ikhlas 이클라ㅅ	실망이다	kecewa 꼬쩨와
신청서	aplikasi, Formulir 아쁠리까시, 포ㄹ무리ㄹ	실무자	pengurus 쁭우루ㅅ
신형이다	jenis baru 즈니스 바루	실물	barang asli 바랑 아ㅅ리
신호	Tanda, sinyal 딴다, 신얄	실수	kesalahan 끄살라한
신혼	bulan madu 불란 마두	실습하다	praktek 쁘락떽

신부(결혼)	pengantin wanita 쁭안띤 와니따
신부측	Pihak pengantin wanita 삐학 쁭안띤 와니따
신사(남자)	pria yang bisa diandalkan 쁘리야 양 비사 디안달깐
신하가 되다	menjadi hamba 믄자디 함바
신호등	Rambu-rambu lalu lintas, lampu 람부-람부 랄루 린따ㅅ

한국어	Indonesia	발음
실시하다	terselenggara	뜨르슬릉가라
실제로	benar-benar nyata	브나르-브나르 냐따
실제수입	pendapatan riil	쁜다빠딴 릴
실제의	sebenarnya	스브나르냐
실직하다	pengangguran	쁭앙구란
실크	sutera	수트라
실패하다	gagal	가갈
실행하다	melaksanakan	믈락사나깐
싫어하다	membenci	음븐찌
싫음 말고	bukan benci	부깐 븐찌
실수하다	membuat kesalahan	음부앗 끄살라한
실장	kepala departemen	끄빨라 데빠르뜨멘
심다	tanaman	따나만
심리	Psikologi, pengadilan	쁘시꼴로기, 쁭아딜란
심리학	psikologi	쁘시꼴로기
심장	Jantung	잔뚱
심장병	penyakit jantung	쁘냐낏 잔뚱
심판(경기)	wasit	와싯
십 억(숫자)	satu milliar	사뚜 밀리야르
십이(숫자)	12	두아 블라스
십이월	Desember	데셈브르

십일(숫자)	11 스블라스	싸우다(불화)	berkelahi 브르끌라히
십일월	november 노펨브르	싸우다(투쟁)	melawan 믈라완
싱겁다	Hambar 함바르	쌀	beras 브라스
싱글룸	kamar single 까마ㄹ 싱글	쌀을 씻다	cuci beras 쭈찌 브라스
싱싱한	segar 쓰가르	쌍꺼풀	lipatan mata 리빠딴 마따
싸다	murah 무라ㅎ	쌍둥이	kembar 끔바르
싸우다(논쟁)	berjuang 브르주앙	썩다(이)	busuk 부숙

실제가격	harga sebenarnya 하르가 스브나르냐
실제로 있었던 일	pekerjaan yang benar-benar nyata 쁘끄르자안 양 브나르-브나르 냐따
실크를 생산하다	memproduksi sutera 믐쁘러둑시 수뜨라
싸 주세요	Tolong dibungkus 똘롱 디붕꾸스

쏟다	tuang 뚜앙	쓸모없는	tidak berguna 띠닥 브르구나
쓰다(글씨)	menulis 므눌리스	씨름하다	gulat 굴랏
쓰다(기록)	menulis 므눌리스	씹다	mengunyah 믕우냐ㅎ
쓰다(맛)	pahit 빠힛	씻다	mencuci 믄쭈찌
쓰레기통	tong sampah 똥 삼빠ㅎ		

쌍/완벽한 한 쌍   pasangan yang sempurna
빠상안 양 슴뿌르나

씹을 수 없다   tidak bisa mengunyah
띠닥 비사 믕우냐

ㅇ

아, 그렇군요.	oh, begitu 오ㅎ, 브기뚜
아기	bayi, anak kecil 바이, 아낙 크칠
아내	istri 이스트리
아니다 / 아니(대답)	bukan 부깐
	tidak 띠닥
아가씨	nona 노나
아들	anak laki-laki 아낙 라끼 라끼
아래	di bawah 디 바와ㅎ
아래층	lantai bawah 란따이 바와ㅎ
아름다운	indah, cantik 인다ㅎ, 짠띡
아마	mungkin 뭉낀
아마도	mungkin saja 뭉낀 사자

아깝잖아 버리지마   sayang sekali jangan dibuang
사양 스깔리 장안 디부앙

아닐거야   Tidak akan begitu
띠닥 아깐 브기뚜

아랑곳 하지 않고   tidak memperhatikan
띠닥 음프르하띠깐

아르바이트가다   Pergi untuk kerja paruh waktu
쁘ㄹ기 운뚝 끄ㄹ자 빠루ㅎ 왁뚜

아름다운 사람   orang yang tampan / cantik
오랑 양 땀판 / 찬띡

아무때나	kapan saja
	까빤 사자

아빠	ayah, bapak
	아야ㅎ, 바빡

아마추어	amatir
	아마띠ㄹ

아시아	Asia
	아시아

아마 25살일걸요 mungkin sekitar 25 tahun
뭉낀 스끼따ㄹ 두아 풀루ㅎ 리마 따훈

아마 그럴걸 mungkin begitu, saya rasa begitu
뭉낀 브끼뚜, 사야 라사 브기뚜

아마 될거야 mungkin akan seperti itu
뭉낀 아깐 스프르띠 이뚜

아마 전화했어도 통화 못했을 거야
 mungkin ditelepon pun tidak akan dijawab
뭉낀 디뜰레폰 푼 띠닥 아깐 디자왑

아무것도 몰라 tidak mengerti apa-apa
띠닥 믕으ㄹ띠 아빠 아빠

아무것도 변하지 않을 것이다
 tidak akan mengubah apa pun
띠닥 아깐 믕우바ㅎ 아빠 뿐

아무것도 아니야 bukan apa-apa
부깐 아빠 아빠

아무데나 앉으세요 silakan duduk di mana saja
실라ㅎ깐 두둑 디 마나 사자

아무 뜻없이 tidak berarti apa-apa
띠닥 브ㄹ아ㄹ띠 아빠 아빠

아이	anak 아낙	아직 안먹다	belum makan 블룸 마깐
아이스녹차	es teh hijau 에스 떼ㅎ 히자우	아침에	pada pagi hari 빠다 빠기 하리
아이스크림	es krim 에스 그림	아파	sakit 사낏

아무 말도 하지마   jangan berkata apa-apa
장안 브ㄹ까따 아빠 아빠

아무맛이 없어   tidak berasa apa-apa
띠닥 브라사 아빠 아빠

아쉬워하다   merasa kehilangan
므라사 끄힐랑안

아이가 있어요?   Apakah Anda mempunyai anak?
아빠까ㅎ 안다 믐푼야이 아낙?

아이 돌보면서 일하는건 너무 피곤하잖아
           menjaga anak sungguh melelahkan
은자가아낙숭구ㅎ믈르라ㅎ깐

아이를 낳다   melahirkan anak
믈라히ㄹ깐 아낙

아저씨   bapak-bapak, Paman(panggilan)
바빡 바빡, 파만(팡길란)

아주 맑을 거예요
           Ini akan menjadi jelas / terang sekali
이니 아깐 믄자디 즐라ㅅ / 뜨랑 스깔리

아파트	apartemen 아빠ㄹ뜨멘	안쪽의	bagian dalam 바기안 달람
아프리카	Afrika 아프리까	아픈	sakit 사낏
안정된	stabil 스타빌	아픔	sakit 사낏

아줌마, 뭣좀 물어 볼게요
Permisi bu, ada yang ingin saya tanyakan
프ㄹ미시 부, 아다 양 잉인 사야 딴야깐

아직 길이 익숙지 않다
Masih belum hapal jalannya
마시ㅎ 블룸 하팔 잘란냐

아직 대화 해본적이 없다
masih belum pernah bercakap-cakap
마시ㅎ 블룸 쁘ㄹ나ㅎ 브ㄹ짜깝 짜깝

아직도 배불러   masih kenyang
                      마시ㅎ 끄냥

아직 안골랐어요   Masih belum memilih
                      마시ㅎ 블룸 므밀리ㅎ

아직 익숙지 않다   masih belum terbisa
                      마시ㅎ 블룸 뜨ㄹ비아사

아직 인도네시아에 대해 많이 이해하지 못해요
masih belum banyak tahu mengenai Indonesia
마시ㅎ 블룸 반약 따후 믕으나이 인도네시아

아홉(숫자)	sembilan 슴빌란	악기	alat musik 알랏 무식

아침 6시부터 아침식사가 가능합니다
    Makan siang berlaku sejak jam 6 pagi
        마깐 시앙 브ㄹ라꾸 스작 잠 으남 빠기

아침에 보통 뭘먹어요?
    biasanya makan apa untuk sarapan?
        비아사냐 마깐 아빠 운뚝 사라빤?

아침에 안개가 끼다   kabut di pagi hari
        까붓 디 빠기 하리

아침식사   makan pagi, sarapan
        마깐 빠기, 사라빤

아파서 밥을 못먹겠어
    karena sakit jadi tidak bisa makan
        까르나 사낏 자디 띠닥 비사 마깐

아파서 일찍 집에 가야해
    karena sakit harus segera pulang
        까르나 사낏 하루ㅅ 스그라 뿔랑

아픈게 나아졌나요?
    apakah sudah merasa lebih baik?
        아빠까ㅎ 수다ㅎ 므라사 르비ㅎ 바익?

아픈지 얼마나 됐어요?
    sudah berapa lama sakitnya?
        수다ㅎ 브라빠 라미 사낏냐?

악몽	mimpi buruk 밈삐 부룩	안개	debu kabut 드부 까붓
악수	jabatan 자바딴	안내소	tempat informasi 뜸빳 인포르마시
악어	buaya 부아야	안내책자	brosur 브로수르
안	dalam 달람	안내하다	mengumumkan 믕우뭄깐

아홉번째	nomor sembilan 노모르 슴빌란
악기를 치다	memainkan alat musik 므마인깐 알랏 무식
악필이네요	tulisan buruk 뚤리산 부룩
안개가 짙다	berkabut tebal 브르까붓 뜨발
안경을 쓰다	memakai kacamata 므마까이 까짜마따
안과에 가다	pergi ke klinik mata 쁘르기 끄 끌리닉 마따
안나갔어요?	tidak pergi keluar? 띠닥 쁘르기 끌루아르?
안녕 다시 만나	sampai bertemu lagi 삼빠이 브르뜨무 라기

안녕하세요	apa kabar? 아빠 까바ㄹ?	안 어울려	tidak cocok 띠닥 쪼쪽
안락하다	nyaman 냐만	안에	di dalam 디 달람
안심하다	merasa nyaman 므라사 냐만	안타다	mengendarai 믕은다라이

안녕히 계세요 저는 가겠습니다
selamat tinggal saya akan pergi sekarang
슬라맛 띵갈 사야 아깐 프ㄹ기 스까랑

안녕히 계십시오 selamat tinggal
슬라맛 띵갈

안되다 tidak bisa, tidak boleh
띠닥 비사, 띠닥 볼레ㅎ

안돼 비밀 이야기 해 줄 수 없어

Tidak boleh, ini rahasia
tidak bisa memberi tahu
띠닥 볼레ㅎ 이니 라하시아 띠닥 비사 믐브리 따후

안 만나다/나 안본지 꽤 됐잖아요. tidak bertemu /
sudah cukup lama tidak bertemu saya kan
띠닥 브ㄹ뜨무 / 수다ㅎ 쭈꿉 라마 띠닥 브ㄹ뜨무 사야 깐

안 먹으면 되지 뭐

Kalau tidak makan, juga apa-apa
깔라우 띠닥 마깐, 주가 아빠 아빠

앉다	duduk 두둑	알려주다	memberi tahu 음브리 따후
앉을자리	tempat duduk 뜸빳 두둑	알약	tablet, pil 따블렛, 필
알게하다	mengetahui 응으따후이	알코올중독자	pemabuk 쁘마북
알고 싶다	ingin tahu 잉인 따후	암	kanker 깐껠
알레르기	alergi 아레ㄹ기	암산하다	secara mental 스짜라 믄딸

안약을 넣다   meneteskan obat mata
므네떼ㅅ깐 오밧 마따

안 어울려 사지마   tidak cocok jangan dibeli
띠닥 쪼쪽 장안 디블리

안전   keselamatan, keamanan
끄슬라마딴, 끄아마난

안 좋은 결과   hasil yang tidak baik
하실 양 띠닥 바익

알/매일 2알씩   tablet / 2 tablet setiap hari
타블렛 / 두아 타블렛 스띠앞 하리

알다/잘알겠어   mengerti / sangat mengerti
응으ㄹ띠 / 상앗 응으ㄹ띠

알리다   memberi tahu, menginformasikan
음브리 따후, 응인포ㄹ마시깐

암탉	ayam betina 아얌 브띠나	애석하다	menyedihkan 믄예디ㅎ깐
앞쪽	bagian depan 바기안 드빤	애인	pacar, kekasih 빠짜ㄹ, 끄까시ㅎ
앞치마	apron 아프론	애정	kasih sayang 까시ㅎ 사양
애무	memanjakan 므만자깐		cinta 찐따

알아들었어요
  saya tahu maksud anda / saya mengerti
  사야 따후 막숫 안다 / 사야 믕으ㄹ띠

알아맞혀 보세요 Ayo tebak / silahkan tebak
  아요뜨박 / 시라ㅎ깐 뜨박

알아보다 / 알아 보시겠어요?
  Mencari tahu / bisa cari tahu?
  븐짜리따후 / 비사짜리따후?

알았어, 알았어 saya tahu, saya mengerti
  사야 따후, 사야 믕으ㄹ띠

알코올중독 Ketagihan alkohol
  끄따기한 알꼬홀

압력을 넣다 Memberi tekanan
  음브리 뜨까난

앞사무실 bagian penerimaan tamu
  바기안 프느리마안 따무

애호가	penggemar 쁭그마ㄹ	야박하게	bersikap kejam 브ㄹ시깝 끄잠
액션	aksi 악시	야생의	liar 리아ㄹ
액션영화	film aksi 필름 악시	약	obat 오밧
앵두	buah ceri 부아ㅎ 쩨리	약(대략)	kira-kira 끼라 끼라
야구	baseball, kasti 베이스발, 까ㅅ띠	약간	sedikit, agak 스디낏, 아각
야기하다	menyebabkan 믄예밥깐	약도	peta kisaran 뻬따 끼사란
야단맞다	dimarahi 디마라히	약사	apoteker 아뽀뜨끄ㄹ

애니메이션	animasi, kartun 아니마시, 까ㄹ뚠
애원하다	permohonan, permintaan 쁘ㄹ모호난, 쁘ㄹ민따안
애착을 가지다	dilampirkan 디람삐ㄹ깐
앵무새	burung nuri, kakaktua 부룽 누리, 까깍뚜아
약 30분 걸려요	butuh waktu sekitar 30 menit 부뚜ㅎ 왁뚜 스끼따ㄹ 띠가 뿔루ㅎ 므닛

약속	janji 잔지	양념	bumbu 붐부
약속하다	berjanji 브ㄹ잔지	양념장	bumbu-bumbu 붐부 붐부
약을 먹다	minum obat 미눔 오밧	양력	kalender surya 깔렌드ㄹ 수ㄹ야
얇은	tipis 띠삐ㅅ	양말	kaus kaki 까우ㅅ 까끼
얇은 종이	kertas tipis 끄ㄹ따ㅅ 띠삐ㅅ	양배추	kubis 꾸비ㅅ

약간의 열   demam sedikit
드맘스띠낏

약국   toko obat, apotek, farmasi
또꼬 오밧, 아뽀떽, 파ㄹ마시

약국으로 가세요   silahkan pergi ke apotek
시라ㅎ깐 쁘ㄹ기 끄 아뽀떽

약속이 있어   ada janji, mempunyai janji
아다 잔지, 픔뿐야이 잔지

약속을 지키다   menepati janji
므느빠띠 잔지

약혼식을 하다   pertunangan
쁘ㄹ뚜낭안

얄밉다   menimbulkan benci
므님불깐 븐찌

한국어	인도네시아어	한국어	인도네시아어
양복	Setelan jas / 스뗄란 자ㅅ	양심	hati nurani / 하띠 누라니
양성하다	memelihara / 므므리하라	어느곳이나	dimanapun / 디마나뿐
	melatih, membina / 믈라띠ㅎ, 음비나	양초	lilin / 리린
양식	bentuk, formulir / 븐뚝, 포ㄹ물리ㄹ	양파	bawang bombay / 바왕 봄바이
양식(식량)	makanan barat / 마까난 바랏	양해하다	mengalah / 믕알라ㅎ

양말을 신다 — memakai kaus kaki
므마까이 까우ㅅ 까끼

양쪽 — dua belah pihak, dua arah
두아 블라ㅎ 피학, 두아 아라ㅎ

얘기할게 있어요 — Ada yang ingin saya beritahukan kepada Anda
아다 양 잉인 사야 브리따후깐 끄빠다 안다

얘기해줄 수 없어 — saya tidak bisa menceritakan kepada Anda
사야 띠닥 비사 믄쯔리따깐 끄빠다 안다

얘기해 줘 — beritahu, katakan
브리따후, 까따깐

어느 나라 사람입니까? — Anda berasal darimana?
안다 브ㄹ아살 다리마나?

어감	rasa bahasa 라사바하사	어느	Mana, suatu 마나, 수아뚜
어깨	Pundak, bahu 뿐닥, 바후	어느 것	Yang mana 양 마나?

어느 나라에서   Di suatu negara
디 수아뚜 느가라

어느 나라 제품이예요?
    Produk ini berasal dari negara mana?
프로둑 이니 브ㄹ아살 다리 느가라 마나?

어느 언니요?   Kakak perempuan yang mana?
까깍 쁘름뿌안 양 마나?

어느 정도 까지   Sampai mana?
삼빠이 마나?

어느 종목에서   Dalam hal apapun
달람 할 아빠뿐

어느 종목에서 금메달을 땄어?
Yang mana menang medali emas?
양 마나 므낭 므달리 으마ㅅ?

어느 지역을 가면 좋은지 조언 좀 해주세요
    Tolong kasih saran daerah mana yang bagus
똘롱 까시ㅎ 사란 다에라ㅎ 마나 양 바구ㅅ

어느 지역을 방문 하셨어요?
    Sudah mengunjungi daerah mana saja?
수다ㄹ 믕운중이 다에라ㅎ 마나 사자?

어느날	suatu hari 수아뚜 하리	어디	Dimana 디마나?
어두운	Gelap 글랍	어디 가다	Berpergian 브르쁘르기안

어느팀   tim mana, suatu tim
                     띰 마나, 수아뚜 띰

어느 팀이 이겼어   Tim mana yang menang?
                     띰 마나 양 므낭?

어느 호텔이 제일 커요?
         Hotel mana yang paling besar?
         호뗄 마나 양 빨링 브사ㄹ?

어디다 뒀더라 잃어 버렸나?
    Di mana tadi taruh, mengapa bisa hilang?
    디 마나 따디 따루ㅎ, 믕아빠 비사 힐랑?

어디 둬요?   Taruh di mana?
                         따루ㅎ 디 마나?

어디를 가든지 비옷을 가지고 다녀야 해요.
   Kalau mau pergi kemanapun bawa jas hujan
   깔라우 마우 쁘르기 끄마나뿐 바와 자ㅅ 후잔

어디 머물 거예요?   Mau tinggal di mana?
                         마우 띵갈 디 마나?

어디서 배웠어요?   Belajar di mana?
                         블라자ㄹ 디 마나?

| 어떤 것? | Yang mana? 양 마나? | 어때? | Bagaimana? 바가이마나 |

어디서 사야하는지 모르겠어
        Tidak tahu harus beli dimana
        띠닥 따후 하루ㅅ 블리 디마나

어디서 살 수 있어요?
        Di mana bisa beli?
        디 마나 비사 블리

어디서 샀는지 물어 볼게
        Saya mau tanya di mana beli itu
        사야 마우 딴야 디 마나 블리 이뚜

어디서 일하세요?
        Bekerja di mana?
        브끄ㄹ자 디 마나?

어디 약속 있어?
        Janjian di mana?
        잔지안 디 마나?

어디에 가세요?
        Hendak pergi kemana?
        흔닥 쁘ㄹ기 끄마나?

어디에서 돌아오는 거예요?
        Datang darimana?
        다땅 다리마나?

어디에 쓰는거야?
        Dimana menggunakannya?
        디마나 믕구나깐냐?

어떤지 좀 보다
        seperti apa coba lihat
        스쁘ㄹ띠 아빠 쪼바 리핫

어때? 예뻐?
        Bagaimana? cantik?
        바가이마나? 짠띡?

어떻게	Bagaimana	어려운	susah, sulit
	바가이마나		수사ㅎ, 술릿

어떤 것들이 면세가 되나요?
Barang apa saja yang kena pajak?
바랑 아빠 사자 양 끄나 빠작?

어떻게 키가 더 커요?
Bagaimana bisa lebih tinggi?
바가이마나 비사 르비ㅎ 띵기?

어떤게 더 편하게갈까?
Yang mana yang lebih nyaman?
양 마나 양 르비ㅎ 냐만?

어떤 운동을 하세요? Anda berolahraga apa?
안다 브ㄹ올라ㅎ라가 아빠?

어떤 음악 좋아해요? Musik apa yang anda suka?
무식 아빠 양 안다 수까?

어떤 종류의 물건이 있는지 모릅니다
Tidak tahu jenis barang apa yang ada
띠닥 따후 즈니ㅅ 바랑 아빠 양 아다

어떤 종류의 책이에요? Buku jenis apa?
부꾸 즈니ㅅ 아빠?

어떤 호텔이 가장 화려한 가요?
Hotel mana yang paling bagus?
호텔 마나 양 빨링 바구ㅅ?

| 어르신 | lanjut usia 란줏 우시아 | 어른 | dewasa 데와사 |

어떻게 구분해요?   Bagaimana membedakannya?
바가이 마나음베다깐냐?

어떻게 나를 속여?

Bagaimana bisa menipu saya?
바가이마나 비사 므니뿌 사야?

어떻게 된 거예요?   Bagaimana jadinya?
바가이마나 자디냐?

어떻게 먹는 거예요?   Bagaimana cara makannya?
바가이마나 짜라 마깐냐?

어떻게 생각해요?   Bagaimana menurutmu? / bagaimana pendapatmu?
바가이마나 므누룻무? / 바가이마나 쁜다빳무?

어떻게 생겼어?   Bagaimana bisa terjadi?
바가이마나 비사 뜨르자디?

어떻게 쓰는거야?   Bagaimana menggunakannya?
바가이마나 등구나깐냐?

어떻게 알았어요?   Bagaimana bisa tahu?
바가이마나 비사 따후?

어떻게 하지?   Bagaimana ini?
바가이마나 이니?

어려운시기   masa susah, masa sulit
마사 수사ㅎ, 마사 술릿

어른스럽다	kedewasaan 끄데와사안	어린이	Anak 아낙
어린	muda 무다	어릿광대	Pelawak 플라왁
	sisik ikan 시식 이깐		badut 바둣

어렵지 않다 Tidak susah, tidak sulit
띠닥 수사ㅎ, 띠닥 술릿

어리다 / 두살 어리다
Muda, kecil / 2 tahun lebih muda
무다 끄칠 / 두아 따훈 르비ㅎ 무다

어리둥절한 Tidak sadar, bingung
띠닥사다ㄹ, 빙웅

어우, 너무달아 Oh, terlalu manis
오 뜨ㄹ리루 마니ㅅ

어쩌다 그렇게 됐니? Bagaimana bisa terjadi?
바가이마나 비사 뜨ㄹ자디?

어쩔 수 없이 ~ 하다
Mau tidak mau ~ harus dilakukan
마우 띠닥 마우 ~ 하루ㅅ 디라꾸깐

어쩔 수 없이 자다 Mau tidak mau harus tidur
마우 띠닥 마우 하루ㅅ 띠두르

어제 저녁 kemarin malam
끄마린 말람

어선	kapal ikan 까빨 이깐	어젯밤	kemarin malam 끄마린 말람
어울리다	Cocok, pas 쪼쪽, 빠ㅅ	어휘	Kosakata 코사까타
어제	kemarin 끄마린	언어	bahasa 바하사

어젯밤에 분명하게 말했잖아요 Kemarin malam sudah saya katakan dengan jelas
끄마린 말람 수다ㅎ 사야 까따깐 등안 즐라ㅅ

어젯밤에 잘잤어요? Semalam tidur nyenyak?
스말람 띠두르 녜냑

어쨌든 bagaimana pun, toh
바가이마나푼, 또ㅎ

언니, 누나 Kakak perempuan
까깍 쁘름쁘안

언니나 여동생 있어요? Punya kakak perempuan atau adik perempuan?
뿐야 까깍 쁘름쁘 안마따우 아딕 쁘른뿌안?

언니집에 갈게요 Akan pergi ke rumah kakak perempuan
아깐 쁘르기 끄 루마ㅎ 까깍 쁘른뿌안

언제 납품 합니까? kapan mengirimnya? / kapan menyerahkannya?
까빤 등이림냐? / 까빤 믄예라ㅎ깐냐?

언제	kapan 까빤	얼굴에	pada wajah 빠다 와자ㅎ
언제부터	Sejak kapan 스작 까빤	얼굴표정	Ekspresi wajah 엑스프레시 와자ㅎ
언제요?	Kapan? 까빤?	얼다	membeku 음브꾸
얼굴	Wajah, muka 와자ㅎ, 무까	얼룩	noda 노다

언제 돌아가시나요?   Kapan kembali?
까빤 끔발리?

언제 우리집에 오실거예요?
Kapan mau berkunjung ke rumah kami?
까빤 마우 브ㄹ꾼중 끄 루마ㅎ 까미?

언제 졸업했어요?   Kapan lulus?
까뻰 루루ㅅ?

언제 찾아갈 수 있나요?   Kapan bisa cari?
까빤 비사 짜리?

얻다   Memperoleh, mendapatkan
음쁘ㄹ올레ㅎ, 몬다빳깐

얼굴을 가리다   Menutup muka / wajah
므누뚭 무까 / 와자ㅎ

얼굴이 타다   Kulit muka terbakar matahari
꿀릿 무까 뜨ㄹ바까ㄹ 마따하리

ㅇ

얼마	Berapa 브라빠	엄격하군요	keras 끄라ㅅ
얼마나	Berapa 브라빠		ketat 끄탓
얼마나 먼	berapa jauh 브라빠 자우ㅎ	엄금하다	melarang keras 믈라랑 끄라ㅅ
얼마나 오래	Berapa lama 브라빠 라마	엄마	ibu 이부
얼음	Es 에ㅅ	엄중한	kaku, keras, ketat 까꾸, 끄라ㅅ, 끄땃

얼마나 걸려?　　　makan waktu berapa lama?
　　　　　　　　　마깐 왁뚜 브라빠 라마?

얼마동안 몽골에 있을 건가요?
　　　　Berapa lama berada di Mongolia?
　　　　브라빠 라마 브라다 디 몽올리아

얼마를 투자하실 건가요?
　　　Berapa banyak akan menginvestasi?
　　　브라빠 반약 아깐 믕인베ㅅ따시?

얼마예요　　　　　　　　Berapa harganya?
　　　　　　　　　　　　브라빠 하ㄹ가냐?

얼마전 남자친구와 헤어졌어.
Beberapa waktu yang lalu putus dengan pacar
브브라빠 왁뚜 양 라루 뿌뚜ㅅ 등안 빠짜ㄹ

엄청나게	sangat 상앗	엎지르다	menumpahkan 므눔빠ㅎ간
업무	dinas, tugas 디나ㅅ, 뚜가ㅅ	에스컬레이터	Eskalator 에스컬레이터
없어	Tidak ada 띠닥 아다	에어컨	AC 아쩨
엉망진창으로	Kekacauan 끄까자우안	엘리베이터	elevator, lift 엘레베이타, 맆트

얼마전에 출장 갔다 왔다면서요?   saya dengar Anda baru pulang dari bisnis trip ya?
사야 등아ㄹ 안다 바루 뿔랑 다리 비ㅅ니ㅅ 뜨맆 야?

얼마정도 알고 있다   saya tahu cukup banyak
사야 따후 쭈꿉 반약

얼마 후에   sesaat kemudian
스사앗 끄무디안

엄마를 닮았네요   Anda mirip dengan ibu
안다 미맆 등안 이부

없어지다   Menjadi tidak ada, hilang
믄자디 띠닥 아다, 힐랑

에어컨 켜주세요   Tolong nyalakan AC-nya
똘롱 냐리깐 아쩨냐

에티켓을 지키다   Menjaga etiket
믄자가 에띠껫

여권	Paspor 파ㅅ포ㄹ	여건	kondisi tertentu 꼰디시 뜨ㄹ뜬뚜
여기에	di sini 디 시니	여동생	adik perempuan 아딕 쁘름뿌안
여기 돈이요	Ini uangnya 이니 우앙냐	여드름	Jerawat 제라왓

엑스레이를 찍다
Mengambil gambar x-ray(rontgen)
믕암빌 감바ㄹ 엑스 레이(론젠)

여권 준비했어요? Sudah menyiapkan paspor?
수다ㅎ 믄이압깐 파ㅅ포ㄹ?

여기가 어느 도로 인가요?
di sini jalan yang mana?
디 시니 잘란 양 마나?

여기 근처에 버스 정류장이 있어요? Di dekat sini ada pemberhentian bis / halte bis?
디 드깟 시니 아다 쁨브ㄹ흔띠안 비ㅅ / 할뜨 비ㅅ?

여기 금연 지역이예요
Di sini dilarang untuk merokok
디시니 디리랑 우뚝 므로꼭

여기는 남편분 회사예요?
Apakah ini kantor suami Anda?
아빠까ㅎ 이니 깐토ㄹ 수아미 안다?

여기서 멀어요? Apakah jauh dari sini?
아빠까ㅎ 자우ㅎ 다리 시니?

여러가지	Berbagai macam	여러번	berulang kali
	브르바가이 마짬		브르울랑 깔리

여기서 세워 주세요   Tolong turunkan di sini
똘롱 뚜룬깐 디 시니

여기에 버스 정류장이 있어요?
Apakah di sini ada halte bis?
아빠까ㅎ 디시니 아다 할뜨 비ㅅ?

여기에 빈방 있어요?
Apakah ada kamar kosong di sini?
아빠까ㅎ 아다 까마르 꼬송 디시니?

여기에 재미있게 놀만한 곳이 있나요?
Adakah tempat yang menarik di sini?
아다까ㅎ 뜸빳 양 므나릭 디시니?

여기 혼자 왔어요?   Datang sendirian ke sini?
다땅 슨디리 끄 시니?

여덟(숫자)   Delapan(angka)
들라빤(앙까)

여덟번째   Nomor delapan, kedelapan
노모르 들라빤, 끄들라빤

여동생은 나보다 2살 어려
Adik perempuan saya lebih muda 2 tahun
아딕 프름뿌안 사야 르비ㅎ 무다 두아 따훈

여러분 모두 즐거운 휴일 보내세요.
Semoga liburan kalian semua menyenangkan
스모가 리부란 깔리안 스무아 믄예낭깐

여론	Opini publik 오삐니 뿌브익	여우	rubah 루바ㅎ
여름	Musim panas 무심 빠나ㅅ	여자	Perempuan, wanita 쁘름뿐안, 와니따
여선생님	ibu guru 이부 구루	여자들	para wanrta 빠라 와니따
여섯	enam 으남	여전히	masih 마시ㅎ
여성	perempuan, wanita 쁘름뿐안, 와니따	여행	wisata 외사따
여왕	permaisuri, ratu rat 쁘ㄹ마이수리, 라뚜	여행가방	tas travel 따ㅅ 뜨라왜

여름방학	liburan musim panas 리부란 무심 빠나ㅅ
여름에	pada musim panas 빠다 무심 빠나ㅅ
여름휴가	liburan musim panas 리부란 무심 빠나ㅅ
여보세요(전화)	halo(telepon) 할로(뜰레뽄)
여섯번째	nomor enam, keenam 노모ㄹ 으남, 끄으남
여전히 잘 지내	Masih baik-baik saja 마시ㅎ 바익 바익 사자

222

여행객	turis 두리ㅅ	역량	Kompetensi 꼼쁘뗀시
여행사	biro perjalanan 비로 쁘ㄹ잘라난		kesanggupan 끄상구빤
여행하다	Berwisata 브ㄹ외사따	역사	Sejarah 스자라ㅎ

여전히 잘 지내세요?
Apakah masih baik-baik saja?
아빠까ㅎ 마시ㅅ 바익바익 사자?

여행가이드　　　　　　　　Pemandu wisata
　　　　　　　　　　　　　쁘만두 위사따

여행기간　　　　　　　　　lama perjalanan
　　　　　　　　　　　　　라마쁘ㄹ잘라난

여행사가 일체의 수속을 해줄 것입니다.
Agen perjalanan akan memberikan
setiap prosedurnya
아겐 쁘ㄹ잘라난 아깐 믐브리깐 스띠앞 쁘로스두ㄹ냐

여행객을 위한　Bagi wisatawan / untuk para turis
　　　　　　　　바기 외사따완 / 운뚝 빠라 뚜리ㅅ

여행자 수표　　　　　　　Cek untuk wisatawan
　　　　　　　　　　　　짹 우뚝 위사따완

여행팀과 함께 가는 것이 가장 좋아요　Pergi dengan
tim wisata paling menyenangkan
쁘ㄹ기 등안 팀 외사따 빨링 믄예낭안

역할	peranan 쁘라난	연극	Teater, drama 떼아떠, 드라마
역무원	pekerja stasiun 쁘끄ㄹ자 스따시운	연기되다	tertunda 뜨르뚠다
연결	koneksi, hubungan 꼬넥시, 후붕안	연료	bahan bakar 바한 바깔
연관	hubungan 후붕안	연립의	persekutuan 쁘ㄹ스꾸뚜안
연구하다	meneliti 므늘리띠	연말	akhir tahun 아끼ㄹ 따훈

역사를 이해할수록 당신의 여행이 더 즐거워질 것입니다
Dengan memahami sejarah, perjalanan wisata Anda akan lebih menyenangkan
등안 므마하미 스자라ㅎ, 쁘ㄹ잘라난
외사따 안다 아깐 르비ㅎ 믄예난깐

연결하다	menghubungkan 믕후붕깐
연계	menggabungkan 믕가붕깐
연기하다	mengulur, menunda 믕우꾸르 므눈다
연락가능한	bisa dihubungi 비사 디후붕이

연못	kolam 꼴람
연설	pidato 삐다또
연소자	anak-anak 아낙 아낙 / di bawah umur 디바와ㅎ 우무ㄹ
연습하다	berlatih 브를라띠ㅎ
연약하다	lemah 르마ㅎ
연어	ikan salmon 이깐 살몬
열(숫자)	sepuluh(angka) 스뿔루ㅎ(앙까)
연봉이 정말 세다	gajinya benar-benar besar 가지냐 브나ㄹ 브나ㄹ 브사ㄹ
연속하다	terus-menerus, berkelanjutan, serial 뜨루ㅅ-므네루ㅅ, 브ㄹ끌란주딴, 스리알
연애하다	berkencan, pacaran 브ㄹ끈찬, 빠짜란
연습 많이 했죠?	banyak berlatih kan? 반냑 브ㄹ라띠ㅎ 깐?
연장하다	memperpanjang 음쁘ㄹ빤장
연초	awal tahun, tembakau 아왈 따훈, 뜸바까우
연회를 베풀다	mengadakan jamuan 릉아다깐 자무안
열개(가 한묶음)	Sepuluh buah(sekumpulan) 스뿔루ㅎ 부아ㅎ(스꿈풀란)

열다	Membuka 믐부까	열쇠	kunci 꾼찌
열다섯	lima belas 리마 블라ㅅ	열악한	kasar 까사ㄹ

열거하다   memberikan rincian
므브리까 린찌안

열둘(숫자)   dua belas(angka)
두아 블라ㅅ(앙까)

열번째   nomor sepuluh, kesepuluh
노모르 스풀루ㅎ, 끄스뽈루ㅎ

열쇠 잃어버린 것 같아
    Sepertinya saya kehilangan kunci
    스쁘ㄹ띠냐 사야 끄힐랑안 꾼치

열심히   sungguh-sungguh, giat
숭구ㅎ-숭구ㅎ,기앗

열심히 설명하다
    Menjelaskan dengan sungguh-sungguh
    믄즐라ㅅ깐 등안 숭구ㅎ 숭구ㅎ

열심히 하다
    Melakukan dengan sungguh-sungguh
    믈라꾸깐 등안 숭구ㅎ 숭구ㅎ

열심히 할게요
    Akan melakukan dengan sungguh-sungguh
    아깐 믈라꾸깐 등안 숭구ㅎ 숭구ㅎ

열이 있는	Masih dingin 마시ㅎ 딩인	열차	kereta api 끄레따 아삐
열정	gairah, semangat 가이라ㅎ, 스망앗	염소	kambing 깜빙
열중하다	terserap 뜨ㄹ스랍	염전	tambak garam 땀박 가람
	terpikat 뜨ㄹ삐깟	엽서	kartu pos 까ㄹ뚜 뽀ㅅ

열악한 환경　　　　　　　　　　Lingkungan yang buruk
　　　　　　　　　　　　　　　링꿍안 양 부룩

열이 납니까?　　　　　　　　　　　　　　demam?
　　　　　　　　　　　　　　　　드맘?

열이 내리다　　　　　　　　　　　demamnya turun
　　　　　　　　　　　　　　드맘냐 뚜룬

열이 있어서 일하러 가지 못했다
　　tidak bisa berangkat kerja karena demam
　　띠닥 비사 브랑깟 끄ㄹ자 까르나 드맘

열이 조금 나다　　　　　　　　　Sedikit turun demam
　　　　　　　　　　　　　　스디낏 뚜룬 드맘

열하나(숫자)　　　　　　　　　　　sebelas(angka)
　　　　　　　　　　　　　　　스블라ㅅ(앙까)

염증　　　　　　　　　　inflamasi, peradangan
　　　　　　　　　　인플라마시, 쁘라당안

영광	kejayaan 끄자야안	영상	gambar 감바ㄹ
영리한	pintar, pandai 삔따ㄹ, 빤다이	영수증	kuitansi 꾸이딴시
영문학	sastra Inggris 사ㅅ뜨라 잉그리ㅅ	영어	Bahasa Inggris 바하사 잉그리ㅅ

영수증 좀 주세요.
tolong kuitansinya / tolong bonnya
똘롱 꾸이딴시냐 / 똘롱 본냐

영어로? Dalam bahasa Inggris?
달람 바하사 잉그리ㅅ?

영어로 이야기하다 Bercerita dalam bahasa Inggris
브ㄹ쯔리따 달람 바하사 잉그리ㅅ

영어학원비 Biaya les bahasa Inggris
비아야 레ㅅ 바하사 잉그리ㅅ

영어할 줄 아세요? Bisa berbahasa Inggris?
비사 브ㄹ바하사 잉그리ㅅ?

영업액에 따라 세금을 납부해야 한다
Pajak yang harus dibayar
tergantung pada jumlah penjualan
빠작 양 하루ㅅ 디바야르 뜨ㄹ간뚱 빠다 줌라ㅎ 쁜주알란

영업하다 Bisnis, penjualan
비ㅅ니ㅅ, 쁜주알란

영웅	pahlawan 빠ㅎ라완	영화	Film 필름
영원히	selamanya 슬라마냐	영화제	festival film 페ㅅ띠발 필름
영향	Pengaruh 쁭아루ㅎ	옆쪽	sisi 시시
	dampak 담빡	예(보기)	contoh 쫀토ㅎ

영양을 주다	memberikan pengaruh 믐브리깐 쁭아루ㅎ
영원히 떠나다	Pergi untuk selamanya 쁘ㄹ기 운뚝 슬라마냐
영토내(국토)	Dalam wilayah(tanah air) 달람 윌라야ㅎ(따나ㅎ 아이ㄹ)
영하/영하 11도	Minus / minus sebelas derajat 미누ㅅ / 미누ㅅ 스블라ㅅ 드라잣
영화가 싱겁다	Filmnya biasa saja 필름냐 비아사 사자
영화를 보다	Menonton film 므논똔 플름
영화를 촬영하다	Membuat film 믐부앗 삘름
예매권	Tiket awal, tiket di muka 띠껫 아왈, 띠껫 디 무까

예금통장	Buku tabungan 부꾸 따붕안	예술	seni 스니
예방접종서	Vaksinasi 박시나시	예술가	seniman 스니만
예방하다	mencegah 믄쯔가ㅎ	예약하다	memesan 므므산
예배	ibadah 이바다ㅎ	예의있게	bersikap sopan 브ㄹ시깝 소빤
예쁘다	cantik 짠띡	예전에	sebelumnya 스블룸냐
예산	anggaran belanja 앙가란 블란자	옐로우카드	Kartu kuning 까ㄹ뚜 꾸닝

예를 드세요	Memberikan contoh 음브리깐 쫀또ㅎ
예를 들자면	Sebagai contoh 스바가이 쫀또ㅎ
예물	hadiah kawin, mas kawin, seserahan 하디아ㅎ 까윈, 마ㅅ 까윈, 스스라한
예방주사를 맞다	mendapatkan suntikan vaksinasi 믄다빳깐 순띠깐 박시나시
예보하다	Memprediksi, meramal 음쁘레딕시, 므라말
예뻐 보이네요	Terlihat cantik 뜨ㄹ리핫 짠띡

옛날	dahulu / dulu kala 다훌루 / 둘루 깔라	오(숫자)	lima(angka) 리마(앙까)
오(감탄)	oh(kekaguman) 오ㅎ(끄까굼만)	오는(시기)	berikutnya 브리꿋냐

예쁜 사람이라고 들었어요
Saya mendengar dia orangnya cantik
사야 믄등아ㄹ 디아 오랑냐 짠띡

예술가이실 것 같아요
Sepertinya dia seorang seniman
스쁘ㄹ띠냐 디아 스오랑 스니만

예의가 없는   bersikap tidak sopan
브ㄹ시깦 띠닥 소빤

예의를 지키다   menjaga perilaku yang baik
믄자가 쁘릴라꾸 양 바익

예의상 그런거죠   Sopan kan?
소빤 깐?

예측하다   Menduga, meramal
믄두가, 므라말

오는 길이 편했어요?
Apakah perjalanan ke sini lancar?
아빠까ㅎ 쁘ㄹ짤라난 끄 시니 란짜ㄹ?

오는 길에   Dalam perjalanan
달람 쁘ㄹ잘라난

오늘	hari ini 하리 이니	오늘날	hari ini 하리 이니

오는 길에 계란 사와
  Dalam perjalanan ke sini tolong beli telur
  달람 프ㄹ잘라난 끄 시니 똘롱 블리 뜰루ㄹ

오늘 가시나요? Apakah hari ini perginya?
  아빠까ㅎ 하리 이니 쁘ㄹ기냐?

오늘 고마웠어요 Terima kasih untuk hari ini
  뜨리마 까시ㅎ 운뚝 하리 이니

오늘 공기가 맑아요 Hari ini cuacanya cerah
  하리 이니 쭈아짜냐 쯔라ㅎ

오늘 날씨가 나빠요 Hari ini cuacanya tidak bagus
  하리 이니 쭈아짜냐 띠닥 바구ㅅ

오늘 날씨가 좋아요 Hari ini cuacanya bagus
  하리 이니 쭈아짜냐 바구ㅅ

오늘 밤에 Pada malam ini
  빠다 말람 이니

오늘 예뻐 보이네요 Hari ini Anda terlihat cantik
  하리 이니 안다 뜨ㄹ리핫 짠떡

오늘 오후는 쉬어 집에 있을거야
  Siang hari ini akan beristirahat di rumah
  시앙 하리 이니 아깐 브ㄹ이스띠라핫 디 루마ㅎ

오늘은 내가 한턱 낼게요 Hari ini saya akan traktir
  하리 이니 사야 아깐 뜨락띠르

오다	datang 다땅	오렌지	Jeruk 제룩
오락(물)	hiburan(air) 히부란(아이ㄹ)	오렌지주스	jus jeruk 주ㅅ 제룩
오래	lama 라마	오르다	naik 나익
오래 가지 않다	Tidak lama 띠닥 라마	오르다(가격)	naik(harga) 나익(하ㄹ가)
오랫동안	Lama 라마	오른쪽	kanan 까난

오늘은 당신 뜻대로 하세요
　　　Hari ini silahkan melakukan apa yang Anda suka
　　　하리 이니 실라ㅎ깐 믈라꾸깐 아빠 양 안다 수까

오늘이 3번째야　　　Hari ini yang ketiga kalinya
　　　하리 이니 양 끄띠가 깔리냐

오늘 일을 끝냈어요?
　　　Hari ini pekerjaannya selesai?
　　　하리 이니 쁘꺼ㄹ자안냐 슬르사이?

오늘 재미 없었어　Hari ini tidak menyenangkan
　　　하리 이니 띠닥 믄예낭깐

오늘 정말 재밌다　Hari ini sungguh menyenangkan
　　　하리 이니 숭구ㅎ 믄예낭깐

오늘 즐거웠어요　　Hari ini menyenangkan
　　　하리 이니 믄예낭깐

오리	bebek 베벡	오빠, 형	kakak laki-laki 까깍 라끼 라끼
오만한	sombong 솜봉	오세요	silahkan datang 시라ㅎ깐 다땅

오래간만이예요

    Lama tidak berjumpa / lama tidak bertemu
    리미 띠닥 브ㄹ줌빠 / 라마 띠닥 브ㄹ뜨무

오래 기다리게 해서 미안합니다

    Maaf telah lama menunggu
    마앞 뜰라ㅎ 라마 므눙구

오래된 친구   Teman lama, kawan lama
    뜨만 라마, 까완 라마

오래됐지   Sudah lama terjadi
    수다ㅎ 라마 뜨ㄹ자디

오르다(나무등)   naik, panjat(pohon)
    나익, 빤잣(뽀혼)

오른쪽으로 가야 하는 거죠?   Ke arah kanan kan?
    끄 아라ㅎ 까난 깐?

오이로 팩을 하다   Memakai masker ketimun
    므마까이 마ㅅ께ㄹ 끄띠문

오지 않는다면

    Jika tidak datang / apabila tidak datang
    지까 띠닥 다땅 / 아빠빌라 띠닥 다땅

오염	polusi / 폴루시	오타	salah tulis 살라ㅎ 뚤리ㅅ
	kontaminasi 꼰따미나시	오토바이	Sepeda motor 스뻬다 모또ㄹ
오월	Mei 메이	오해하다	salah paham 살라ㅎ 빠함
오이	ketimun 끄띠문	오해하셨어요	salah paham 살라ㅎ 빠함
오전	pagi 빠기	오후	siang, sore 시앙, 소레
오케스트라	orkestra 오ㄹ케ㅅ트라	옥수수	jagung 자궁

오토바이가 무서워   takut naik sepeda motor
따꿋 나익 스뻬다 모또ㄹ

오토바이로 여기에서 집까지 얼마나 걸려요?
Berapa lama dari sini ke rumah dengan mengendarai motor?
브라빠 라마 다리 시니 끄 루마ㅎ 등안 등은다라이 모또ㄹ?

오토바이와 차가 충돌하다
Tabrakan antara motor dan mobil
따브락깐 안따라 모또ㄹ 단 모빌

오토바이 좀 봐 주세요   Tolong jaga sepeda motor
똘롱 자가 스뻬다 모또ㄹ

온도	suhu 수후	올가미	perangkap 쁘란깝
온도계	termometer 뜨ㄹ모메떼르	올 거죠?	datang kan? 다땅 깐?
온라인	dunia maya 두니아 마야	올림픽	olimpiade 올림삐아데
온수기	pemanas air 쁘마나스 아이르	올해	tahun ini 따훈 이니

오프너   alat pembuka botol
알랏 쁨부까 보똘

온도를 재다   menyesuaikan suhu, mengukur suhu
믄예수아깐 수후, 믕우꾸ㄹ 수후

온화한   Hangat dan lembut
항앗 단 름붓

올해 몇 살이세요?   usianya berapa tahun ini?
우시아냐 브라빠 따훈 이니?

옷가게   toko baju, toko pakaian
또꼬 바주, 또꼬 빠까이안

옷감   sandang, bahan pakaian, kain
산당, 바한 빠까이안, 까인

옷을 갈아입다   mengganti baju
믕간띠 바주

옷 따뜻하게 입어   pakai baju yang hangat
빠까이 바주 양 항앗

옮기다	memindahkan 므민다ㅎ깐
옳다	benar, tepat 브나르, 뜨빳
옷	baju, pakaian 바주, 빠까이안
옷걸이	gantungan baju 간뚱안 바주
옷을 빨다	mencuci baju 믄쭈찌 바주
옷을 입다	memakai baju 므마까이 바주
와이셔츠	kemeja 끄메자
와인	(minuman) anggur (미눔만) 앙구ㄹ
완고한	keras kepala 끄라ㅅ 끄빨라
완전한	beres, selesai 베레ㅅ, 슬르사이
옷을 다리다	menyeterika baju 믄예뜨리까 바주
옷을 맞추다	mencocokan baju 믄쪼쪽깐 바주
옷을 벗다	menanggalkan baju, membuka baju 므낭갈깐 바주, 믐부까 바주
옷을 빨고 있어요.	sedang mencuci baju 스당 믄쭈찌 바주
옷을 짜다	memeras baju(basah) 므므라ㅅ 바주(바사ㅎ)
옷이 입다	mengenakan pakaian 믕으나깐 빠까이안
완벽한 타이밍이다	waktu yang tepat 왁뚜 양 뜨빳

완벽한	sempurna, tepat 슴뿌ㄹ나, 뜨빳	왕자	Pangeran 빵에란
왕복의	dua arah 두아 아라ㅎ	왜?	mengapa, kenapa 믕아빠, 끄나빠?
왕의 무덤	makam raja 마깜 라자	외교	diplomasi 디쁠로마시

완성되다   beres, usai, selesai, sempurna
베레ㅅ, 우사이, 슬르사이, 슴뿌ㄹ나

왕래하다   Berbalas-balasan
브ㄹ발라ㅅ- 발라ㅅ산

왕복표   tiket pulang pergi
띠껫 뿔랑 쁘ㄹ기

왕에게 바치다   mempersembahkan /
membaktikan kepada raja
믐쁘ㄹ슴바ㅎ깐 / 믐박띠깐 끄빠다 라자

왕위를 빼앗다   merebut tahta, menaiki tahta
므르붓 따ㅎ따, 므나이끼 따ㅎ따

왜 그렇게 늦게 돌아왔어요?
Kenapa / mengapa pulang terlambat?
끄나빠 / 믕아빠 뿔랑 뜨ㄹ람밧?

왜 그렇게 서둘러요?
Mengapa begitu terburu-buru?
mengapa begitu tergesa-gesa?
믕아빠 브기뚜 뜨ㄹ부루 부루?
믕아빠 브기뚜 뜨ㄹ게사 게사?

왜 그렇게 자꾸 재촉해
Mengapa sering terburu-buru / tergesa-gesa
믕아빠 스링 뜨ㄹ부루-부루 / 뜨ㄹ게사 게사

왜 그렇지?   Mengapa / kenapa begitu?
믕아빠 / 끄나빠 브기뚜

왜냐면 걸으려고 하지 않으니까
Karena tidak mau jalan
까르나 띠닥 마우 잘란

왜 무슨 일인데?   Ada apa? Apa yang terjadi?
아다 아빠? 아빠 양 뜨ㄹ자디?

왜 미리말을 안했어?
Mengapa tidak bilang dari awal?
믕아빠 띠닥 빌랑 다리 아왈?

왜 안돼?
mengapa tidak bisa? mengapa tidak boleh
믕아빠 띠닥 비사? 믕아빠 띠닥 볼레ㅎ?

왜 어제 일을 쉬었어요?
mengapa kemarin tidak masuk kerja?
믕아빠 끄마린 띠닥 마숙 끄ㄹ자?

왜 이렇게 오래 길이 막히는거야?
Mengapa jalanan macet sekali?
믕아빠 잘라난 마쩻 스깔리?

왜 이렇게 느린거야?(컴퓨터)
mengapa komputernya lambat sekali?
믕아빠 콤쀼뜨ㄹ냐 람밧 스깔리?

외국	luar negeri, asing 루아ㄹ 느그리, 아싱	외국의	luar negeri, asing 루아ㄹ 느그리- 아싱
외국어	bahasa asing 바하사 아싱	외교관	diplomat 디플로맛

왜 이렇게 사람이 많은 거야?
　　　　　Mengapa ada banyak sekali orang?
　　　　　Kenapa ramai sekali?
　　　　　믕아빠 아다 반약 스깔리 오랑?
　　　　　끄나빠 라마이 스깔리?

왠지 알아요?　　Kenapa begitu, Anda tahu?
　　　　　　　끄나빠 브기뚜, 안다 따후?

외국인　　　orang luar negeri, orang asing
　　　　　오ㄹ랑 루아ㄹ느그리, 오랑 아싱

외국회사　　　　　　　perusahaan asing
　　　　　　　　　　쁘루사하안 아싱

외무부　　　　　　kementerian luar negeri
　　　　　　　　끄믄뜨리안 루아ㄹ 느그리

외로이　　　　　sendirian / kesendirian
　　　　　　　슨디리안 / 끄슨디리안

외상되요?　kredit, trauma, menteri luar negeri
　　　　　끄레딧, 뜨라우마, 믄뜨리 루아ㄹ 느그리

외식하다　　　makan di luar / makan luar
　　　　　　마깐 디 루아ㄹ / 아깐 루아ㄹ

외모	penampilan luar 쁘남삘란 루아ㄹ	왼쪽으로	ke kiri 끄 끼리
외화	luar negeri, asing 루아ㄹ 느그리, 아싱	왼편	Sisi / sebelah kiri 씨씨 / 스블라ㅎ 끼리
왼손	tangan kiri 땅안 끼리	요구르트	yogurt 요그ㄹ트
왼쪽	kiri 끼리	요금	biaya, ongkos 비아야, 옹꼬ㅅ

외출중이다   sedang keluar
스당 끌루아ㄹ

외할머니   nenek(dari sisi keluarga ibu)
네넥

외할아버지   kakek(dari sisi keluarga ibu)
까껙

왼편에 있는 것이   di sebelah kiri
띠 스블라ㅎ 끼리

요구를 만족시켜 드릴 수 있습니다
dapat memuaskan permintaaan
다빳 므무아ㅅ깐 쁘ㄹ민따안

요구를 만족시키다   Memuaskan permintaan
므무아ㅅ깐 쁘ㄹ민따안

요구하다   meminta, menagih, mengharapkan
므민따, 므나기ㅎ, 믕하랖깐

요리	masakan / hidangan 마사깐 / 히당안	요소들	elemen-elemen 엘르멘 엘르멘
요리하다	memasak 므마삭	욕실	kamar mandi 까마ㄹ 만디
요소	elemen, unsur 엘르멘, 운수ㄹ	용감하다	berani 브라니

요금을 내다   membayar dengan uang kas
믐바야ㄹ 등안 우앙 까ㅅ

요리법   tata cara memasak
따따 짜라 므마삭

요리 잘하세요?   pandai masak?
빤다이 마삭?

요리하고 있다   sedang memasak
스당 므마삭

요약   rangkuman, ringkasan
랑꾸만, 링까산

요즘   akhir-akhir ini, baru-baru ini
아키ㄹ 아키ㄹ 이니, 바루 ㅂ바루 이니

요즘 다시 자전거를 타기 시작했다.   Akhir-akhir ini mulai mengendarai sepeda lagi
아끼ㄹ 아끼ㄹ 이니 물라이 등은다라이 스뻬다 라기

요즘 살찌신 것 같아요   Tampaknya akhir-akhir ini (berat badannya naik / tambah gemuk)
땀빡냐 아끼ㄹ 아끼ㄹ 이니(브랏 바단냐 나익 / 땀바ㅎ 그묵)

용돈	uang saku 우앙 사꾸	용서하다	memaafkan 므마앞깐
용띠	tahun naga 따훈 나가	우기	musim hujan 무심 후잔
용법	cara penggunaan 짜라 쁭구나안	우리	kami, kita 까미, 끼따

요즘 어떻게 지내?
　　Bagaimana kabarnya akhir-akhir ini?
　　바가이마나 까바르냐 아키ㄹ 아키ㄹ 이니?

요즘은 정말 덥다　Akhir-akhir ini sungguh panas
　　아키ㄹ 아키ㄹ 이니 숭구ㅎ 빠나ㅅ

요즘 자연재해가 자주 일어난다.
　　Akhir-akhir ini bencana alam sering terjadi
　　아키ㄹ 아키ㄹ 이니 븐짜나 알람 스링 뜨ㄹ자디

욕심　　　　　　 kerakusan, ambisi keserakahan
　　　　　　　　끄라꾸산, 암비시 끄스라ㅎ까한

욕심도 많네
　　sungguh rakus, ambisinya besar sekali
　　숭구ㅎ 라꾸ㅅ, 암비시냐 브사ㄹ 스깔리

욕심이 많은　sangat(rakus / serakah / berambisi)
　　　　　　상앳(라꾸ㅅ / 스라까ㅎ / 브ㄹ암비시)

용(동물)　　　　　　　　 naga(binatang / hewan)
　　　　　　　　　　　　나가(비나땅 / 헤완)

우물	sumur air 수무ㄹ 아이ㄹ	우비	jas hujan 자ㅅ 후잔
우박	hujan es batu 후잔 에ㅅ 바뚜	우산	payung 빠융

우대가격   harga khusus / spesial
하ㄹ가 꾸수ㅅ / 스뻬시알

우대하다   memberikan perlakuan khusus
음브리깐 쁘ㄹ라꾸안 꾸수ㅅ

우리가 친구가 된다면 좋을거야
    Saya ingin berteman dengan Anda
    사야 잉인 브ㄹ뜨만 등안 안다

우리 같이 놀러 가자
    mari kita bersenang-senang bersama
    마리 끼따 브ㄹ스낭 스낭 브ㄹ사마

우리 끼리만? hanya / cuma kita saja?
               한냐 / 쭈마 끼따 사자?

우리는 같이 일할 것이다   Kita akan kerja bersama
                         끼따 아깐 끄ㄹ자 브ㄹ사마

우리는 부부예요   Kita adalah pasangan
                 끼다 아달라ㅎ 파상안

우리는 안지 오래됐어요   kami sudah lama kenal
                       까미 수따ㅎ 라마 끄날

우리 모두 그렇지   kita semuanya begitu
                  끼따 스무아냐 브기뚜

우선	terlebih dulu	우스운	lucu
	뜨르르비ㅎ 둘루		루쭈
우선순위	prioritas	우승자	pemenang
	쁘리오리따ㅅ		쁘므낭

우리 뭐 먼저 하지?
apa yang harus kita lakukan terlebih dulu?
아빠 양 하루ㅅ 끼따 라꾸깐 뜨르르비ㅎ 둘루?

우리 어떻게 하지? apa yang harus kita lakukan?
아빠 양 하루ㅅ 끼따 라꾸깐?

우리집에 놀러와
Silahkan main ke rumah kami / saya
시ㄹ라ㅎ깐 마인 끄 루마ㅎ 까미 / 사야

우리집에 올거죠?
Mau datang ke rumah kami / saya?
마우 다땅 끄 루마ㅎ 까미 / 사야?

우리 테니스 칠래요? mau main tenis bersama?
마우 마인 떼니ㅅ 브ㄹ사마?

우리 함께 배드민턴 치러가요
kita main bulutangkis / badminton bersama
끼따 마인 불루땅끼ㅅ / 받민톤 브ㄹ사마

우린 가지 않기로 결정했다
kami sudah memutuskan untuk tidak pergi
까미 수다ㅎ 므무뚜ㅅ깐 운뚝 띠닥 쁘ㄹ기

우린 공통점이 많아 kami punya banyak kesamaan
까미 뿐야 반약 끄사마안

우승팀	tim pemenang 팀 쁘므낭	우체국	kantor pos 깐또ㄹ 포ㅅ
우연	kebetulan 끄브뚤란	우체부	tukang pos 뚜깡 뽀ㅅ
우연히	secara kebetulan 스짜라 끄브뚤란	우체통	kotak surat 꼬딱 수랏
우울해	Stres, depresi 스뜨레스, 데쁘레시	우표	perangko 쁘랑꼬
우유	susu 쑤쑤	우회전 하다	belok kanan 벨록 까난

우산 가지고 가세요	jangan lupa bawa payung 장안 루빠 바와 빠융
우승을 거머 쥐다	memegang kemenangan 므므강 끄므낭안
우아하다	elok, lemah gemulai, mulia, rapi 엘록, 르마ㅎ 그물라이, 물리아, 라삐
우아한	elok, lemah gemulai, mulia, rapi 엘록, 르마ㅎ 그물라이, 물리아, 라삐
우울한	depresi, tekanan jiwa 드쁘레시, 뜨까난 지와
우정	pertemanan, persahabatan 쁘ㄹ뜨마난, 쁘ㄹ사하바딴
우주선	pesawat luar angkasa / antariksa 쁘사왓 루아ㄹ 앙까사 / 안따릭사

운동종목	acara olahraga 아짜라 올라ㅎ라가	운이 좋다	beruntung 브룬뚱
운동하다	berolahraga 브ㄹ올라ㅎ라가	운전사	supir 수삐ㄹ
운동화	sepatu olahraga 스빠뚜 올라ㅎ라가	운하	kanal 까날
운송하다	mengangkut 므앙꿋	울다	menangis 므낭이ㅅ

우주인　　　　angkasawan / astronot, alien
　　　　　　　앙까사완 / 아ㅅ뜨로놋, 알리엔

우표를 붙이다　　　menempelkan perangko
　　　　　　　　　므넴뻴깐 쁘랑꼬

우회전금지　　　　Dilarang belok kanan
　　　　　　　　디라랑 벨록 까난

운동경기　　　　pertandingan olahraga
　　　　　　　쁘ㄹ딴딩안 올라ㅎ라가

운반하다　　　　membawa, mengangkut
　　　　　　　음바와, 므앙꿋

운수좋은 날이네　hari baik, hari keberuntungan
　　　　　　　　하리 바익, 하리 끄브룬뚱안

운송비　　　　　biaya pengiriman
　　　　　　　비아야 쁭이리만

운이 없는　　　　tidak beruntung
　　　　　　　띠닥 브룬뚱

울지마	jangan menangis 장안 므낭이ㅅ	원금	pokok 뽀꼭
웃기지?	lucu kan? 루쭈 깐?	원숭이	monyet, kera 몬옛, 끄라
웃다	tertawa 뜨르따와	원앙새	bebek mandarin 베벡 만다린

운이 없는 날이네 hari tidak baik, hari kemalangan
하리 띠닥 바익, 하리 끄말랑안

운이 좋은데

sedang beruntung, nasib Anda sedang baik
스당 브룬뚱, 나십 안다 스당 바익

운전면허증 surat izin mengemudi
수랏 이진 믕으무디

운전을 위험하게 했어요

Tadi saya berhati-hati dalam (menyetir / mengemudi)
따디 사야 브르하띠 하띠 달람(믄예띠르 / 믕으무디)

운전하다 menyetir, mengemudi
믄예띠르, 믕으무디

움직이다 menyentuh, bergerak
믄옌뚜ㅎ, 브ㄹ그락

웃기는 lucu, jenaka, menarik
루쭈, 즈나까, 므나릭

원인	sebab, alasan 스밥, 알라산	원주(둘레)	keliling 끌리링
원장	asal, titik awal 아살, 띠띡 아왈	원천	sumber 숨브ㄹ
원점	asal, titik awal 아살, 띠띡 아왈	원피스	baju terusan 바주 뜨루산

웃기는 농담	humor yang lucu / jenaka 후모르 양 루쭈 / 즈나까
웅장하다	luar biasa, hebat 루아ㄹ 비아사, 헤밧
원	lingkaran, won(mata uang Korea) 링까란, 원(마따 우앙 코레아)
원래 계획은 이틀 밤이다	Mulanya rencananya untuk dua malam 물라냐 른짜나냐 운뚝 두아 말람
원료	bahan mentah, bahan dasar 바한 믄따ㅎ, 바한 다사ㄹ
원샷	sekali minum(minuman keras) 스깔리 미눔(미누만 끄라ㅅ)
원시의	primitif, rabun jauh 쁘리미띠ㅍ, 라분 자우ㅎ
원조하다	menolong, membantu 므놀롱, 믐반뚜

원형의	edaran 에다란	위(방향)	atas 아따ㅅ
원하는대로	terserah Anda 뜨ㄹ세라ㅎ 안다	위	atas 아따ㅅ
월급	gaji 가지	위가 아프다	sakit perut 사낏 쁘룻
월급날	hari gajian 하리 가지안	위대한	besar, agung 브사ㄹ, 아궁
월말	akhir bulan 아끼ㄹ 불란	위로하다	menghibur 믕히부ㄹ
월요일	hari Senin 하리 스닌	위반하다	melanggar 믈랑가ㄹ

원하는대로 잘되길 바랍니다
Semoga yang Anda inginkan tercapai
스모가 양 안다 잉인깐 뜨ㄹ짜빠이

월권하다   melebihi kekuasaan seseorang
므레비히 꾸아사안 스스오랑

월급날이오다   hari gajian tiba
하리 가지안 띠바

월세를 내다   membayar sewa
음바야르 세와

웨이터   pelayan restoran(laki-laki)
플라얀 레ㅅ또란(라끼-라끼)

위신	kewibawaan / 끄위바와안
	gengsi 겡시
위안하다	menghibur 믕히부ㄹ
위원장	ketua / pemimpin 끄뚜아 / 쁘밈삔
위원회	komite 코미떼
위조하다	memalsukan 므말수깐
위층	lantai atas 란따이 아땃
위치	lokasi, letak 로까시, 르딱
위치해있다	berlokasi 브ㄹ로까시
위한	untuk 운뚝
위험한	berbahaya 브ㄹ바하야
위협하다	mengancam 믕안짬
유격병	penjaga hutan 쁜자가 후딴
유교	konfusianisme 콘푸시아니ㅅ므
웨이트리스	pelayan restoran(perempuan) 쁠라얀 레ㅅ토란(쁘름뿌안)
웹디자이너	desainer situs internet 데사이네ㄹ 시뚜ㅅ 인터넷
웹디자인하다	mendesain situs internet 믄디사인 시뚜ㅅ 인터넷
위층살아	tinggal di lantai atas 띵갈 디 란따이 아따ㅅ
위치하다	menentukan lokasi 므븐뚜깐 로까시

유능한	ahli, mahir 아흐리, 마히ㄹ	유명한	terkenal 뜨ㄹ끄날
유니폼	seragam 스라감	유사한	mirip 미맆
유럽	Eropa 에로파	유산(재산)	warisan(harta) 와리산(하ㄹ따)
유리	kaca 까짜	유언	surat wasiat 수랏 와시앗
유리한	bermanfaat 브ㄹ민파앗	유용한	berguna 브ㄹ구나
유명배우	aktor terkenal 악또ㄹ 뜨ㄹ끄날	유월	bulan 6, Juni 불란 으남, 주니

유감스럽다	menyesalkan, menyayangkan 믄예살깐, 믄야양깐
유교의 영향을 받다	menerima / mendapatkan pengaruh Konfusianisme 므느리마 / 믄다빳깐 쁭아루ㅎ 꼰푸시아니ㅅ메
유가증권	obligasi, surat berharga 오블리가시, 수랏 브ㄹ하ㄹ가
유명인사	orang terkenal, selebriti 오랑 뜨ㄹ끄날, 세르브리띠
유명해지기 시작했다	mulai dipopulerkan 물라이 디뽀뿔레ㄹ깐

유일한	unik, tunggal 우닉, 뚱갈	유한하다	keterbatasan 끄뜨ㄹ바따산
유적	reruntuhan 르룬뚜한	유행성감기	influensa 인프루엔사
유전의	turunan, genetik 뚜루난, 게네띡	유행한	populer 뽀뿔레ㄹ
유창한	lancar 란짜ㄹ	유형	jenis, macam 제니ㅅ, 마짬
유쾌한	menyenangkan 믄예낭깐	유혹하다	menggoda 믕고다
유통	distribusi 디ㅅ뜨리부시	육(숫자)	enam 으남
	sirkulasi 시ㄹ꿀라시	육로	rute darat 루뜨 다랏

유언으로 남겨주다	permintaan terakhir 쁘ㄹ민따안 뜨ㄹ아키ㄹ
유익하다	berguna, berharga 브ㄹ구나 브ㄹ하ㄹ가
유지하다	mempertahankan 믐쁘ㄹ따한깐
유치한	kekanak-kanakan 끄까낙-까나깐
유학가다	belajar ke luar negeri 블라자ㄹ 끄 루아ㄹ 느그리

육상	Darat, atletik 다랏, 앗뜨레떡	은메달	medali perak 메달리 뻬락
육수	kaldu 깔두	은행	bank 방
육상선수	atlet 앗뜨릿	음력	kalender lunar 깔렌더 루나ㄹ
육체노동	Kerja kasar 끄ㄹ자 까사ㄹ	음력날짜	kalender lunar 깔렌드ㄹ 루나ㄹ
은(금속)	perak(metal) 뻬락(메딸)	음료수	minuman 미눔만
은근히 아프다	sangat sakit 상앗 사낏	음식	makanan 마까난

유행을 타지않다 tidak sesuai
띠닥 스수아이

육교 jembatan penyebrangan
즘바딴 쁜예브랑안

은퇴하다 pengunduran diri
쁭운두란 디리

은행의 대출을 받는 것은 매우 어렵다
sangat sulit mendapatkan pinjaman dari bank
상앗 술릿 믄다빳깐 삔자만 다리 방

음력은 모든나라가 똑 같은 줄알았어 saya kira
kalender lunar sama untuk setiap negara
사야 끼라 깔렌더 루나ㄹ 사마 운뚝 스띠앞 느가라

음악	lagu 라구	음향	suara 수아라
음악가	pemusik 쁘무식	응원하다	mendukung 믄두꿍
음절	suku kata 수꾸 까따	의견	pendapat 쁜다빳
음표	catatan 짜따딴	의도	maksud 막숫

음식 괜찮죠?	makanannya enak kan? 마까난냐 에낙 깐?
음식을 골라보세요	silakan pilih makanannya 시라ㅎ깐 삘리ㅎ 마까난냐
음식을 주문하세요	silahkan pesan makanannya 시라ㅎ깐 쁘산 마까난냐
음식점	rumah makan, restoran 루마ㅎ 마깐 레ㅅ또란
음식점에는	di rumah makan, di restoran 디 루마ㅎ 마깐 디 레ㅅ똘란
음악을 듣다	mendengarkan musik 믄등아ㄹ깐 무식
응(대답)	ya / ehmm(jawaban) 야 / 에ㅎ음음(자와반)
응급치료	bantuan pertama(medis) 반뚜안 쁘ㄹ따마(메디스)

의례	upacara 우빠짜라	의자	kursi, bangku 꾸ㄹ시, 방꾸
의문	pertanyaan 쁘ㄹ따야안	의학	Ilmu kedokteran 일무 끄독떼ㄹ란
의미	arti, makna 아ㄹ띠, 막나	이(숫자)	dua(angka) 두아(앙까)
의미가 있다	Ada artinya 아다 아ㄹ띠냐	이(치아)	Gigi 기기
의사	dokter 독뜨ㄹ	이것	ini 이니
의심하다	keraguan 끄라구안	이것은 무엇이예요?	apa ini? 아빠 이니?

의욕상실	lesu, kehilangan semangat 르수, 끄힐랑안 스망앗
의지하다	mengandalkan, bergantung pada... 믕안달깐브ㄹ간뚱 빠다…
이가 썩다	gigi membusuk 기기 믐부숙
이거 내거야	ini milik / punya saya 이니 밀릭 / 뿐야 사야
이거 어때요?	bagaimana dengan ini? 바가이마나 등안 이니?
이건 괜찮죠?	Ini tidak apa kan? 이니 띠닥 아빠 깐?

이기적인	egois 에고이ㅅ	이 닦다	menyikat gigi 믄이깟 기기
이길 따라	ikuti jalan ini 이꾸띠 잘란 이니	이런것	hal ini 할 이니

이건 내짐작이니까 정확하진 않아
ini hanya dugaan saya saja jadi tidak tepat
이니 한야 두가안 사야 사자 자디 띠닥 뜨빳

이건 뭐로 만든 거예요?   ini terbuat dari apa?
이니 뜨ㄹ부앗 다리 아빠?

이건 좀 크네   ini besar juga ya
이니 브사ㄹ 주가 야

이걸 뭐라고 불러요?   ini dinamakan apa?
이니 디나마깐 아빠?

이걸로 살게요   Saya akan membeli yang ini
사야 아깐 믐벨리 양 이니

이걸 인도네시아어로 뭐라고 불러요?
Dalam bahasa Indonesia ini disebut apa?
달람 바하사 인도네시아 이니 디세붓 아빠?

이것이 당신의 노트북이예요?
apakah ini notebook Anda?
아빠까ㅎ 이니 노트북 안다?

이것 저것 다 넣어주세요   semuanya tolong ditaruh
스무아냐 똘롱 디따루ㅎ

이렇게	seperti ini, begini 스쁘ㄹ띠 이니, 브기니	이름	nama 나마
이륙하다	lepas landas 르빠ㅅ 란다ㅅ	이름을 적다	menulis nama 므눌리ㅅ 나마
이를 뽑다	mencabut 믄짜붓	이름전체	nama lengkap 나마 릉깝

이게 아니라 bukan yang ini
부깐 양 이니

이 곳에서 송금이 가능하나요?
apakah bisa mentransfer di sini
아빠까ㅎ 비사 믄뜨란ㅅ페ㄹ 디 시니

이 근처에 어느 은행이 있습니까?
Di sekitar sini ada bank apa?
디 스끼따ㄹ 시니 아다 방 아빠?

이 길 따라 쭉 가세요 lurus saja ikuti jalan ini
루루ㅅ 사자 이꾸띠 짤란 이니

이끌다 memimpin, membimbing
메밈삔, 음빔빙

이러면 안되잖아 kalau begini tidak bisa
깔라우 브기니 띠닥 비사

이런건 처음 보는건데, 어디에 쓰는 거야?
Saya baru pertama kali melihat ini,
dimana memakainya?
사야 바루 쁘ㄹ따마 깔리 믈리핫 이니, 디마나 므마까이냐?

| 이마 | dahi, jidat 다히, 지닷 | 이면 | jika, kalau 지까, 깔라우 |

이런 방은 하루에 얼마예요?
kamar ini seharinya berapa?
까마ㄹ 이니 스하리냐 브라빠?

이런 조리 스타일을 뭐라고 부릅니까?
Apa resep masakan ini?
아빠 르셒 마사깐 이니?

이렇게 갑자기 얘기하면 어떻게 해? apa yang harus dilakukan kalau tiba-tiba topik ini muncul?
아빠 양 하루ㅅ 딜라꾸깐 깔라우 띠바 띠바 또삑 이니 문쭐?

이렇게 작성하는 것이 맞습니까?
apakah benar menulisnya seperti ini?
아빠까ㅎ 브나ㄹ 므눌리ㅅ냐 스쁘ㄹ띠 이니?

이렇게 하면
kalau begini, jika begini, kalau seperti ini
깔라우 브기니, 지까 브기니, 깔라우 스쁘ㄹ띠 이니

이를 닦고 자다   sikat gigi kemudian tidur
사낏 가가 끄무디안

이름은 모르겠어   tidak tahu apa namanya
띠다 따후 아빠 나마냐

이름을 짓다   memberi nama
믐부앗 나

이면지	kertas daur ulang 끄ㄹ따ㅅ 다우ㄹ 울랑	이발하다	potong rambut 뽀똥 람붓
이모	tante, bibi 딴떼, 비비	이불	selimut 슬리뭇
이민	imigran 이미그란	이번	kali ini 깔리 이니
이상(소망)	ideal(harapan) 이데알(하라빤)	이사하다	pindah 삔다ㅎ

이리와 봐 할말이 있어
Kesini, ada yang ingin saya katakan
끄시니, 아다 양 잉인 사야 까따깐

이메일 쓰는 것을 부탁하다   tolong tulis email
똘롱 뚤리ㅅ 이메일

이메일을 보내다   mengirim email
믕이림 이메일

이면지 쓰세요   Gunakan kertas daur ulang ini
구나깐 끄ㄹ따ㅅ 다우ㄹ 울랑 이니

이미 4달을 인도네시아에서 살았다
sudah 4 bulan tinggal di Indonesia
수다ㅎ 음빳 불란 띵갈 디 인도네시아

이번 여행이 성공하시길 빕니다
Semoga perjalanan kali ini sukses
스모가 쁘ㄹ잘라난 깔리 이니 숙세ㅅ

이상한	aneh 아네ㅎ	이성	alasan 알라산
이쑤시개	tusuk gigi 뚜숙 기기	이슈	isu 이수

이번이 두번째   Kali ini kedua kali
깔리 이니 끄두아 깔리

이번이 마지막   kali ini yang terakhir kali
깔리 이니 양 뜨르아키ㄹ 깔리

이번 주말에 한국에 돌아가려고 해요
　　Akhir pekan saya ini akan pergi ke Korea
　　아끼ㄹ 쁘깐 사야 이니 아깐 쁘르기 끄 꼬레아

이번에 와보니 인도네시아가 많이 현대화 됐어요
　　Dalam kedatangan kali ini, kelihatannya
　　Indonesia sudah lebih modern
　　달람 끄다땅안 깔리 이니, 끌리하딴냐
　　인도네시아 수다ㅎ 르비ㅎ 모데ㄹ은

이 병에 담긴 것은 무슨 양념이에요?
　　botol ini isinya apa saja?
　　보똘 이니 이시냐 아빠 사자?

이불을 깔다   membereskan selimut
음베레ㅅ깐 슬리뭇

이사들어 가다   pindah(masuk rumah baru)
쁜다ㅎ(마숙 루마ㅎ 바루)

이슬람	Islam 이슬람	이월	Februari 페브루아리
이웃	tetangga 뜨땅가	이유	alasan 알라산

이상 / 이십명이상
: lebih / lebih dari dua puluh orang
레비ㅎ 다리 두아 뿔루ㅎ 오랑

이상하게 운전하다
: Menyetir dengan aneh
믄예띠ㄹ 등안 아네ㅎ

이상한 사람이네
: orang yang aneh
오랑 양 아네ㅎ

이야기
: cerita, pembicaraan
쯔리따, 쁨비짜라안

이야기하다
: bercerita / berbicara
브르쯔리따 / 브르비짜라

이야기 할 수 있도록 하다 / 도디씨와 통화 할 수 있을까요?
: bisa bercerita / bisa berbicara dengan Dodi?
비사 브르쯔리따 / 비사 브르비짜라 등안 도디?

이 열차는 언제 수라바야에 도착합니까?
: kapan kereta ini akan tiba di Surabaya?
까빤 끄레따 이니 아깐 띠바 디 수라바야?

이 옷을 입으세요
: silahkan pakai baju ini
시라ㅎ깐 빠까이 바주 이니

이윤	keuntungan 끄운뚱안	이전에	sebelumnya 스벨룸냐
이율(저금)	suku bunga 수꾸 붕아	이주하다	bermigrasi 브르미그라시

이와 동시에
   bersamaan dengan ini, pada saat yang sama
   브르사마안 등안 이니, 빠다 사앗 양 사마

이윤을 5% 나눠줄 수도 있어요   keuntungannya
   bisa dibagi sebesar lima persen
   끄운뚱안냐 비사 디바기 스베사르 리마 쁘르센

이윤이 높지 않다   keuntungannya tidak besar
   끄운뚱안냐 띠닥 베사르

이윤 중 10%를 공제할 수 있습니다.
   dapat(mengurangi / memotong)
   keuntungan sebesar sepuluh persen
   다빳(믕우랑이 / 메모똥) 끄운뚱안 세베사르 세쁠루ㅎ 뻬르센

이 음식은 바타와 같이 먹어   makanan ini
   dimakan bersama dengan mentega
   마까난이니 디마깐 브르사마 등안 믄떼가

이자   bunga(bank / kredit)
   붕아(방 / 끄레딧)

이자가 얼마나 되나요?   berapa besar bunganya?
   브라빠 브사르 붕아냐?

이 지역	daerah ini	이 지역에	di daerah ini
	다에라ㅎ 이니		디 다에라ㅎ 이니

이전처럼 피곤하진 않아요
　　　Jangan(lelah / capai) seperti sebelumnya?
　　　장안(르라ㅎ / 짜빠이) 스쁘ㄹ띠 스블룸냐?

이제 그만 가야해 　　　sekarang harus pergi /
　　　sekarang sudah waktunya pergi
　　　스까랑 하루ㅅ 쁘ㄹ기 / 스까랑 수다ㅎ 왁뚜냐 쁘ㄹ기

이제 그만 끊자(전화)
　　　saya akan tutup teleponnya sekarang
　　　샤야 아깐 뚜뚭 뜰레뽄냐 스까랑

이제 어떻게 하지 　　　sekarang harus bagaimana
　　　스까랑 하루ㅅ 바가이마나

이제 충분하다 　　　sekarang cukup
　　　스까랑 쭈꿉

이젠 익숙하다 　　　sekarang sudah terbiasa
　　　스까랑 수다ㅎ 뜨ㄹ비아사

이쪽으로 이사온지 얼마나 되셨어요?
　　　sudah berapa lama pindah di sini?
　　　수다ㅎ 브라빠 라마 삔다ㅎ 디 시니?

이체송금 　　　transfer remitansi
　　　뜨란스퍼 레미딴시

이치에 맞지 않는 　　　tidak dapat dibenarkan
　　　띠닥 다빳 디베나ㄹ깐

한국어	인도네시아어	한국어	인도네시아어
이해하다	mengerti / 믕으르띠	익명의	anonim / 아노님
이혼	cerai / 쩨라이	익숙한	terbiasa / 뜨ㄹ비아사

이코노미 클래스   kelas ekonomi
끌라ㅅ 에꼬노미

이하/30이하   di bawah / di bawah tiga puluh
디 바와ㅎ / 디 바와ㅎ 띠가 뿔루ㅎ

이해가 안되다

tidak dapat dimengerti /
tidak dapat dipercaya
띠닥 다빳 디멩으르띠 / 띠닥 다빳 디쁘ㄹ짜야

이해하기 쉬운   mudah dimengerti
무다ㅎ 디믕으르띠

이해하기 힘든   susah dimengerti
수사ㅎ 디믕으르띠

이해하셨어요?   Apakah sudah mengerti?
아빠까ㅎ 수다ㅎ 믕으르띠?

이해해 주세요   tolong dimengerti
똘롱 디믕으르띠

이해했어?   sudah mengerti?
수다ㅎ 믕으르띠?

익히다	matang 마땅	인도	India 인디아
인구	penduduk 쁜두둑	인류	kemanusiaan 끄마누시아안
인구수	jumlah penduduk 줌라ㅎ 쁜두둑	인물	penampilan 쁘남삘란
인내심	kesabaran 끄사바란	인부	pekerja 쁘끄ㄹ자

이 회사일은 내가 다하는 거야? Pekerjaan di perusahaan ini harus saya kerjakan semua?
쁘끄ㄹ자안 디 쁘루사하안 이니 하루ㅅ 사야 끄ㄹ자깐 스무아?

익살스러운 lucu, humoristis
루쭈, 후모리따ㅅ

익숙하지 않은 tidak terbiasa
띠닥 뜨ㄹ비아사

익숙해지다 menjadi biasa
믄자디 비아사

인계하다 membalik, penyerahan
음발릭, 쁜예라ㅎ한

인도(교통) trotoar(lalu lintas)
뜨로또아ㄹ(랄루 린따ㅅ)

인도네시아가 살기 좋습니까?
Enakkah / betahkah tinggal di Indonesia?
에낙까ㅎ / 브따ㅎ까ㅎ 띵갈 디 인도네시아?

인도네시아 가수는 잘 몰라
Saya tidak tahu penyanyi Indonesia
사야 띠닥 따후 쁜야이 인도네시아

인도네시아 가수 중에 누굴 제일 좋아해요? Siapa penyanyi Indonesia yang paling anda suka?
시아빠 쁜냐니 인도네시아 양 빨링 안다 수까?

인도네시아 국민 모두   Semua bangsa Indonesia
스무아 방사 인도네시아

인도네시아 군대의 가장 높은 계급은 뭐야?
Apa nama pangkat paling tinggi di tentara?
아빠 나마 빵깟 빨링 띵기 디 뜬따라?

인도네시아도 살기 좋아요.
Tinggal di Indonesia menyenangkan
띵갈 디 인도네시아 믄으난ㅇ깐

인도네시아 사람   orang Indonesia
오랑 인도네시아

인도네시아 사람은 신 음식을 싫어해요

Orang Indonesia tidak suka makanan yang asam
오랑 인도네시아 띠닥 수까 마까난 양 아삼

인도네시아 사람은 친절하다 Orang Indonesia ramah
오랑 인도네시아 라마ㅎ

인도네시아어   bahasa Indonesia
바하사 인도네시아

인도네시아어 공부 그만 할래
Saya mau berhenti belajar bahasa Indonesia
사야 마우 브ㄹ흔띠 블라자ㄹ 바하사 인도네시아

인도네시아어 공부하느라 바빠요
Saya sibuk belajar bahasa Indonesia
사야 시북 블라자ㄹ 바하사 인도네시아

인도네시아어 공부할 시간을 내고 있어요
Saya ingin meluangkan waktu untuk belajar bahasa Indonesia
사야 잉인 믈루앙깐 왁뚜 운뚝 블라자ㅎ 바하사 인도네시아

인도네시아어 더 공부하지 않을 거야
Saya tidak akan belajar bahasa Indonesia lagi.
사야 띠닥 아깐 블라자ㄹ 바하사 인도네시아 라기

인도네시아어로 번역하는 능력이 아직 부족합니다
Kemampuan menerjemahkan ke dalam bahasa Indonesia masih kurang
끄맘푸안 믄으ㄹ즈마ㅎ깐 끄 달람 바하사 인도네시아 마시ㅎ 꾸랑

인도네시아어 발음이 어려워요
Lafal bahasa Indonesia susah
라팔 바하사 인도네시아 수사ㅎ

인도네시아어로 설명 못하겠어요
Tidak bisa menjelaskan ke dalam bahasa Indonesia
띠닥 비사 믄즐라ㅅ깐 끄 달람 바하사 인도네시아

인도네시아어로 열쇠가 뭐예요?
Kunci bahasa Indonesianya apa?
꾼지 바하사 인도네시아냐 아빠?

인도네시아어로 이야기하다 Berceritalah / berbicaralah dengan bahasa Indonesia
브ㄹ쯔리딸라ㅎ / 브ㄹ비짜라랑 등안 바하사 인도네시아

인도네시아어를 공부하러 왔어 Saya datang kesini untuk belajar bahasa Indonesia
사야 다땅 끄시니 운뚝 블라자ㄹ 바하사 인도네시아

인도네시아어를 능숙하게 한다
berbicara bahasa Indonesia dengan lancar
브ㄹ비짜라 바하사 인도네시아 등안 란짜ㄹ

인도네시아어를 모른다
Tidak tahu bahasa Indonesia
띠닥 따후 하하사 인도네이아

인도네시아어를 잘 하시네요
Waahhh pandai berbahasa Indonesia
와ㅎ 판다이 브ㄹ바하사 인도네넷, 아

인도네시아어 자막 있는 시디
CD yang ada teks bahasa Indonesianya
시디 양 아다 텍ㅅ 바하사 인도네시아냐

인도네시아어 잘 못합니다
Tidak bisa berbahasa Indonesia
띠닥 비사 브ㄹ바하사 인도네시아

인도네시아어 좀 가르쳐 주세요
Tolong ajari bahasa Indonesia
똘롱 아자리 바하사 인도네시아

인도네시아 여름은 6개월 있다
Musim panas di Indonesia selama 6 bulan
무심 빠나ㅅ 디 인도네시아 슬라마 으남 불란

인도네시아에 더 머물고 싶어
Ingin tinggal di Korea
잉인 띵갈 다 코레아

인도네시아에서는
Di Indonesia
디 인도네시아

인도네시아에서 어디가 제일 아름다워요?
Tempat mana yang paling indah di Indonesia?
뜸빳 마나 양 빨링 인다ㅎ 디 인도네시아?

인도네시아에선 이것을 뭐라고 부르는지 몰라요
Saya tidak tahu benda ini dipanggil apa bahasa Indonesianya?
사야 띠닥 따후 븐다 이니 디빵길 아빠 바하사인도네시아냠?

인도네시아에 온지 얼마 안돼요
Sudah berapa lama di Indonea
수다ㅎ 브라빠 라마 디 인도네시아

인도네시아에 온지 얼마나 되었어요?
Sudah berapa lama tinggal di Indonesia
수안 브라빠 라마 딜강 디 가

인도네시아에 왔을 때 Ketika berada di Indonesia
끄띠까 브라다 디 인도네시아

인도네시아 요리가 아주 맛있다고 들었어
Saya dengar masakan Indonesia sangat (enak / lezat)
사야 등아ㄹ 마사깐 인도네시아 상앗(에낙 / 르잣)

인도네시아(디저트 / 후식)은 매우 달라요 Makanan pencuci mulut Indonesia sangat manis
마까난 쁜쭈찌 물룻 인도네시아 상앗 마니ㅅ

인도네시아 음식 많이 먹었어 Saya sudah banyak mencoba masakan Indonesia
사야 수다ㅎ 반약 믄쪼바 마사깐 인도네시아

인도네시아 이름은 이나 입니다
Nama Indonesia saya, Ina
나마 인도네시아 사야, 이나

인도네시아 전쟁이 언제 끝났는지 아세요?
Kapan perang Indonesia berakhir?
까빤 쁘랑 인도네시아 브ㄹ아끼ㄹ?

인도네시아 친구가 없어요
Tidak punya teman Indonesia
띠닥 뿐야 뜨만 인도네시아

인도네시아 친구한테 부탁해야겠어
Harus minta tolong teman Indonesia
하루ㅅ 민따 똘롱 뜨만 인도네시아

인상	kesan 끄산	인용	kutipan 꾸빤안
인생	hidup, kehidupan 히둡, 끄히둡안	인형	boneka 뽀네까
인식하다	merasa , sadar 므라사, 사달	인화지	kertas foto 끄ㄹ따ㅅ 뽀또
인정하다	mengakui 믕아꾸이	일	pekerjaan 쁘끄ㄹ자안
인출하다	penarikan 쁘나릭깐	일(숫자)	satu(angka) 사뚜(안까)

인도네시아 화폐   Mata uang Indonesia
마따 우앙 인도네시아

인분 / 삼인분   Dua orang / tiga orang
두아 오랑 / 띠가 오랑

인사(만남)   salam(pertemuan)
살람(쁘ㄹ뜨무안)

인쇄하다   mencetak, mengeprint
믄쩨딱, 믕으쁘린

인터넷이 죽었어(속어)
internetnya mati(bahasa informal)
인뜨ㄹ넷냐 마띠(바하사 인포ㄹ말)

인파를 이루다   membuat kerumunan
음부앗 끄루무난

일간신문	sehari-hari 스하리-하리	일반적으로	secara umum 스짜라 우뭄
일곱(숫자)	tujuh(angka) 뚜주ㅎ(앙까)	일본	Jepang 즈빵
일곱번째	ketujuh 끄뚜주ㅎ	일본어	bahasa Jepang 바하사 즈빵
일등급	kelas satu 끌라ㅅ 사뚜	일생동안	selama hidup 슬라마 히둡

인한사전	Kamus bahasa Indonesia-Korea 까무ㅅ 바하사 인도네시아-꼬레아
인형극	pedalangan(wayang) 쁘달랑안(와양)
일광욕하다	berjemur sinar matahari 브ㄹ쯔무ㄹ 시나ㄹ 마따하리
일 깨우다	menyadarkan, menggugah 믄야다ㄹ깐, 믕구가ㅎ
일단 밥드세요	silahkan makan dulu 실라ㅎ깐 마깐 둘루
일렬로 만들다	menyusun barisan 믄유순 바리산

일 때문에 오신건가요?
apakah datang ke sini karena pekerjaan?
아빠까ㅎ 다땅 끄 시니 까르나 쁘끄ㄹ자안?

일시적인	sementara 세멘따라	일어서다	berdiri 브르디리
일어나	bangun, terjadi 방운, 뜨르자디	일요일	Minggu 밍구
일어나다	bangun 방운	일월	Bulan Januari 불란 자누아리

일상용품   kebutuhan sehari-hari
끄부뚜ㅎ한 스하리-하리

일어난지 얼마나 되셨어요? sudah lama bangunnya?
sudah berapa lama hal itu terjadi?
수다ㅎ 라미 방군냐? 수다ㅎ 브라빠 라마 할 이뚜 뜨르자디?

일 열심히 해   kerja dengan giat ya
끄르자 등안 기앗 야

일요일에 시간 있어?
apakah Anda punya waktu di hari Minggu?
아빠까ㅎ 안다 뿐야 왁뚜 이하리 밍우?

일은 넘치는데 일할 사람이 없어
pekerjaannya banyak tapi tidak
ada orang yang mengerjakan
쁘끄르자안냐 반약 따삐 띠닥 아다 오랑 양 믕으르자깐

일을 그만두다   berhenti kerja
브르흔띠 끄르자

일을 끝까지 하다   bekerja sampai selesai
브끄르자 삼빠이 슬르사이

일찍	awal 아왈	잃다	hilang 힐랑
일치하다	perhitungan 쁘ㄹ히뚱안	잃어버렸어?	kehilangan? 끄힐랑안
일하다	bekerja 브끄ㄹ자	잃어버리다	hilang 힐랑

일을 끝내다 pekerjaann selesai
쁘끄ㄹ찌인 슬르사이

일이 끝나고 pekerjaan selesai
쁘끄ㄹ자안 슬르사이

일이 너무 많아 banyak pekerjaan
반약 쁘끄ㄹ자안

일이 다 해결되어 끝났지
  pekerjaan sudah diselesaikan semua
  쁘끄ㄹ자안 수다ㅎ 디슬르사이깐 스무아

일이 많이 남다 pekerjaan masih banyak
쁘끄ㄹ자안 마시ㅎ 반약

일이 바쁘세요? Pekerjaannya banyak?
쁘끄ㄹ자안냐 반약?

일이 있어서 가봐야겠어
  ada yang harus dilakukan jadi harus pergi
  아다 양 하루ㅅ 디라꾸깐 자디 하루ㅅ 쁘ㄹ기

일일이 세다 menghitung kembali
음히뚱 끔발리

| 임금 | upah 우빠ㅎ | 임대하다 | sewa 세와 |

임대료 sewa penyewaan
세와 쁘녜와안

임시의 sementara
스믄따라

일자리를 구하다 mencari pekerjaan
믄짜리 쁘끄ㄹ자안

일 잘됐죠? pekerjaannya baik kan? /
kerjaannya bagus kan?
쁘끄ㄹ자안냐 바익 깐? / 끄ㄹ자안냐 바구ㅅ 깐?

일제히 발사하다 peluncuran bersama
쁠룬쭈란 브ㄹ사마

일주일에 한번 seminggu sekali
스밍구 스깔리

일찍 일어나다 bangun lebih awal?
방운 르비ㅎ 아왈

일하러 가다 berangkat kerja
브랑깟 끄ㄹ자

일회용밴드 plaster sekali pakai
프라ㅅ떼ㄹ 스깔리 빠까이

읽다 / 이 책을 읽으세요 membaca / membaca buku
음바짜 / 음바짜 부꾸

임명하다 menunjuk, mencalonkan
므눈죽, 믄짤론깐

임신	hamil 하밀	입	mulut 물룻
임신하다	hamil 하밀	입구	masuk / 마수ㄱ
임업	kehutanan 끄후따난		jalan masuk 잘란 마숙

임무　　　　　　　　　tugas, misi, pekerjaan
　　　　　　　　　　　뚜가ㅅ, 미시, 쁘끄ㄹ자안

입국카드　　　　　　　Kartu untuk masuk
　　　　　　　　　　　까ㄹ뚜 운뚝 마숙

입국하다　　　　　　　masuk, memasuki
　　　　　　　　　　　마숙, 므마숙끼

입맛에 맞다　　rasa makanannya cocok di lidah
　　　　　　　라사 마까난냐 쪼쪽 디 리다ㅎ

입맛에 맞으실지 모르겠어요
　　　tidak tahu apakah rasanya cocok di lidah
　　　띠닥 따후 아빠까ㅎ 라사냐 쪼쪽 디리다ㅎ

입어보다　　　　　　　Mencoba memakai
　　　　　　　　　　　믄쪼바 므마까이

입으면 편하다　　　　　Nyaman dipakai
　　　　　　　　　　　냐만 디빠까이

입을 벌리다　　　　　　membuka mulut
　　　　　　　　　　　음부까 물룻

입냄새 나다	bau mulut 바우 물룻	있어야 한다	harus ada 하루ㅅ 아다
입니까?	apakah? 아빠까ㅎ	잉크	tinta 띤따
입다	memakai 므마까이	잊다	lupa, melupakan 루빠, 믈루빠깐
입장권	tiket 띠껫	잊어버려	lupa 루빠
입장료	biaya masuk 비아야 마숙	잎	daun 다운

입이 가벼운	bermulut besar 브ㄹ물룻 브사ㄹ
입이 무겁다	pandai menjaga rahasia 빤다이 믄자가 라하시아
입찰하다	mengajukan penawaran, menawar 믕아주 깐쁘나와란, 므나와ㄹ
잇따른	konsekutif, berhubungan 콘스
잊고자 버리다	melupakannya 믈루빠깐냐
잎으로 싸다	membungkus dengan daun 믐붕꾸ㅅ 등안 다운

ㅈ

자	Penggaris 뼁가리ㅅ
자기소개서	Data diri 다따 디리
자다	Tidur 띠두ㄹ
자동	Otomatis 오또마띠ㅅ
자동차	Mobil 모비ㄹ
자라다	Tumbuh 뚬부ㅎ
	Kembang(berkembang) 끔방
자랑스럽다	Bangga 방가
자료	Materi 마뜨리
자막	Teks 떽ㅅ

자기 소개를 하다 Memperkenalkan diri
음쁘ㄹ끄날깐 디리

자동차로 가다 Pergi naik mobil
쁘ㄹ기 나익 모비ㄹ

자루/펜 3자루 Satuan jumlah(buah) / 3 buah pulpen
사뚜안 줌랗(부아ㅎ) / 띠가 부아ㅎ 뿔뻰

자리로 돌아가 Kembali ke tempat duduk
끔발리 끄 뜸빳 두둑

자르다 Potong(memotong)
뽀똥(모모똥)

자본	Modal 모달	자식	Anak 아낙
자산	Aset 아셋		Keturunan 끄뚜루난
	Properti 쁘로쁘ㄹ띠	자신의	Milik 밀릭
자세한	Detil 드띨		Punya 뿌냐
자손	Keturunan 끄뚜루난	자연	Alam 알람

자매 Saudara perempuan
사우다라 쁘름뿌안

자물쇠로 잠그다 Mengunci(잠그다) gembok(자물쇠)
믕운찌 금복

자발적인
Dengan sukarela / Atas kemauan sendiri
등안 수까렐라 / 아따ㅅ 끄마우안 슨디리

자백하다 Mengaku
믕아꾸

Mengakui kesalahan yang dilakukan
믕아꾸이 끄살라한 양 디부앗

자세히 이야기하다
Menerangkan secara detil /Menjelaskan
므느랑깐 스짜라 드띨 / 믄젤라ㅅ깐

자연스럽게	Secara alami 스짜라 알라미	자주	Sering 스링
자연재해	Bencana alam 븐차나 알람	자주 가다	Sering pergi 스링 쁘ㄹ기
자원봉사자	Sukarelawan 수까렐라완	자주색	Merah bata 메라ㅎ 바따
자유	Bebas 베바ㅅ	작가	Penulis 쁘눌리ㅅ
자전거	Sepeda 스뻬다		Pengarang 쁭아랑
자존	kehormatan diri 끄호ㄹ마딴 디리	작년	Tahun lalu 따훈 랄루

자신감을 가져	Dengan percaya diri 등안 쁘ㄹ짜야 디리
자신을 보호하다	Melindungi diri sendiri 믈린둥이 디리 슨디리
자유저축예금	Tabungan deposito bebas 따붕안 데뽀시또 베바ㅅ
자유형수영	Renang gaya bebas 르낭 가야 베바ㅅ
자전거 타다가 넘어졌어	Jatuh saat naik sepeda 자뚜ㅎ 사앗 나익 스뻬다
자전거 타지 않아	Tidak naik sepeda 띠닥 나익 스뻬다

작문	Karangan 까랑안	작은 길	Jalan sempit 잘란 슴삣
작별하다	Berpisah 브르삐사ㅎ	작은 눈	Mata sipit 마따 시삣
작업	Kerja(pekerjaan) 끄르자(쁘끄르자안)	작품	Hasil karya 하실 까르야
작용	Aksi 악시	잔고	Saldo 살도
작은	Kecil 끄칠	잔디	Rumput 룸뿟

자주 발생하다   Sering terjadi
스링 뜨르자디

작동하다   Mengaktifkan / Mengoperasikan
믕 악띺깐 / 믕오쁘라시깐

작문하다
    Menyusun tulisan / Mengarang / Menulis
므뉴순 뚤리산 / 믕아랑 / 므눌리ㅅ

작별 인사하다   Mengucapkan salam perpisahan
믕우짭깐 살람 쁘르삐사한

작은 돈으로 바꾸다   Tukar dengan uang kecil
뚜까르 등안 우앙 끄칠

작은 택시 하나 필요해요   Butuh satu taksi
부뚜ㅎ 사뚜 딱씨

잔소리하다	Mengomel 믕오멜		Jamuan 자무안
잔업	Lembur 름부ㄹ	잘 맞다	Cocok 쪼쪽
잔치	Pesta 뻬ㅅ따		Pas 빠ㅅ

잔/우유 한잔　　　　　　Gelas / susu satu gelas
　　　　　　　　　　　글라ㅅ / 수수 사뚜 글라ㅅ

잔돈으로 바꿔 주세요　　Tolong tukar ke
　　　　pecahan uang yang lebih kecil
　　　　똘롱 뚜까ㄹ 끄 쁘짜한 양 르비ㅎ 끄찔

잔잔한 음악(발라드)이 더 좋아요
　　Saya lebih suka musik(balada) yang tenang
　　사야 르비ㅎ 수까 무식(발라다) 양 뜨낭

잘게 자르다　　　　　　Mencincang halus
　　　　　　　　　　　믄찐짱 할루ㅅ

잘 골라 와야해　　　　　Pilih yang baik
　　　　　　　　　　　삘리ㅎ 양 바익

잘 곳이 필요하다　　　　Butuh tempat untuk tidur
　　　　　　　　　　　부뚜ㅎ 뜸빳 운뚝 띠두ㄹ

　　　　　　　　　　　Butuh tempat yang baik
　　　　　　　　　　　부뚜ㅎ 뜸빳 양 바익

잘라내다　　　　　　　Potong(Memotong)
　　　　　　　　　　　뽀똥(므모똥)

잘 맞네요	Cocok sekali / Pas sekali
	쪼쪽 쓰깔리 / 빠ㅅ 스깔리

잘 먹다	Makan dengan lahap
	마깐 등안 라핲

잘 먹어라	Makan dengan lahap
	마깐 등안 라핲

잘못 걸다	Salah alamat / Salah nomor(telepon)
	살라ㅎ 알라맛 / 살라ㅎ 노모ㄹ

잘못 들었어	Salah dengar
	살라ㅎ 등알

잘못 생각하다	salah berpikir
	살라ㅎ 브삐끼ㄹ

잘못 이해하다	Salah mengerti / Salah paham
	살라ㅎ 릉으ㄹ띠 / 살라ㅎ 빠함

잘못하다	Melakukan kesalahan
	믈라꾸깐 끄살라한

잘 사귀어 놔야지	Kamu harus berpacaran dengan baik
	까무 하루ㅅ 브ㄹ빠짜란 등안 바익

잘 생겼다	Berpenampilan baik / Tampan
	브ㄹ쁘남삘란 바익 / 땀빤

잘 아는	Mengerti dengan baik
	릉으ㄹ띠 등안 바익

잘 자	Selamat tidur / Tidur dengan nyenyak
	슬라맛 띠두ㄹ / 띠두ㄹ 등안 녜냑

잘하는	Baik / Pandai	잠깐만요	Sebentar
	바익 / 빤다이	잠그다	Mengunci
			믕운찌

잘 자라다   Tumbuh dengan baik
뚬부ㅎ 등안 바익

Berkembang dengan baik
브ㄹ끔방 등안 바익

Meningkat dengan pesat
므닝깟 등안 쁘삿

잘 잤어?   Tidur pulas? / Tidur nyenyak?
띠두ㄹ 뿔라ㅅ? / 띠두ㄹ 녜냑?

잘 진행하고 있습니다   Berlangsung dengan baik
브ㄹ랑숭 둥안 바익

잘하네
Pandai sekali / Baik sekali / Kerjaannya bagus
빤다이 스깔리 / 바익 스깔리 / 끄ㄹ자안냐 바구ㅅ

잠깐만 기다려 줘   Tunggu sebentar
뚱구 스븐따ㄹ

잠깨다   Bangun(terbangun)
방운

잠시 나갔다 올게요
Sebentar saya keluar nanti kembali lagi
스븐따ㄹ 사야 끌루아ㄹ 난띠 끔발리라기

잠시 동안	Sebentar 스븐따ㄹ	잡지	Majalah 마잘라ㅎ
잠자리	Tempat tidur 뜸빳 띠두ㄹ	장(신체)	Usus 우수ㅅ
잠재력	Potensi 뽀뗀시	장관	anggota kabinet 앙고따 까비넷
잡아 빼다	Mencabut 믄짜붓		Menteri 믄뜨리
잡음	Kebisingan 끄비싱안	장기(체스)	Catur 짜뚜ㄹ

잠에서 깨다 Terbangun dari tidur
뜨ㄹ방운 다리 띠두ㄹ

잠을 잘 못자다
Tidak tidur nyenyak / Tidak tidur pulas
띠닥 띠두ㄹ 녜약 / 띠닥 띠두ㄹ 뿔라ㅅ

잠이 안 오다
Tidak mengantuk / Tidak dapat tidur
띠닥 믕안뚝 / 띠닥 다빳 띠두ㄹ

잠자리에 들다 Pergi tidur
쁘ㄹ기 띠두ㄹ

잡다 Memegang / Menangkap
므므강 / 므낭깝

잡다한 Berbagai macam / Warnasari
브ㄹ바가이 마참 / 와ㄹ나싸리

장난감	Mainan 마이난	장보러 가다	Pergi ke pasar 쁘르기 끄 빠사르
장래	Masa depan 마사 드빤	장소	Tempat 뜸빳
장래에는	Di masa depan 디 마사 드빤		Letak 르딱
장려하다	Mendukung 믄두꿍	장식품	Ornamen 오르나멘
장롱	Lemari pakaian 르마리 빠까이안		Hiasan 히아산
장미	Bunga mawar 붕아 마와르	장식하다	Hias(Menghias) 히아ㅅ (믕히아ㅅ)

장갑을 끼다	Memakai sarung tangan 므마까이 사룽 땅안
장기를 두다	Bermain janggi(catur) 브르마인 장기(짜뚜르)
장기의(기간)	Jangka panjang 장까 빤장
장/벽돌 한 장	Buah / batu bata dua buah 부아ㅎ / 바뚜 바따 두아 부아ㅎ
장/종이 한 장	Lembar / kertas satu lembar 름바르 / 끄르따ㅅ 사뚜 렘바르
장/표 두 장	Lembar / dua tiket 름바르 / 두아 띠껫

ㅈ

장작	Kayu bakar 까유 바까ㄹ	장학금	Beasiswa 베아시ㅅ와
장치	Peralatan 쁘랄라딴	재난	Bencana 븐짜나
장티푸스(의학)	Tipus(obat) 띠뿌ㅅ(오밧)	재떨이	Asbak 아ㅅ박

장갑이 끼다   Memakai sarung tangan
므마까이 사룽 땅안

장사하기가 쉽지 않다
Tidak mudah untuk(berdagang / berbisnis)
띠닥 무다ㅎ 운뚝(브ㄹ다강 / 브ㄹ비ㅅ니ㅅ)

장점   Kelebihan /Hal positif
끌르비한 / 하ㄹ 뽀시띺

장학금이 취소되다   Beasiswanya dibatalkan
베아시ㅅ와냐 디바딸깐

재검토하다   menilai kembali
므닐라이 끔발리

menunjau kembali
므닌자우 끔발리

재능   Talenta / Kemampuan
딸렌따 / 끄맘뿌안

재다   Mengukur / Menyombongkan diri
믕우꾸ㄹ / 므뇸봉깐 디리

재미없는	Tidak menarik 띠닥 므나릭	재채기하다	Bersin 브르신
재발하다	Berulang 브르울랑	재혼	Pernikahan kembali 쁘르니까한 끔발리
재산	Harta 하르따	잼	Selai 슬라이
	Kekayaan 끄까야안	쟁반	Nampan 남빤
재정	Keuangan 끄우앙안	저것	Itu 이뚜

재미있는	Menarik / Menyenangkan 므나릭 / 믄예낭깐
재미있어 보이지?	Kelihatan menarik kan? 끌리하딴 므나릭 깐?
재미있어?	Apakah menarik? 아빠까ㅎ 므나릭?
재미있을 것이다	Sepertinya akan menarik 스쁘르띠냐 아깐 므나릭
재밌겠지?	Menarik kan? 므나릭 깐?
재밌다	Menarik / Menyenangkan 므나릭 / 믄예낭깐
재촉하다	Buru-buru / Tergesa-gesa 부루 부루 / 뜨르그사그사

저것 봐	Lihat itu 리핫 이뚜	저녁마다	Setiap malam 스띠앞 말람
저녁	Malam 말람	저녁식사	Makan malam 마깐 말람

저걸로 주세요 　　　　　Tolong dengan yang itu
　　　　　　　　　　　　똘롱 등안 양 이뚜

저금하다 　　　　　　　　Tabung(menabung)
　　　　　　　　　　　　따붕(므나붕)

저녁 먹는 거 말고 다른 것도 하나요?
　　Bagaimana kalau malam ini pengganti
　　makan malam kita melakukan hal lain?
　　바가이마나 깔라우 말람 이니 뻥간띠
　　마깐 말람 끼따 멜라꾸깐 할 라인?

저녁 산다고 했잖아요
　　　　Tadi bilangnya mau beli makan malam
　　　　따디 빌랑냐 마우 블리 마깐 말람

저녁을 먹고 텔레비전을 본다
　　　　Makan malam sambil menonton televisi
　　　　마깐 말람 삼빌 므논똔 뜰르비시

저녁을 준비하다 　　　　Menyiapkan makan malam
　　　　　　　　　　　　므니앞깐 마깐 말람

저는 그렇게 보지 않는데요
　　　　Saya tidak melihatnya seperti itu
　　　　사야 띠닥 믈리핫냐 스쁘ㄹ띠 이뚜

저렇게	Seperti itu 스쁘ㄹ띠 이뚜	저작권	Hak cipta 학 찝따
저자	Penulis 쁘눌리ㅅ	적극	Dengan aktif 등안 악띺
	Pengarang 쁭아랑	적다(기록)	Mencatat 믄짜땃

저는 막 왔습니다
Akhirnya saya datang
악히ㄹ냐 사야 다땅

저는 아주 좋습니다 당신은요?
Saya sangat menyukainya, bagaimana dengan Anda?
사야 상앗 므뉴까이냐, 바가이마나 등안 안다?

저라면 웃음이 안 나오시겠어요?
Kalau saya tidak akan tertawa
깔라우 사야 띠닥 아깐 뜨ㄹ따와

저를 따라 오세요
Tolong ikuti saya
똘롱 이꾸띠 사야

저분은 누구예요?
Siapakah orang itu?
시아빠까ㅎ 오랑 이뚜?

저에게 얘기하는 거예요?
Mau berbicara dengan saya?
마우 브ㄹ비짜라 등안 사야?

저에게 주세요
Tolong berikan ke saya
똘롱 브리깐 끄 사야

적도	Khatulistiwa 까뚤리ㅅ띠와	전국	Nasional 나시오날
적용	Menerapkan 므느랖깐	전극	Elemen 엘레멘
적합하지 않은	Tidak sesuai 띠닥 스수아이	전기	Listrik 리ㅅ뜨릭
적합한	Sesuai 스수아이		Elektrik 엘렉뜨릭

저장소	Tempat penyimpanan 뜸빳 쁘님빠난
저장하다	Simpan(Menyimpan) 씸빤(믄임빤)

저쪽에 사람들 정말 많다
Di sebelah sana ada banyak orang
디 스블라ㅎ 사나 아다 바냑 오랑

저항하다	Lawan(Melawan) 라완(몰라완)
적다/내가 적을 게	Tulis / Biar saya yang menulis 뚤리ㅅ / 비아ㄹ 사야 양 므눌리ㅅ
적용하다	Mengaplikasikan / Menerapkan 믕아쁠리까씨깐 / 므느랖깐
적응된	Terbiasa / Betah(적응했다) 뜨ㄹ비아사 / 브따ㅎ

전기장판	Kasur listrik 까수ㄹ 리ㅅ뜨릭	전단지	selebaran 슬르바란
전기주전자	Teko listrik 떼꼬 리ㅅ뜨릭	전당포	Pegadaian 쁘가다이안
전기콘센트	Colokan listrik 쫄로깐 리ㅅ뜨릭	전등	Lampu 람뿌
전날	Kemarin 끄마린	전람회	Pameran 빠메란

전/3시 10분전

　　　　　Sebelum / 10 menit sebelum jam 3
　　　　　스블룸 / 스뿔루ㅎ 므닛 스블룸 잠 띠가

전기를 끊다　　　　　Memutus sambungan listrik
　　　　　　　　　　므무뚜ㅅ 삼붕안 리ㅅ뜨릭

전력을 다하다　　　　　Melakukan yang terbaik
　　　　　　　　　　믈라꾸깐 양 뜨ㄹ바익

전반적으로 수라바야 음식들은 짜요
　　　　　　　　　　Pada umumnya makanan
　　　　　　　　　　Surabaya rasanya asin
　　　　　빠다 우뭄냐 마까난 수라바야 라싸냐 아씬

전선을 뽑다　　　　　Mencabut kabel
　　　　　　　　　　믄짜붓 까블

전설이 일어나다　　　　Legenda bangun
　　　　　　　　　　　레겐다 방운

전면적으로	secara umum 스짜라 우움	전반적으로	Secara umum 스짜라 우움
전문	Keahlian 끄아ㅎ리안	전부	Semua 스무아
전문가	Ahli 아ㅎ리		Seluruh 슬루루ㅎ
전문분야	Bidang ahli 비당 아ㅎ리	전설	Legenda 레겐다

전신을 찍다	Mengambil foto seluruh badan 믕암빌 포또 쓸루루ㅎ 바단
전에 / 3년 전에	Sebelumnya / 3 tahun sebelumnya 스블룸냐 / 띠가 따훈 스블룸냐
전자(전기)	Elektron(Listrik) 엘렉뜨론(리ㅅ뜨릭)
전통음식	Makanan tradisional 마까난 뜨라디시오날
전투하다	Berperang / Bertempur 브ㄹ쁘랑 / 브ㄹ뜸뿔
전혀 폐가 되지 않아요	Tidak merepotkan sama sekali 띠닥 므레뽓깐 사마 스깔리
전화 끊자	Memutus telepon 므무뚜ㅅ 뜰레쁜

전 세계	Di seluruh dunia 디 슬루루ㅎ 두니아	전체	Seluruh 슬루루ㅎ
전시하다	Memamerkan 므마메ㄹ깐	전체적인	Seluruh 슬루루ㅎ
전자레인지	Microwave 마이끄로웨이브		Semua 스무아
전자제품	Alat elektronik 알랏 엘렉뜨로닉	전치사	Kata depan 까따 드빤
전쟁	Perang 쁘랑	전통	Tradisional 뜨라디시오날

전화기를 잃어버리다 Kehilangan telepon
끄힐랑안 뜰레뽄

전화로 주문하다 Memesan melalui telepon
므므산 믈랄루이 뜰레뽄

전화를 끊다 Memutus telepon
므무뚜ㅅ 뜰레뽄

전화를 바꾸다 Mengganti telepon
믕간띠 뜰레뽄

전화를 받다 Menerima telepon
므느리마 뜰레뽄

전화를 사용해도 될까요?
Boleh menggunakan teleponnya?
볼레ㅎ 믕구나깐 뜰레뽄냐?

전투	Pertempuran 쁘ㄹ뜸뚜란	전화를 걸다	Menelepon 므늘레뽄
전하다	Menyampaikan 므냠빠이깐	전화벨소리	Bunyi telepon 부니 뜰레뽄
전혀 다른	Sangat berbeda 상앗 브ㄹ베다	절(사찰)	Kuil 꾸일
전화	Telepon 뜰레뽄	절대적인	Absolut 압쏠룻
전화기	Telepon 뜰레뽄	절반	Setengah 쓰뜽아ㅎ

전화번호/아디 전화번호 아세요?

Nomor telepon / Tahu nomor telepon Adi?
노모ㄹ 뜰레뽄 / 따후 노모ㄹ 뜰레뽄 아디?

전화번호를 좀 불러 주세요

Tolong beritahu nomor teleponnya
똘롱 브리따후 노모ㄹ 뜰레뽄냐

전화 왔어요

Ada telepon masuk
아다 뜰레뽄 마숙

전화 했었어요?

Sudah menelepon?
쑤다ㅎ 므늘레뽄?

절교하다

Memutuskan hubungan
므무뚜ㅅ깐 후붕안

Memutuskan pertemanan
므무뚜ㅅ깐 쁘ㄹ뜨만안

절약	penghematan 쁭헤마딴	점(점수)	Nilai 닐라이
절정	Puncak 뿐짝	점원	Pelayan toko 쁠라얀 또꼬
절차	tahap, prosedur 따핲, 쁘로스두ㄹ	점점	Sedikit demi sedikit 스디낏 드미 스디낏
젊은	Muda 무다	접속사	Kata sambung 까따 쌈붕
젊은이	Anak muda 아낙 무다	접시	Piring 삐링
점(얼룩)	Noda 노다	젓가락	Sumpit 숨삣

점수를 유지하다   Mempertahankan nilai
                 믐쁘ㄹ따한깐 닐라이

점심(시기)   Jam makan siang
                 잠 마깐 시앙

점심 고마워   Terima kasih atas makan siangnya
                 뜨리마 까씨ㅎ 아따ㅅ 마깐 시앙냐

점심시간   Jam makan siang
                 잠 마깐 시앙

점점 짧아지다   Makin lama makin pendek
                 마낀 라마 마낀 뻰덱

접대하다(손님)   Menyambut(tamu)
                 므냠붓 따무

정가	Harga pas 하르가 빠ㅅ	정규	Biasa 비아사

접수   Menerima / Menyambut
믄리마 / 믄얌붓

접촉하다   Menyentuh / Menghubungi
므녠뚜ㅎ / 믕후붕이

정각 / 정각 12시   Tepat / Pukul 12 tepat
뜨빳 / 뿌꿀 두아 블라ㅅ 뜨빳

정돈하다   Merapikan / Menyusun
므라삐깐 / 므뉴순

정말 기뻐   Sungguh bahagia
숭구ㅎ 바하기아

정말로 보지 못했다고요
Sungguh tidak dapat melihat?
숭구ㅎ 띠닥 다빳 믈리핫?

정말 무서웠어   Sungguh seram
숭구ㅎ 스람

정말 미안합니다 좀 늦었습니다
Mohon maaf karena terlambat
모혼 마앞 까르나 뜨ㄹ람밧

정말 어려워   Sungguh susah
숭구ㅎ 수사ㅎ

정말 완벽하군   Sungguh sempurna
숭구ㅎ 슴뿌ㄹ나

한국어	인도네시아어	발음
정도	Derajat	드라잣
정돈된	Rapi	라삐
정류장	Perhentian	쁘ㄹ흔띠안
정리하다	Atur(mengatur)	아뚜ㄹ
정말 잘됐다.	Sungguh baik	숭구ㅎ 바익
정말 좋다	Sungguh bagus	숭구ㅎ 바구ㅅ
정말로	Sungguh	숭구ㅎ
정보	Informasi	인포ㄹ마시
	Data	다따
정복하다	Menaklukkan	므낙룩깐
정부	Pemerintah	쁘므린따ㅎ
정상(꼭대기)	Puncak	뿐짝

정말 잘하시네요   Sungguh cakap / Sungguh baik
숭구ㅎ 짜깝 / 숭구ㅎ 바익

정말 큰 도움을 주셨습니다
Sungguh bantuan besar yang sudah diberikan
숭구ㅎ 반뚜안 브사ㄹ 양 수다ㅎ 디브리깐

정면에 있는   Yang ada di hadapan
양 아다 디 하다빤

정부관계자
Pihak yang bersangkutan dengan pemerintah
삐학 양 브ㄹ상꾸딴 등안 쁘므린따ㅎ

정상화시키다   Menormalisasi
므노ㄹ말리사시

정숙한	Saleh / Bijak 쌀레ㅎ / 비작	정원	Taman 따만
정신	Pikiran / Jiwa 삐끼란 / 지와		Halaman 할라만
정신이 돈	Gila 길라	정장	Jas 자스
정어리	Ikan sarden 이깐 싸ㄹ덴	정전	Mati lampu 마띠 람뿌

정신병원	Rumah Sakit Jiwa 루마ㅎ 사낏 지와
정의하다	Mendefinisikan 믄데피니씨깐
정지하다	terhenti, tidak berubah 뜨ㄹ흔띠, 띠닥브루바ㅎ
정절 있는	Terdapat kesucian 뜨ㄹ다빳 끄수찌안
정치적 힘	Kekuatan politik 끄꾸아딴 뽈리띡

제가 늘 말씀드렸잖아요 Saya selalu mengatakan itu
사야 슬랄루 믕아따깐 이뚜

제가 말한 것 알아 들으셨어요?
Apakah Anda mengerti apa yang saya katakan?
아빠까ㅎ 안다 믕으ㄹ띠 아빠 양 사야 까따깐?

300

정지등	Lampu rem 람뿌 렘	정치	Politik 뽈리띡
정직한	Jujur 주주ㄹ	정치인	Politikus 뽈리띠꾸ㅅ
정찰가격	Harga pas 하ㄹ가 빠ㅅ	정확한	Akurat 아꾸랏
정책	Kebijakan 끄비자깐		Pasti 빠ㅅ띠

제가 방금한 얘기 들었어요?
  Apakah Anda mendengar apa yang baru saja saya katakan?
  아빠까ㅎ 안다 믄등아ㄹ 아빠 양 바루 사자 사야 까따깐?

제가 정말 죄송해요 Saya sungguh minta maaf
  사야 숭구ㅎ 민따 마앞

제가 함께 가겠습니다 Akan pergi dengan saya
  아깐 쁘ㄹ기 등안 사야

제 대신 안부를 전해 주세요
  Tolong sampaikan salam saya padanya
  똘롱 쌈빠이깐 쌀람 싸야 빠다냐

제 말뜻 아시잖아요
  Anda tahu apa yang saya maksud
  안다 따후 아빠 양 사야 막숫

제 명함입니다 Ini kartu saya
  이니 까ㄹ뚜 사야

젖다	Basah 바사ㅎ	제공하다	Menawarkan 므나와ㄹ깐
제고하다	Meningkatkan 므닝깟깐	제단	Altar 알따ㄹ

제 발음은 별로 좋지 않아요
    Pengucapan saya kurang bagus
    쁠루짜빤 사야 꾸랑 바구ㅅ

제사를 지내다
    Melakukan upacara
    peringatan kematian leluhur
    믈라꾸깐 우빠짜라 끄마띠안 를루후ㄹ

제시하다
    Menawarkan / Menganjurkan / Mengusulkan
    므나와ㄹ깐 / 믕안주ㄹ깐 / 믕우술깐

제 우산 가지세요   Silahkan bawa payung saya
    실라ㅎ깐 바와 빠융 사야

제일 높은   Yang paling tinggi
    양 빨링 띵기

제 전화번호 알고 있었어요?
    Anda tahu nomor telepon saya?
    안다 따후 노모ㄹ 뜰레뽄 사야

제정하다   Membuat / Mendirikan
    음부앗 / 믄디리깐

제조하다   Membuat / Memproduksi
    음부앗 / 음쁘로둑씨

제도	Sistem 시스뜸
제목	Judul 주두ㄹ
제발	Tolong 똘롱
제방	Tanggul 땅굴
제비를 뽑다	Mengundi 믕운디
제삿날	Hari kematian 하리 끄마띠안
제안하다	Menyarankan 믄야란깐
제자	Murid 무릿
	Siswa 시스와
제출하다	menyerahkan 믄예라ㅎ깐
제일 궁금한	Paling penasaran 빨링 쁘나사란
제일 슬픈 순간	Saat paling menyedihkan 사앗 빨링 므녜디ㅎ깐
제일 친한 친구	Teman paling akrab 뜨만 빨링 앜랍
제일 편리한	Paling nyaman 빨링 냐만
조각/한 조각	Potong / satu potong 뽀똥 / 사뚜 뽀똥
조금 다치다	Sedikit terluka 스디낏 뜨ㄹ루까
조금만 쉬다	Istirahat sebentar 이ㅅ띠라핫 스븐따ㄹ

제한하다	Membatasi 음바따시	조금만큼	hanya sedikit 한야 스디낏
조개	Kerang / Remis 끄랑 / 르미ㅅ	조금 추운	Agak dingin 아각 딩인
조건	Syarat / Kondisi 쌰랏 / 꼰디씨	조류독감	Flu burung 플루 부룽
조국	Tanah air 따나ㅎ 아이ㄹ	조미료	Penyedap 쁜예답
조금	Sedikit / Agak 쓰디낏 / 아각	조사하다	Meneliti 므늘리띠
조금 있다가	Sebentar lagi 스븐따ㄹ 라기	조상	Leluhur 를루후ㄹ

조금씩   Sedikit demi sedikit
스디낏 드미 스디낏

조금 있다가 다시 올게
    Sebentar lagi akan datang kembali
    스븐따ㄹ 라기 아깐 다땅 끔발리

조금 있으면 도착 할거야   Sebentar lagi akan tiba
       스븐따ㄹ 라기 아깐 띠바

조심해서 가   Hati-hati di jalan
       하띠 하띠 디 잘란

조용하군   Oh sunyi / Oh sepi
       오 순이 / 오 스삐

조성하다	membantu 믐반뚜	조직	Organisasi 오ㄹ가니사시
	menolong 므놀롱	조치	Tindakan 띤다깐
조심하다	Berhati-hati 브ㄹ하띠 하띠	조카	Keponakan 끄뽀나깐
조용하다	Sepi 스삐	조항	Pasal 빠살
	Sunyi 수니	조화(종이꽃)	Bunga buatan 뿡아 부아딴
조용한	Sepi 스삐	족(식용)	marga, Kaki 마ㄹ가, 까끼
	Sunyi 순이	존경하다	Mengagumi 믕아구미
조용히 해	Tolong diam 똘롱 디암	존재하다	Ada 아다

조절하다	Mengatur / Mengontrol 믕아뚜ㄹ / 믕온트롤
조정하다	mendayung sampan 믄다융삼빤
조합	Kombinasi / Gabungan 꼼비나시 / 가붕안
조화를 이루다	Harmonis / Selaras 하ㄹ모니ㅅ / 슬라라ㅅ

존중하다	Menghargai 믕하ㄹ가이	좀 심하네	Agak parah 아각 빠라ㅎ
졸리다	Mengantuk 믕안뚝	좁다	Sempit 슴삣
졸업하다	Lulus 룰루ㅅ	종(벨)	Bel 벨
좀 비슷한	sedikit mirip 스디낏 미맆?	종교	Agama 아가마

좀 참아   Tolong tahan dulu
똘롱 따한 둘루

졸업하고 바로 여기로 오다
Setelah lulus datang ke sini
스뜰라ㅎ 룰루ㅅ 다땅 끄 시니

좀 괜찮아졌어? Sudah tidak apa-apa? / Baikkan?
수다ㅎ 띠닥 아빠 아빠? / 바익깐?

좀 더 기다려 보자   Mari tunggu sebentar lagi
마리 뚱구 스븐따ㄹ 라기

좀 더 싼 것이 있어요?   Ada yang lebih murah?
아다 양 르비ㅎ 무라ㅎ?

좀 먹어 볼래요?   Makan dulu?
마깐 둘루?

좀 빨리 할 순 없나?   Tidak bisa lebih cepat?
띠닥 비싸 르비ㅎ 쯔빳?

종기	Tumor 뚜모ㄹ	좋다	Suka 쑤까
종류	Jenis 즈니ㅅ		Bagus 바구ㅅ
종이	Kertas 끄ㄹ따ㅅ	좋아하다	Bagus 바구ㅅ
종합	sintesis 신떼시ㅅ		Suka 수까

좀 있다가 봐
Sampai ketemu sebentar lagi
삼빠이 끄뜨무 스븐따ㄹ 라기

좀 있다가, 집에 바래다 주실래요?
Sebentar lagi,saya antar ke rumah ya?
스븐따ㄹ 라기 싸야 안따ㄹ 끄 루마ㅎ 야?

좀 작은 사이즈는 없나요?
Tidak ada ukuran yang lebih kecil?
띠닥 아다 우꾸란 양 르비ㅎ 끄찔?

좁은(마음)
Berpikiran sempit
브ㄹ삐끼란 슴삣

종업원(식당)
Pelayan restoran
쁠라얀 레스또란

좋기만 하네.(반박)
Cukup bagus
쭈꿉 바구ㅅ

좋아하는 물건
Barang yang disuka
바랑 양 디수까

좋아하지 않다	Tidak suka 띠닥 쑤까	좌회전하다	Belok kiri 벨록 끼리
좋은	Bagus 바구ㅅ	죄	Kejahatan 끄자하딴
	Baik 바익		Dosa 도사
좋은 소식	Berita baik 브리따 바익	죄 없는	Tidak bersalah 띠닥 브ㄹ살라ㅎ

좋아하는지 아닌지　　Apakah suka atau tidak
　　　　　　　　　아빠까ㅎ 수까 아따우 띠닥

좋아하셨으면 좋겠네요(선물주면서)
　　Kalau dia menyukainya itu baik sekali
　　깔라우 디아 므뉴까이냐 이뚜 바익 스깔리

좋은 결과를 얻다　　Menerima hasil yang baik
　　　　　　　　므느리마 하실 양 바익

좋은 날씨　　Cuaca yang baik
　　　　　쭈아짜 양 바익

좋은 성적을 거두다　　Mencapai nilai yang baik
　　　　　　　　　믄짜빠이 닐라이 양 바익

좌석번호는 몇 번 이예요?　Nomor kursinya berapa?
　　　　　　　　　　　노모ㄹ 꾸ㄹ씨냐 브라빠?

좌회전금지　　Dilarang belok kiri
　　　　　딜라랑 벨록 끼리

주(날짜)	Minggu 밍구	주름(얼굴)	Keriput 끄리뿟
주관(자아)	Sudut pandang 수둣 빤당	주말	Akhir pekan 이키ㄹ 빡 쁘깐
주근깨	Bintik(di muka) 빈띡(디 무까)	주말에	Di akhir pekan 디 키ㄹ 쁘깐
주기(시기)	Periode 쁘리오드	주머니	Kantung 깐뚱
주기적인	Berkala 브ㄹ깔라	주문하다	Memesan 므므싼
주다	Memberi 음브리	주민	Penduduk 쁜두둑

죄송합니다만, 이름을 알 수 있을 까요?
Maaf, boleh tahu namanya?
마앞, 볼레ㅎ 따후 나마냐?

주고받다   Memberi dan menerima
음브리 단 므느리마

주된   Menjadi yang utama
믄자디 양 우따마

주목하세요   Tolong perhatikan
똘롱 쁘ㄹ하띠깐

주민등록증   Kartu Tanda Penduduk(KTP)
까ㄹ뚜 딴다 쁜두둑(까떼뻬)

주방장	Koki 꼬끼	주유비	Biaya bensin 비아야 벤씬
주변	Sekitar 스끼따ㄹ	주의하다	Berhati-hati 브ㄹ하띠 하띠
주변에	Di sekitar 디 스끼따ㄹ	주인	Pemilik 쁘밀릭
주부	Ibu rumah tangga 이부 루마ㅎ 땅가	주장(축구)	Kapten 깝뗀
주사	Suntik 순띡	주전자	Teko 떼꼬
주소	Alamat 알라맛	주제	Topik 또삑
주시하다	memandang 므만당	주차장	Tempat parkir 뜸빳 빠ㄹ끼ㄹ
주식	Saham 사함	주차하다	Memarkir 므마ㄹ끼ㄹ
주어	pokok kalimat 뽀꼭 깔리맛	주체	Agen utama 아겐 우따마

주사는 필요 없어요　　　　Tidak perlu suntik
　　　　　　　　　　　　　띠닥 쁘ㄹ루 순띡

주석(대통령)　　Perdana menteri(Presiden)
　　　　　　　쁘ㄹ다나 믄뜨리(쁘레시덴)

주석을 달다　Menganotasi / Memberikan catatan
　　　　　　믕아노따씨 / 음브리깐 짜따딴

주택	Rumah 루마ㅎ	준비하다	Menyiapkan 믄이앞깐
죽다	Meninggal 므닝갈	줄	Barisan 바리싼
죽순	Rebung 르붕		Senar 스나ㄹ
죽음	Kematian 끄마띠안	줄서다	Mengantri 믕안뜨리
준결승	Semi final 스미 피날	줄이다	Berkurang 브ㄹ꾸랑

주의 깊게   Sangat berhati-hati
상앗 브ㄹ하띠 하띠

주인이 없으니까 서비스가 엉망이네
Servisnya tidak bagus karena pemiliknya tidak ada
스ㄹ비스냐 띠닥 바구스 까르나 쁘밀릭냐 띠닥 아다

줄(늘어선)   Barisan / Antrian
바리싼 / 안뜨리안

줄서세요   Silakan mengantri
씰라깐 믕안뜨리

중년을 지난   Melewati usia tengah baya
믈레와띠 우시아 뜽아ㅎ 바야

중소기업   Perusahaan kecil dan menengah
쁘루사하안 끄칠 단 므능아ㅎ

중국	Cina 찌나	중심 센터	Pusat 뿌삿
중국어	Bahasa Cina 바하싸 찌나		Tengah 뜽아ㅎ
중독되다	Keracunan 끄라쭈난	중앙	Pusat 뿌삿
중량	Berat 브랏		Tengah 뜽아ㅎ
중량초과	Melebihi berat 믈르비히 브랏	중요한	Penting 쁜띵
중병의	Sakit parah 사낏 빠라ㅎ	중죄	Kejahatan serius 끄자하딴 세리우ㅅ

중요하게 여기다   Menganggap penting
믕앙갑 쁜띵

중요하지 않다   Tidak penting
띠닥 쁜띵

중학교   Sekolah Menengah Pertama
스꼴라ㅎ 므능아ㅎ 쁘ㄹ따마

쥐(근육의 경련)   Kejang / Kram
끄장 / 끄람

즐거운 여행 하세요
Semoga perjalanannya menyenangkan
스모가 쁘ㄹ잘라난냐 믄예낭깐

중추절	festival, panen 페ㅅ띠발, 빠넨	즐기다	Menikmati 므닉마띠
쥐	Tikus 띠꾸ㅅ	증권	Saham 사함
쥐다	menggenggam 믕긍강	증명하다	Membuktikan 믐북띠깐
쥐띠	Tahun tikus 따훈 띠꾸ㅅ	증발시키다	Menguap 믕우압
쥐어박다	Memukul 므무꿀	증서	Sertifikat 세ㄹ띠피깟
즉시	Segera 스그라	증인	Saksi 삭시
즐거운	Menyenangkan 믄예낭깐	증정품	presentasi 쁘르센따시
즐겁다	Senang 스낭	증조부	buyut laki-laki 부윳 라끼-라끼

즐거웠어?	Apakah menyenangkan? 아빠까ㅎ 믄예낭깐?
즐겁기를 바랍니다	Semoga menyenangkan 스모가 믄예낭깐
증가하다	Naik / Meningkat 나익 / 므닝깟
증정하다	Memberikan hadiah / Menghadiahi 믐브리깐 하디아ㅎ / 믕하디아히

지갑	Dompet 돔뻿	지구	Bumi 부미
지겹네요	Membosankan 음보산깐	지금	Sekarang 스까랑

지구 온난화 현상　Fenomena pemanasan global
페노메나 쁘마나싼 글로발

지금 가는 길이예요
　　Sekarang sedang dalam perjalanan
　　스까랑 스당 달람 쁘ㄹ잘라난

지금까지 말한 적이 없다　Sampai sekarang tidak pernah mengungkapkan hal itu
삼빠이 스까랑 띠닥 쁘ㄹ나흐 믕웅깝깐 할 이뚜

지금 몇 시예요?　　　　Jam berapa sekarang?
잠 브라빠 스까랑?

지금 비와?　Apakah sekarang turun hujan?
아빠까ㅎ 쓰까랑 뚜룬 후잔?

지금 어디에 있어요?　　Sekarang ada dimana?
스까랑 아다 디마나?

지금은 알아 들으시겠어요?
　　Sekarang apakah sudah paham?
　　스까랑 아빠까ㅎ 수다ㅎ 빠함?

지금은 익숙해졌어요
　　Sekarang sudah(biasa / terbiasa)
　　스까랑 수다ㅎ(비아사 / 뜨ㄹ비아사)

314

| 지금 말고 | Tidak sekarang
띠닥 스까랑 | 지능 | Kecerdasan
끄쯔ㄹ다산 |
|---|---|---|---|
| 지금 바로 | Sekarang juga
쓰까랑 주가 | 지다 | Kalah
깔라ㅎ |
| 지나가다 | Melewati
믈레와띠 | 지도(지리) | Peta(geografi)
쁘따(게오그라피) |
| 지나간 | Terlewat
뜨ㄹ레왓 | 지루한 | Membosankan
음보산깐 |
| 지난달 | Bulan lalu
불란 랄루 | 지루해요 | Bosan
보산 |
| 지난주 | Minggu lalu
밍구 랄루 | 지름길 | Jalan pintas
잘란 삔따ㅅ |

지금은 통화 중이예요
Sekarang sedang berbicara di telepon
스까랑 스당 브ㄹ비짜라 디 뜰레뽄

지금은 편하지 않아 내가 나중에 다시 전화할게
Apabila sekarang waktunya tidak tepat nanti saya telepon kembali
아빠빌라 스까랑 왁뚜냐 띠닥 뜨빳 난띠 사야 뜰레뽄 끔발리

지금 제가 일이 좀 있어서요
Sekarang saya sedang ada pekerjaan
스까랑 사야 스당 아다 쁘끄ㄹ자안

지금 필요해 Saya perlu sekarang
사야 쁘ㄹ루 쓰까랑

지리	Geografi 게오그라피	지불하다	Membayar 음바야르
지명하다	Mencalonkan 믄짤론깐	지붕	Atap 아땊
지방	Area 아레아	지수	Indeks 인덱ㅅ
	Provinsi 프로핀시	지시	Perintah 쁘린따ㅎ
	Lemak 르막	지식	Pengetahuan 쁭으따후안

지금 회사를 운영하고 있다
Sekarang mengelola perusahaan
스까랑 믕을롤라 쁘루사하안

지나서 / 이십분이 지나서
Lewat / Sudah lewat 50 menit
레왓 / 수다ㅎ 레왓 리마 뿔루ㅎ 므닛

지나치다
Melewati(tempat) / Keterlaluan(kata-kata)
믈레와띠(뜸빳) / 끄뜨ㄹ랄루안(까따 까따)

지난번 일에 대해 안타깝게 생각해
Saya pikir pekerjaan lalu
(tersayangkan / kurang baik)
사야 삐끼ㄹ 쁘끄ㄹ자안 랄루(뜨ㄹ사양깐 / 꾸랑 바익)

지역	Area 아레아	지점	Cabang 짜방
	Wilayah 윌라야ㅎ		Titik 띠띡
지우개	Penghapus 뻥하뿌ㅅ	지정하다	Menunjuk 므누죽
지원	Dukungan 두꿍안	지지하다	lambat 람밧

지난 한 해 동안 수고 많으셨습니다
Selama ini sudah bekerja keras
슬라마 이니 수다ㅎ 브끄르자 끄라ㅅ

지다(해)
Terbenam(matahari)
뜨르브남(마따하리)

지름길을 알아
Tahu jalan pintas
따후 잘란 삔따ㅅ

지방자치단체
Pemerintah daerah
쁘므린따ㅎ 다에라ㅎ

지사제
Obat sakit perut(mencret)
오밧 사낏 쁘룻(멘쯔렛)

지저분한
Kotor / Berantakan / Kacau / Tidak bersih
꼬또ㄹ / 브란딱깐안 / 까짜우 / 띠닥 브르씨ㅎ

지적인
Intelektual / Cerdas
인뗄렉뚜알 / 쯔르다ㅅ

지진	Gempa bumi 금빠 부미	직속	Majikan 마지깐
지탱하다	Menopang 므노빵		atasan 아따산
지형	Topografi 또뽀그라피	직업	Pekerjaan 쁘끄ㄹ자안
직무	Tugas 뚜가ㅅ	직원	Pegawai 쁘가와이
	Pekerjaan 쁘끄ㄹ자안	직접	Secara langsung 스짜라 랑숭

지키다   Menjaga / Melindungi
             믄자가 / 믈린둥이

지하땅굴   Terowongan bawah tanah
             뜨로웡안 바와ㅎ 따나ㅎ

지휘하다   Mengarahkan / Memimpin
             믕아라ㅎ깐 / 므밈삔

직장(일터)   Kantor(Tempat kerja)
             깐또ㄹ(뜸빳 끄ㄹ자)

직장은 오페라하우스 근처에요

Tempat kerjanya berada di dekat Opera House
뜸빳 끄ㄹ자냐 브ㄹ아다 디 드깟 오쁘라 하우ㅅ

직접 건네주다   Memberikan secara langsung
             음브리깐 스짜라 랑쑹

직진하다	Lurus 루루ㅅ	진정하라고	Menenangkan 므느낭깐
진공펌프	Pompa vakum 뽐빠 바꿈	진찰실	Kamar periksa 까마ㄹ 쁘릭사
진드기	Kutu 꾸뚜	진한(맛, 색)	Kuat 꾸앗
진료기록	Catatan medis 짜따딴 메디ㅅ		Gelap 글랖

직접 눈으로　　　　　Melihat secara langsung
　　　　　　　　　　믈리핫 스짜라 랑숭

직접 그렇게 말하진 않았지만
　　Tidak berbicara secara langsung, akan tetapi
　　띠닥 브르비차라 쓰차라 랑쑹, 아깐 뜨따삐

직접 묻지 않다　　　Tidak bertanya langsung
　　　　　　　　　　띠닥 브르따냐 랑숭

진공청소기　　Penyedot debu(Vacuum cleaner)
　　　　　　　쁜예돗 드부

진료접수하다　　Menerima perawatan medis
　　　　　　　므느리마 쁘라와딴 메디ㅅ

진보하다　　Memajukan / Meningkatkan
　　　　　　므마주깐 / 므닝깟깐

진실을 말하다　Mengatakan yang sebenarnya
　　　　　　　　믕아따깐 양 스브나르냐

한국어	Indonesia	한국어	Indonesia
진행하다	Berlangsung 브ㄹ랑숭	질문	Pertanyaan 쁘ㄹ딴나안
진흙	Lumpur 룸뿌ㄹ	질문하다	Bertanya 브ㄹ딴야

진실을 말 할거야
Saya akan mengatakan yang sebenarnya
사야 아깐 등아따깐 양 스브나ㄹ냐

진입금지
Dilarang masuk
딜라랑 마숙

진짜 바보 같네
Seperti orang bodoh saja
스쁘ㄹ띠 오랑 보도ㅎ 사자

진찰하다
Memeriksa(Penyakit)
므므릭사(쁜야낏)

진통제
Obat penghilang rasa sakit
오밧 쁭힐랑 라사 사깃

진화하다
Evolusi(Berevolusi)
에볼루씨(브ㄹ에볼루씨)

짐은 어떻게 보내요?
Barangnya mau dikirim bagaimana?
바랑냐 마우 디끼림 바가이마나?

짐작
Kira-kira(Mengira-ngira)
끼라 끼라(믕이라-이라)

Tebak(Menebak) / Sangka(Menyangka)
뜨박(므느박) / 상까(믄양까)

질리지 않아	Tidak bosan 띠닥 보산	집	Rumah 루마ㅎ
질투하다	Cemburu 쯤부루	집(단층)	Rumah 루마ㅎ
짐	Beban 브반	집부터	Dari rumah 다리 루마ㅎ
	Bagasi 바가시	집주인	Tuan rumah 뚜안 루마ㅎ

짐작하기에	Karena sudah saya perkirakan 까르나 수다ㅎ 사야 쁘ㄹ끼라깐
집근처 수퍼마켓	Supermarket di dekat rumah 수쁘ㄹ마ㄹ껫 디 드깟 루마ㅎ
집근처에	(Di dekat / di sekitar) rumah (디 드깟 / 디 스끼따ㄹ) 루마ㅎ
집까지 걷다	Jalan kaki sampai rumah 잘란 까끼 삼빠이 루마ㅎ
집밖을 나가지 않다	Tidak keluar rumah 띠닥 끌루아ㄹ 루마ㅎ
집 생각이 나시죠?	Terpikir soal rumah ya? 뜨ㄹ삐끼ㄹ 소알 루마ㅎ 야?
집에 놀러와	Silakan main ke rumah 실라깐 마인 끄 루마ㅎ
집에 두었다	Diletakkan di rumah 딜르딱깐 디 루마ㅎ

ㅈ

집중하다	Berkonsentrasi 브ㄹ꼰센뜨라시	짜증나다	menjengkelkan 믄젱껠깐
집회	Rapat umum 라빳 우뭄	짠(맛)	Asin 아신
집행하다	Melaksanakan 믈락싸나깐	짧은	Pendek 뻰덱
징후(병)	Gejala penyakit 그잘라 쁘냐낏	짧은 머리	Rambut pendek 람붓 뻰덱
짜다(직물)	Menenun 므느눈	쫓다	Kejar(Mengejar) 끄자ㄹ(믕으자ㄹ)

집에서 가까운   Dekat dengan rumah
드깟 등안 루마ㅎ

집으로 곧장 가다   Pergi langsung ke rumah
쁘ㄹ기 랑숭 끄 루마ㅎ

집은 어디예요?   Di mana rumahnya?
디 마나 루마ㅎ냐?

집 주소 알려 줄 수 있어요?
    Boleh tahu alamat rumahnya?
볼레ㅎ 따후 알라맛 루마ㅎ냐?

집주인에게 연락해서 약속 좀 잡아줘.
    Tolong hubungi tuan rumah
    untuk membuat janji
똘롱 후붕이 뚜안 루마ㅎ 운둑 믐부앗 잔지

찌르다	Merobek	찢어지다	Robek
	므로벡		로벡

집주인에게 항의하러 전화했다
    Menelepon tuan rumah untuk mengeluh
        므늘레뽄 뚜안 루마ㅎ 운뚝 믕을루ㅎ

집중하세요　　　　Tolong(konsentrasi / fokus)
　　　　　　　　　똘롱(꼰쎈뜨라씨 / 포꾸ㅅ)

집중할 수 없어요　　Tidak bisa berkonsentrasi
　　　　　　　　　띠닥 비싸 브ㄹ꼰쎈뜨라씨

집집마다 집 스타일이 똑같아서 놀랐어
    Terkejut melihat setiap rumah
    mempunyai model yang sama
    뜨ㄹ꼬줏 믈리핫 쓰띠압 루마ㅎ 믐뿐야이 모델 양 싸마

짧게 자르다 쭉 가세요 꺾지 마시고요
    Kalau mau lewat jalan pintas,
  silakan jalan lurus saja jangan belok
    깔라우 마우 레왓 잘란 삔따ㅅ
    실라깐 잘란 루루ㅅ 사자 장안 벨록

쭉 보다　　　Terus melihat(memperhatikan)
　　　　　　뜨루ㅅ 믈리핫(믐쁘ㄹ하띠깐)

한국어	인도네시아어	발음
차(교통)	Mobil	모빌
차(음료)	Teh	떼ㅎ
차고	Garasi	가라시
차다	Penuh / tendang	쁘눙 / 뜬당
차례(행사)	Giliran	길리란
차별하다	Membedakan	음베다깐
차이	Perbedaan	쁘ㄹ베다안
착륙하다	Mendarat	믄다랏

차례대로 — Sesuai giliran / urutan
스수아이 길리란 / 우루딴

차를 꼭 갈아타야 하나요? — Apakah harus transit kereta?
아파깡 하루ㅅ 트란싯 끄레타?

차를 끓이다 — Menyeduh teh
메녜둡떼ㅎ

차를 운전하다 — Mengendarai mobil
믕은다라이 모빌

차마 볼 수 없다 — Tidak tahan / Tidak bisa menahan
띠닥 따한 / 띠닥 비사 므나한

차에서 내리다 — Turun dari mobil
뚜룬 다리 모빌

한국어	인도네시아어
착한	Baik 바익
찬란한	Gemilang 그밀랑
	Cemerlang 츠므를랑
차용하다	Pinjam(Meminjamkan) 삔잠(므민잠깐)
차(음료) 준비 됐나요?	Apakah tehnya sudah siap? 아빠까ㅎ 뗑냐 수닿 시압?
차지하다	menempati, menduduki 므늠빠띠, 믄두두끼
	Duduk(menduduki peringkat pertama) 두둑(믄두두끼 쁘링깟 쁘르따마)
찬성하다	Setuju(Menyetujui) 스뚜주(믄예쭈주이)
찬성할 것이다	Akan menyetujui 아깐 므녜뚜주이
찰떡궁합 커플	Pasangan serasi 빠상안 스라시
참고하다	Referensi / Mengacu 레페렌시 / 믕아쭈
참기 어려운	Susah untuk bertahan 수샇 운뚝 쁘르딴한
참가하다	Berpartisipasi 브ㄹ빠르띠시빠시
	Ikut serta 이꿋 스르따
참다	Tahan(menahan) 따한(므나한)

325

참여하다	Ikut serta 이꿋 스르따	창조하다	Menciptakan 믄찝따깐
	Berpartisipasi 브ㄹ빠르티시빠시		Membuat 음부앗
찹쌀	Ketan 끄딴	창피한	Memalukan 음말루깐
창문	Jendela 즌델라	찾아내다	Menemukan 므느무깐
창백하다	Pucat 뿌짯	찾을 수 있다	Bisa mencari 비사 믄짜리

창구 / 2번창구　　Konter, Kasir / Konter 2
　　　　　　　　콘뜨ㄹ, 까시ㄹ / 콘뜨ㄹ 2

창문 닫아 주세요　Tolong tutup jendela
　　　　　　　　똘롱 뚜뚭 즌델라

창문을 열다　　　Membuka jendela
　　　　　　　　음부까 즌델라

찾다 / 잘 찾아 보세요.
　　Cari(mencari) / Coba cari dengan teliti
　　짜리(믄차리) / 쪼바 짜리 등안 뜰리띠

찾아보려고(시험삼아)　Mencoba menemukan
　　　　　　　　　　　믄쪼바 므느무깐

찾아볼 게　　　　Saya akan coba carikan
　　　　　　　　사야 아깐 쪼바 짜리깐

채가다	Merebut 므르붓	채소	sayur-sayuran 사유ㄹ-사유란
	Merampas 므람빠ㅅ	책	Buku 부꾸
채권	Obligasi 옵블리가시	책꽂이	Rak buku 락 부꾸
	tagihan, piutang 따기한, 삐우땅	책상	Meja 메자

찾지 못하다	Tidak bisa menemukan 띠닥 비사 므느무깐
채식하다	(Menjadi) vegetarian (믄자디) 페게따리안
책과 신문	Buku dan koran 부꾸 단 코란
책 사다 주실 수 있으세요?	Bisa tolong belikan buku untuk saya? 비사 똘롱 블리깐 부꾸 운뚝 사야?
책임감	Rasa tanggung jawab 라사 땅궁 자왑
책임지다	Bertanggung jawab 브르땅궁 자왑
책잡다	mencari kesalahan / Menyalahkan 믄짜리끄살라한 / 므날랑깐

ㅊ

책임자	Penanggung jawab 쁘낭궁 자왑	처음으로	Pertama kali 쁘르타마 깔리
챔피언	Pemenang 쁘믄낭	천(숫자)	Ribu(Seribu) 리부(스리부)
~처럼 생긴	Tampak seperti 땀빡 스쁘르띠	천둥	Petir, Guntur, kilat 쁘티르, 군뚜ㄹ, 낄랏
처리하다	Mengurus 믕우루ㅅ	천만에요	Sama-sama 사마-사마
	Mengolah 믕올랑	천연재료	Bahan alami 바한 알라미
처방전	Resep(Obat) 르셒(오밧)	천장	Langit-langit 랑잇-랑잇
처음부터	Dari awal 다리 아왈	천정팬	Langit-langit 랑잇-랑잇

책좀 빌려 줘
　　Tolong pinjamkan buku(kepada saya)
　　똘롱 삔잠깐 부꾸(끄파다 사야)

처신하다　Tingkah laku / perilaku(Berperilaku)
　　띵까ㅎ 라꾸 / 쁘릴라꾸(브르프릴라꾸)

처음 몽골에 왔을 때는
　　Saat pertama kali datang ke Mongolia
　　사앗 쁘르따마 깔리 다땅 크 몽올리아

처음부터 끝까지　　Dari awal sampai akhir
　　다리 아왈 삼빠이 아키ㄹ

천천히	Pelan-pelan 쁠란-쁠란	청년시절	Masa muda 마사 무다
철(금속)	Besi 브시	청량음료	Minuman ringan 미누만 링안
철도	Jalan kereta api 잘란 크레따 아삐	청바지	Celana jeans 쯜라나 진ㅅ
첩	Selir 슬리ㄹ	청하다	Pinta(Meminta) 삔따(므민따)
첫번째	Pertama 쁘르따마	체계	Sistem 시스뜸
첫사랑	Cinta pertama 찐따 쁘르따마	체력	Stamina 스따미나
청년단	Pramuka 쁘라무까		Daya tahan tubuh 다야 따한 뚜붕

천천히 말씀해 주세요   Tolong bicara pelan-pelan
똘롱 비짜라 쁠란-쁠란

철도역   Stasiun kereta api
스따시운 끄레따 아삐

첫사랑은 이루어지지 않는다
Cinta pertama tidak akan tercapai
찐따 쁘ㄹ따마 띠닥 아깐 뜨르짜빠이

청소하다   Bersih-bersih(membersihkan)
브르싱-브르싱(므ㅇ브시ㅎ깐)

체스	Catur 짜뚜르	초과하다	Melebihi 믈르비히
체육	Pendidikan jasmani 쁜디디깐 자스마니		Melampaui 믈람빠우이
체제	Sistem 시스뜸	초대장	Undangan 운당안
체중계	Timbangan 띰방안	초등학교	Sekolah dasar 스꼴랑 다사르
체크무늬의	Belang-belang 블랑-블랑	초록색	Warna hijau 와르나 히자우
체하다	Berlagak 브를라각	초목	Tanaman dan pohon 따나만 단 뽀혼
초(시간)	detik 드띡	초안	konsep, rancangan 꼰셉, 란짱안

청소할 사람을 찾아 놨어요

Mencari orang untuk bersih-bersih
믄짜리 오랑 운뚝 브르싷-브르싷

체온을 재봅시다

Coba ukur suhunya
쪼바 우꾸르 수후냐

초대

Undang(mengundang)
운당(믕운당)

초대장이 있어요.

Saya punya undangan
사야 뿐야 운당안

한국어	인도네시아어	발음
초인종	Bel	벨
촉진하다	Mempercepat	음쁘ㄹ쯔빳
	mempromosikan	음쁘로모시깐
총	Pistol	삐스똘
총자본	Modal total	모달 또딸
총탄	Peluru	쁠루루
총합계	Jumlah total	주믈랑 또딸
최고기온	Suhu maksimum	수후 막시뭄
최근	Belakangan	블라깡안
최대	Maksimum	막시뭄
최선	Terbaik	뜨르바익
최소	Batal	바딸
최신	Terbaru	뜨르바루
최저기온	Suhu terendah	수후 뜨른닿
최종점수	Nilai akhir	닐라이 아키ㄹ
최초	Pertama	쁘ㄹ따마

초상(얼굴)   Gambar orang(wajah)
감바ㄹ 오랑(와장)

최선을 다해   berusaha sebaik-baiknya
브루사하 스바익-바익냐

최선을 다해 도와 드릴게요
Saya akan membantu sekuat tenaga
사야 아깐 음반뚜 스꾸앗 뜨나가

최후	Terakhir 뜨ㄹ아키ㄹ	추억	Kenangan 끄낭안
추상적인	Abstrak 압스뜨락	추운	Dingin 딩인
추석	Chuseok 추석	추워지다	menjadi dingin 믄자디 딩인

추가하다　　　　　　　　　　　Tambah(menambah)
　　　　　　　　　　　　　　　　　땀밯(므남밯)

추석까지 있으실 건가요?　　Kamu mau di sini
　sampai thanks giving day(hari panen)?
　　까무 마우 디시니 삼빠이 땡스기빙데이(하리 빠넨)?

추측할 수 없어요　Aku tidak bisa memperkirakan
　　　　　　　　　　아꾸 띠닥 비사 믐쁘ㄹ끼라깐

축구경기　　　　　　　　　　Pertandingan sepak bola
　　　　　　　　　　　　　　　쁘ㄹ딴딩안 세빡 볼라

축구경기를 하다
　　　　　　　Bermain pertandingan sepak bola
　　　　　　　브ㄹ마인 쁘ㄹ딴딩안 세빡 볼라

축구보고 있나 봐.
　Sepertinya(dia) sedang menonton sepak bola
　　　스쁘ㄹ띠냐(디아) 스당 므논똔 세빡 볼라

축구라면 아주 미치지!
　Kalau masalah sepak bola, benar-benar gila
　　깔라우 마살랗 세빡 볼라, 브나ㄹ-브나ㄹ 길라

추첨	Lotre 롯뜨레	축축한	Basah 바샤
추측하다	Terka(menerka) 뜨르까(므느르까)		Lembap 름밮
축구	Sepak bola 세빡 볼라	축하하다	Selamat 슬라맛
축구선수	Atlit sepak bola 앗뜰릿 세빡 볼라	축하해	Selamat 슬라맛
축구팀	Tim sepak bola 띰 세빡 볼라	축하해요	Selamat 슬라맛
축제	Festival 페스티팔	출구	Pintu keluar 삔뚜 끌루아르

축구장   Lapangan sepak bola
                     라빵안 세빡 볼라

축제일   Libur(umum) nasional
                     리부르 우뭄 나시오날

출근시간   Jam berangkat kerja
                     잠 브랑깟 끄르자

출근할 시간이 되었다
         Tiba saatnya untuk berangkat kerja
             띠바 사앗냐 운뚝 브랑깟 끄르자

출생증명서   Sertifikat kelahiran
                     스르띠피깟 끌라히란

출발	Berangkat 브랑깟	춤을 잘추다	Mahir menari 미히ㄹ 므나리
출발점	Titik tolak 띠딕 똘락	춤추다	Menari 므나리
출발하다	Berangkat 브랑깟	충고	Nasihat 나시핫
출입국	Imigrasi 이미그라시	충고하다	Memberi nasihat 음브리 나시핫
출현하다	Tampil 땀삘	충분하다	Cukup 쭈꿉
출판사	Penerbit 쁘느ㄹ빗	충분한	Cukup 쭈꿉

출입국을 하기 위해서는 어떤 수속을 해야 하나요?
Untuk pergi ke luar negeri prosedur apa yang harus dilalui ?
운뚝 쁘ㄹ기 끄 루아ㄹ 느그리 쁘로스두ㄹ 아빠 양 하루ㅅ 딜랄루이?

출장가다	Pergi bisnis trip 쁘ㄹ기 브스니스뜨맆
충분하지 못한	Tidak bisa mencukupi 띠닥 비사 믄쭈꾸삐
충전하다	Isi ulang(mengisi ulang) 이시 울랑(믕이시 울랑)

충성	Kesetiaan 끄스띠아안	치마	Rok 록
	Loyalitas 로얄리따ㅅ	치약	Pasta gigi 빠ㅅ따 기기
취미	Hobi / Kegemaran 호비 / 끄그마란	친구	Teman 뜨만
취하다	Mabuk 마북		Sahabat 사하밧
취했어	Mabuk 마북	친근한	Akrab 아끄랍
층	Lantai 란따이	친동생	Saudara akrab 사우다라 아크랍
	Tingkat 띵깟	친밀한	Intim 인띰
	Lapis 라삐ㅅ		Dekat 드깟
치료하다	Mengobati 믕오바띠		Akrab 아크랍

치료학요법(의학)   Terapi pengobatan
          뜨라삐 쁭오바딴

친구가 되다   Menjadi teman / Menjadi sahabat
          믄자디 뜸만 / 믄자디 사하밧

친구집에 가려고요   Mau pergi ke rumah teman
              미우 쁘ㄹ기 끄 루맣 뜸만

ㅊ

친선	Pertemanan 쁘ㄹ뜸안안	친한 친구	Teman dekat 뜸안 드깟
	Persahabatan 쁘ㄹ사하바딴		Teman akrab 뜸안 아크랍
친애하는	Cinta(cintai) 찐따(친따이)		Sahabat karib 사하밧 까립
친절한	Ramah 라맣	친할아버지	Kakek 까껙
친척	Kerabat 끄라밧	친해지다	Menjadi akrab 믄자디 아끄랍
친하다	Intim 인띰	칠(미술)	Cat(lukis) 짯(루끼ㅅ)
	Akrab 아끄랍	칠(숫자)	Tujuh(Angka) 뚜줗(앙까)

친절한 환대에 감사합니다
    Terima kasih atas sambutan yang hangat
       뜨리마 까싷 아따ㅅ 삼부딴 양 항앗

친척을 방문하다   Mengunjungi kerabat
       믕운중이 끄라밧

친한 사람   Orang yang akrab / Orang yang dekat
       오랑 양 아크랍 / 오랑 양 드깟

칠판 지우개   Penghapus papan tulis
       쁭하뿌ㅅ 빠빤 뚤리ㅅ

칠십	Tujuh puluh 뚜줗 뿔룽	침술	Akupunktur 아꾸뿐뚜ㄹ
칠월	Bulan Juli 불란 줄리	침실	Ruang tidur 루앙 띠두ㄹ
칠판	Papan tulis 빠빤 뚤리ㅅ	침울한	Murung 무룽
칠하다	Warna(mewarnai) 와르나(므와르나이)		Muram 무람
침대	Ranjang 란장	침착한	Tenang dan sabar 뜨낭 단 사바ㄹ
침대시트	Seprai 스쁘라이	칫솔	Kelontong 끌론똥
침략하다	menyerang 믄예랑	칭찬하다	Puji(memuji) 뿌지(므무지)
	Serbu(menyerbu) 스ㄹ부(므녜ㄹ부)		

ㅊ

ㅋ

카드(게임)	Kartu 까ㄹ뚜
카메라	Kamera 까메라
카세트	Kaset 까셋
카탈로그	Katalog 까딸록
칵테일	Cocktail 컥떼일
칼	Pisau 삐사우
칼라사진	Foto berwarna 포또 블와ㄹ나
캐나다	Kanada 까나다

카드를 섞다 Mencampur kartu
믄짬뿌ㄹ 까ㄹ뚜

카드(신용카드)를 정지시키다
Mensuspensikan kartu kredit
믄수ㅅ쁜시깐 까ㄹ뚜 끄레딧

카드를 치다 Mengocok kartu
믕오쪽 까ㄹ뚜

카드 충전해 주세요(핸드폰) Tolong isikan pulsa
똘롱 이시깐 뿔사

카탈로그를 보여 주세요.
Tolong perlihatkan katalognya
똘롱 쁘ㄹ리핫깐 까딸록냐

캐묻다 Interogasi(menginterogasi)
인뜨로가시(믕인뜨로가시)

캔맥주	bir kaleng 빌 깔렝	커플	Pasangan 빠상안
캠퍼스(학용품)	Kampus 깜뿌ㅅ	커피	Kopi 꼬삐
커서(전산)	Kursor 꾸ㄹ소ㄹ	컴퓨터	Komputer 컴뷰뜨ㄹ
커튼	Gorden 거ㄹ덴	컵	Gelas 글라스

캔/맥주 3캔　　　　　　　　　　　Kaleng / Bir 3 kaleng
　　　　　　　　　　　　　　　　　깔렝 / 비ㄹ 3깔렝

커피가 진해요　　　　　　　　　　Kopinya kental
　　　　　　　　　　　　　　　　　꼬삐냐 끈딸

커피를 컴퓨터에 쏟았어
　　　　　　　　　　Kopi tumpah ke atas komputer
　　　　　　　　　　꼬삐냐 뚬빠ㅎ 끄 아따ㅅ 컴푸뜨ㄹ

커피 준거 고마워　　　Terima kasih atas kopinya
　　　　　　　　　　　쯔리마까싫 아따ㅅ 꼬피냐

커피 탔어요?　　　　　　　　　　Menyeduh kopi?
　　　　　　　　　　　　　　　　　므녜듚 꼬피?

컴퓨터가 너무 느리다　Komputernya sangat lambat
　　　　　　　　　　　컴푸뜨ㄹ냐 상앗 람밧

컴퓨터가 이상해　　　　　　　　　Komputernya aneh /
　　　　　　　　　　　Komputernya bermasalah
　　　　컴뿌뜨ㄹ냐 아넿 / 컴뿌뜨ㄹ냐 브ㄹ마사라ㅎ

컵라면	Mie gelas 미 글라ㅅ	켤레/운동화 1켤레	Pasang 빠상
케이크	Kue 꾸에	코를 골다	Mengorok 릉오록
켜다(기계)	Menyalakan 므냘라깐	코트	Mantel 만뗄
코	Hidung 히둥	콘돔	Kondom 꼰동
코끼리	Gajah 가좌	콜라	coca-cola 커카컬라

컴퓨터공학(전산)	Teknik Komputer 떼끄닉 컴뿌뜨ㄹ
컴퓨터로 놀다(게임등)	Bermain dengan komputer 브ㄹ마인 컴뿌뜨ㄹ
컬러프린터기	Printer berwarna 쁘린트ㄹ 블와르나
코가 막히다	Hidung mampat 히둥 맘빳
코가 헐다	hidung bengkak 히둥 븡깍
코고는 소리	Suara mengorok 수아라 릉오록
코를 풀다	membuang ingus 음부앙 잉우ㅅ

콧물이 나다	Ingusan 잉우산		클럽	Klub 끌랍
콧수염	Kumis 꾸미ㅅ		클립	Klip 끌맆
크기	Ukuran 우꾸란		키보드	Keyboard 키보ㄷ
크다	Besar 브사ㄹ			Papan ketik 빠빤 끄띡
크리스천	Kristen 끄리ㅅ뜬		키스하다	Mencium 믄찌움

크게 말하다　　　　　　Berbicara dengan keras
　　　　　　　　　　　브ㄹ비차라 등안 끄라ㅅ

크게 말씀하세요　Silahkan berbicara dengan keras
　　　　　　　　실랗깐 브ㄹ비짜라 등안 끄라ㅅ

큰길에서　　　　　　　　Di jalan yang besar
　　　　　　　　　　　　디 잘란 양 브사ㄹ

큰 목소리로　　　　　Dengan suara yang keras
　　　　　　　　　　등안 수아라 양 끄라ㅅ

큰소리로 환호하다　　　　Bersorak kencang
　　　　　　　　　　　　브ㄹ소락 끈짱

키가 보통이다　　　　Tinggi badannya biasa saja
　　　　　　　　　　띵기 바단냐 비아사 사자

킬로미터	Kilometer 낄로메뜨ㄹ	키친타월	Lap dapur 랖 다뿌ㄹ

키가 어떻게 되세요
  Berapakah tinggi badan(anda)?
  브라빠 띵기 바단 안다?

키가 작다 Tinggi badan(nya) pendek
  띵기 바단냐 뻰덱

키가 크다 Tinggi badan(nya) tinggi
  띵기 바단냐 띵기

ㅌ

타다(불에)	Terbakar 뜨르바까르
타다	Menaiki 므나이끼
	Menunggangi 므눙강이
타당하다	Patut 빠뜻
	masuk akal 마숙 아깔
타이어	Ban 반
타이틀	Gelar 글라르
타이핑하다	Mengetik 믕으띡
타진하다	Memeriksa(penyakit) 므므릭사(쁘야깃)
	Mengeluarkan(pendapat) 믕을루아르깐(쁘다빳)
탄내가 나다	Bau angus 바우 앙우ㅅ
탄밥, 누룽지	Kerak nasi 끄락 나시
타조	Burung onta 부룽 운따
탁구	Tenis meja 떼니ㅅ 메자
탁월한	Unggul 웅굴
탈출하다	Kabur 까부ㄹ
	Melarikan diri 믈라리깐 디리
탑(건축)	Tower 또우으ㄹ
	Menara 므나라
태국	Thailand 따일란

한국어	Indonesia	한국어	Indonesia
태권도	Taekwondo 떽권도	택시	Taksi 딱시
태극기	Bendera Korea 븐데라 꼬레아	턱	Dagu 다구
태도	Sikap 시깝	턱수염	Janggut 장굿
	Perilaku 쁘릴라꾸	테니스	Tenis 떼니ㅅ
태양	Matahari 마따하리	테마	Tema 떼마
태어나다	Terlahir 뜨를라히ㄹ	테스트하다	Bermain tenis 브ㄹ마인 떼니ㅅ
태연하게	Dengan tenang 둥안 뜨낭	테이블	Meja 메자
태풍	Angin topan 앙인 또빤	토끼	Kelinci 꿀리찌

탑승시간 Waktu menumpang
왁뚜 메눔빵

텔레비전 볼륨좀 줄여 주세요

Tolong kecilkan volume televisi
똘롱 끄찔깐 볼루므 뗄레비시

텔레비전을 보고 있어요 Sedang menonton televisi
스당 므논똔 뗄레피시

토라지다	Marah 마랗	톤(무게)	Ton 떤
	Ngambek ㅇ암븍	통	Tong 떵
토론하다	Debat 드밧		Penampung 쁘남뿡
	Diskusi 디ㅅ꾸시	통상(보통)	Biasanya 비아사냐
토마토	Tomat 또맛	통신원	Koresponden 꼬레ㅅ뽄덴
토요일	Sabtu 삽뚜	통역(사람)	Penerjemah 쁘느ㄹ즈맣

텔레비전을 보면서 Sambil menonton televisi
삼빌 므논똔 뗄리피시

텔레비전 좀 보게 가만히 있어요
aku sedang menonton televise, tolong diam
아꾸 스당 므논똔 뗄레비시, 똘롱 디암

테이프 Tape(pemutar kaset)
띱(쁘무따 까셋)

토의하다
Bahas(membahas) / Diskusi(mendiskusikan)
바하ㅅ(음바하ㅅ) / 디ㅅ꾸시(믄디ㅅ꾸시깐)

통계(상)의 (Menurut) statistik
(므누룻) 스따띠ㅅ떡

통역하다	Menerjemahkan 므느르즈맣깐	투명한	Transparan 뜨란빠란
통일하다	Bersatu 브르사뚜		Bening 브닝
통통하다	montok, Sintal 몬똑, 신딸	투어하다	Melakukan tour 믈라꾸깐 뚜ㄹ
퇴근시간	Jam pulang kerja 잠 뿔랑 끄르자	투자자	Investor 인페ㅅ떠ㄹ

통과하다 Melewati(jalan)
믈레와띠(잘란)

Lulus(Ujian / interview)
룰루ㅅ(우지안 / 인뜨ㄹ피우)

통관 Hukum ekspor dan impor
후꿈 엑ㅅ뽀ㄹ 단 임뽀ㄹ

통관하다 Masuk(ekspor impor)
마숙(엑ㅅ뽀ㄹ 단 임뽀ㄹ)

통속 adat istiadat yang umum
아닷이ㅅ띠아닷양우뭄

통화중이다 Sedang berbicara di telepon
스당 브ㄹ비짜라 디 뜰르뽄

투명한 파랑색 우비

Mantel hujan yang biru dan tansparan
만뗄 후잔 양 비루 단 뜨란ㅅ빠란

투자하다	Berinvestasi 블인뻬ㅅ따시	트윈룸	twin room 뛴 룸
투쟁하다	Berjuang 브르주앙	특별한	Istimewa 이ㅅ띠메와
	Memperjuangkan 음프ㄹ주앙깐	특산품	Produk spesial 쁘로둑 스페시알
투창	Lempar lembing 렘파ㄹ 름빙	특징	keistimewaan 끄이ㅅ띠메와안
튀기다	Menggoreng 믕고렝	틀니	Gigi palsu 기기 빨수

투자법(법률)   Hukum Investasi
후꿈 인페ㅅ따시

투자액   Jumlah dana investasi
주믈랑 다나 인베ㅅ따시

투표하다   Memilih(Pemilu)
므밀맅

특별히 그녀를 좋아하는 것도 아니야
(pun) tidak menyukai dia secara khusus
(뿐) 띠닥 므뉴까이 디아 스짜라 쿠수ㅅ

특별히 준비해 두다   Menyiapkan secara khusus
므니앞깐 스짜라 쿠수ㅅ

특수성   Karakteristik(sifat) yang berbeda
까락뜨ㄹ(시팟) 양 브ㄹ베다

틀렸어	Salah 상앗	티켓		Tiket 띠껫
틀린	Salah 살랑	팀/두팀		Tim / dua tim 띰 / 두아 띰
티슈	Tisu 띠수	팁		Tip 띰

틀니를 맞추다   Memasang gigi palsu
                        므마상 기기 빨수

팀/우승팀   Tim / Tim pemenang
                      띰 / 띰 쁘므낭

ㅍ

한국어	Indonesia	발음
파(야채)	Bawang	방왕
파괴되다	Runtuh	룬뚜
	Hancur	한쭈ㄹ
파다	Menggali	믕갈리
파도	Ombak	옴박
파란색	Warna biru	와ㄹ나 비루
파마	Keriting	끄리띵
	Ikal	이깔
파마하다	Keriting	끄리띵
파면하다	Memecat	므므짯
파산	Bangkrut	방끄룻
파산하다	Bangkrut	방끄룻
	Pailit	빠일릿
파인애플	Nanas	나나스

파란색으로 신어봐도 되나요?
Boleh coba(sepatu) yang warna biru?
볼렣 쪼바(스빠뚜) 양 와ㄹ나 비루?

파트타임으로 일하다   **Bekerja paruh waktu**
브끄ㄹ자 빠룽 왁뚜

파업하다   **(Melakukan) mogok kerja**
(믈라꾸깐) 모곡 끄ㄹ자

파일(사무용품)	Dokumen 도꾸멘	팔(숫자)	Delapan 들라빤
파일(전산)	File 파일	팔십	Delapan puluh 들라빤 뿔룽
파충류	Reptil 렙띨	팔월	Agustus 아구ㅅ뚜ㅅ
파티하다	Berpesta 브ㄹ뻬ㅅ따	팔찌	Gelang 글랑
판결안	Vonis 보니ㅅ	패션	Fashion 페션
판단하다	Menilai 므닐라이	팩스	Faks 펙ㅅ
판매하다	Berjualan 브ㄹ주알란	팩을 하다(피부)	Maskeran 마ㅅ끄란
판사	Hakim 하낌	팬(애호가)	Fan 펜
팔	Lengan 릉안		Penggemar 쁭그마ㄹ

판결을 내리다	Menjatuhkan vonis 믄자뚷깐 보니ㅅ
팔다 / 잘 팔리다	Menjual / terjual dengan baik 믄주알 / 뜨ㄹ주알 등안 바익
팔짱을 끼다	Bergandeng tangan 브ㄹ간뎅안 땅안

팬티	Sabuk 사북	펜	Pena 페나
	Celana dalam 쯜라나 달람	펭귄	Penguin 뼁원
퍼센트(%)	Persen 쁘ㄹ센	펴다	Membuka 음부까
퍼트리다	Menyebarkan 믄예바ㄹ깐		Merebahkan 므르밯깐
펌프	Pompa 뽐빠	편리한	Nyaman 냐만
페인트	Cat 짯	편지	Surat 수랏
편안하다(마음)	Tenang 뜨낭	편지를 쓰다	Menulis surat 므눌리ㅅ 수랏
	Nyaman 냐만	편해지다	Menjadi nyaman 믄자디 냐만

퍼지다	Menyebar(contoh: rumor) 므녜바ㄹ(촌똫 : 루머ㄹ)
페이지 / 3 페이지	Halaman / 3 halaman 할라만 / 3할라만
편지를 기다리다	Menunggu surat 므눙구 수랏
편지를 보내다	Mengirim surat 등이림 수랏

평가하다	Memberi nilai 믐브리닐 라이	평방미터	Meter persegi 메뜨ㄹ 쁘ㄹ스기
평균기온	Suhu rata-rata 수후 라따-라따	평상시	Hari biasa 하리 비아사
평균의	Rata-rata 라따-라따	평일	Hari kerja 하리 끄ㄹ자
평등하다	Sama rata 사마 라따	평화	Kedamaian 끄다마이안
	Setara 스따라	폐(의학)	Paru-paru 빠루-빠루

편지를 우체통에 넣다   Menaruh surat di kotak pos
                         므나룧 수랏 디 꼬딱 뽀ㅅ

편집국   Bureau(Departmen Editorial)
             부라우(드빠ㄹ뜨멘 에디떠리알)

편집자   Penyunting, editor, redaktur
             쁜윤띵, 에디떠ㄹ, 레닥뚜ㄹ

평(아파트)   Pyeong 3.3058m2 apartemen
             평(아빠뜨멘)

평상시에도 좀 늦는 편이다
             Biasanya pun termasuk telat
             비아사냐 뿐 뜨ㄹ마숙 뜰랏

평영(수영)   Renang gaya dada
             르낭 가야 다다

한국어	인도네시아어	한국어	인도네시아어
폐를 끼치다	Merepotkan 므레뽓깐	포함하다	Termasuk 뜨르마숙
폐병	Tuberkulosis 뚜브르꿀로시스	폭(옷감)	Lebar 레바ㄹ
	Penyakit paru-paru 쁘냐낏 빠루-빠루	폭탄	Bom 봄
포기하다	Menyerah 므녜랑	폭포	Air terjun 아이ㄹ 뜨ㄹ준
포도	Anggur 앙구ㄹ	폴더(전산)	Folder 펄드ㄹ
포장하다	Membungkus 음붕꾸ㅅ	폴란드	Polandia 뽈란디아
포크	Garpu 가ㄹ뿌	표	Tanda / Tiket 딴다 / 띠껫

폐가 되지 않는다면	Jika tidak keberatan 지까 띠닥 끄브라딴
폐를 끼쳤네요	Mengganggu(orang lain) 믕강구(오랑 라인)
	Membuat(orang lain) tidak nyaman 음부앗(오랑 라인) 띠닥 냐만
포기하지마	Jangan menyerah 장안 므녜랑
포장해 주세요	Tolong bungkuskan 똘롱 붕꾸ㅅ깐

한국어	인도네시아어	한국어	인도네시아어
표(설문)	Tabel 따벨	풀다	Mengurai 등우라이
표시하다	Menandai 므난다이	품목	Daftar barang 닾따ㄹ 바랑
표준	Standar 스딴다ㄹ	품질	Kualitas 꽐리따ㅅ
표준어	Bahasa baku 바하사 바꾸	풍경	Pemandangan 쁘만당안
표현	Ekspresi 엑ㅅ쁘레시	풍부한	Kaya 까야
	Ungkapan 웅까빤		Berlimpah 브를림빰
푸다	Keduk(Mengeduk) 끄둑(믕으둑)	풍습	Adat istiadat 아닷 이ㅅ띠아닷
	Sendok(Menyendok) 센덕(므녠덕)	프라이팬	Penggorengan 쁭고렝안
푹 자다	Tidur nyenyak 띠두ㄹ 녜냑	프랑스	Perancis 쁘란찌ㅅ
풀(사무용품)	Lem 렘	프랑스어	Bahasa Perancis 바하사 쁘란찌ㅅ

표 예약해 주실 수 있으세요?

Bisa tolong pesankan tiket?
비사 똘롱 쁘산깐 띠껫?

프런트데스크	Resepsion 레셉션	프린트지	Kertas print 끄르따ㅅ 쁘린
프로그래머	Programer 쁘로그래므ㄹ	피	Darah 다랗
프로듀서	Produser 쁘로두스ㄹ	피가 나다	Berdarah 브ㄹ다랗
프로세스(전산)	Proses 쁘로세ㅅ	피임약	Pil KB 필 까베
프로젝트	Proyek 쁘로옉	피곤하다	Lelah 를랗
프로페셔널	Professional 쁘로페셔날		Capek 짜뼄
프린터기	Alat printer 알랏 쁘린뜨ㄹ	피곤해도	Walaupun lelah 왈라우뿐 를랗

프로그래밍하다	Melakukan pemrograman 믈라꾸깐 쁘므로그라만
프로그램 계획시간표(TV)	Jadwal(rencana) program televisi 자돨(른짜나) 프로그람 뗄레비시
플라스틱으로 만들다	Membuat dengan plastik 음부앗 쁠라ㅅ떡
플루트(피리)를 불다	Meniup seruling 므니웊 스룰링

수동적인	Pasif 빠싶		Dibutuhkan 디부뚷깐
피망	Paprika 빠쁘리까	핏기가 없다	Pucat 쁘짯
피부	Kulit 꿀릿	필요없다	Tidak perlu 띠닥 쁘ㄹ루
피우다	Menghisap 등히삽	필요하다	Perlu 쁘ㄹ루
피하다	Menghindari 등힌다리	필통	Kotak pensil 꼬딱 쁜실
핀란드	Finlandia 핀란디아	핑크색	Warna pink 와르나 삥
필수적이다	Penting 쁜띵		

피곤할텐데	(mungkin) akan lelah (뭉낀) 아깐 를랗
피부가 하얗다	Kulitnya putih 꿀릿냐 뿌띻
핀을 꼽다	Memasang jepit rambut 므마상 쯔뻿 람붓
필름을 현상하다	Mengembangkan film x 등음방깐 필음 엑스

하늘	Langit
	랑잇

하늘색 Warna(biru) langit
와ㄹ나(비루) 랑잇

하늘이 맑다 Langit cerah
랑잇 쯔랗

하얀색 Warna putih
와ㄹ나 뿌띻

하고 싶다 Ingin(melakukan)
잉인 믈라꾸깐

하나도 이해 못하다

Tidak bisa mengerti sama sekali
띠닥 비사 믕으ㄹ띠 사마 스깔리

하드(전산HDD) Memori hard
메모리 핟

하려고만 하면 뭘 못해 Jika ada(keinginan / hasrat), tidak ada yang tidak bisa
지까 아다(끄잉이난 / 하ㅅ랏), 띠닥 아다 양 띠닥 비사

하루만 묵어야겠어 Sepertinya harus tinggal sehari
스쁘ㄹ띠냐 하루ㅅ 띵갈 스하리

하는 동안에 Sementara itu
스믄따라 이뚜

하는 척하다 Berpura-pura
브ㄹ뿌라-뿌라

하루종일 Sepanjang hari
스빤장 하리

하인 bawahan, pembantu
바와한, 쁨반뚜

하지만 Tapi
따삐

하루중에 Di tengah hari
디 뜽앟 하리

학과	Jurusan 주루산	하마터면	Nyaris 냐리ㅅ
학교	Sekolah 스꼴랑	학교가다	Pergi ke sekolah 쁘ㄹ기 끄 스꼴랑

하루종일 내내   Sepanjang hari
스빤장 하리

하마터면 교통사고가 날뻔했다
Nyaris terjadi kecelakaan
냐리ㅅ 뜨ㄹ자디 끄쫄라까안

하얀색 인가요?   Apakah berwarna putih?
아빠까ㅎ 브ㄹ와ㄹ나 뿌띠ㅎ

하지만 지금 상황에선 이게 최선이야
Tapi untuk situasi saat ini, inilah yang terbaik
따피 운뚝 시뚜아시 사앗 이니 이닐랗 양 뜨ㄹ바익

학과의 책임자   Penanggung jawab jurusan
쁘낭궁 자왑 주루산

Kepala jurusan
끄빨라 주루산

학교가지 않으면   Jika tidak pergi ke sekolah
지까 띠닥 쁘ㄹ기 끄 스꼴랑

학교마다 다르다   Setiap sekolah berbeda
스띠앞 스꼴랑 브ㄹ베다

학교에 지각하다   Telat ke sekolah
뜰랏 끄 스꼴랑

학기	Semester 스메ㅅ뜨ㄹ	학장	dekan 데깐
학생	Siswa 시솨	한가한	Luang / Lengang 루앙 / 릉앙
학습하다	Latihan 라띠한		Santai 산따이
	Belajar 블라자ㄹ	한걸음	Satu langkah 사뚜 랑깡
학우	Teman sekolah 뜨만 스꼴랑	한국	Korea 꼬레아
학위	Jenjang pendidikan 즌장 쁜디디깐	한국 사람	Orang Korea 오랑 꺼레아

한 개 남아 있어   Satu lagi bersisa
사뚜 라기 브ㄹ시사

한개 더 주세요   Tolong berikan satu lagi
똘롱 브리깐 사뚜 라기

한 개만 주세요   Tolong berikan satu saja
똘롱 브리깐 사뚜 사자

한 개 얼마예요?(싼 것에 물을 때)
Harga satunya berapa?
하르가 사뚜냐 브라빠?

한국과 비교해 보면
Jika dibandingkan dengan Korea
지까 디반딩깐 등안 꼬레아

한국과 인도네시아는 좀 비슷해
Korea dan Mongolia agak sedikit mirip
꺼레아 단 인도네시아 아각 스디깃 미맆

한국과 인도네시아의 관계가 갈수록 발전한다
Hubungan Korea dan Indonesia semakin berkembang
후붕안 꺼레아 단 인도네시아 스마낀 브ㄹ끔방

한국 국민 모두   Seluruh warga Negara Korea
슬루룽와ㄹ가 느가라 꼬레아

한국 사람과 몽골 사람은 비슷해요
Orang Korea mirip dengan orang Mongolia
오랑 꺼레아 미맆 등안 오랑 몽골리아

한국 사람이에요   Saya orang Korea
사야 오랑 꼬레아

한국사람은 성질이 급한 것으로 유명합니다
Orang Korea terkenal dengan sifatnya yang terburu-buru
오랑 꺼레아 뜨ㄹ끄날 등안 사팟냐 양 뜨ㄹ부루-부루

한국 선수들이 경기를 정말 잘합니다
Atlet Korea bertanding dengan sangat baik
앗렛 꺼레아 브ㄹ딴딩 등안 상앗 바익

한국 스타중에 누가 제일 좋아요?
Diantara bintang Korea, siapakah yang paling Anda sukai?
다인따라 빈땅 꺼레아, 시아빠깡 양 빨링 안다 수까이?

한국어를 잘 하시네요
Anda ternyantai pandai berbahasa Korea
안다 끄르냐따 빤다이 브르바하사 꼬레아

한국어를 할 수 있어요?
Bisakah Anda berbicara bahasa Korea?
비사깡 안다 브르비차라 바하사 꼬레아?

한국에 가본적 있어요?
Apakah Anda pernah pergi ke Korea?
아빠깡 안다 쁘르낳 쁘르기 끄 꼬레아?

한국에는 겨울에 눈이 많이 온다   Di Korea salju turun sangat lebat di musim dingin
디 꼬레아 살주 뚜룬 상앗 르밧 디 무심 딩인

한국에 대해 어떻게 생각하세요?
Bagaimana pendapat Anda mengenai Korea?
바가이마나 쁜다팟 안다 등으나이 꼬레아?

한국에서 굉장히 유명한 분이야
Beliau sangat terkenal di Korea
블리아우 상앗 뜨르끄날 디 꼬레아

한국에서 왔어   Saya datang dari Korea
사야 다땅 다리 꼬레아

한국영화만 좋아한다   Saya hanya suka film Korea
사야 하냐 므뉴까 필름 꼬레아

한국 음악 좀 들려줄까?
Ingin saya putarkan lagu Korea?
잉인 사야 뿌딸깐 리구 꺼레아?

한국제품	Produk Korea
	쁘로둑 꼬레아

한번더	Sekali lagi
	스깔리 라기

한국적 방식   Dengan cara khas Korea
등안 차라 카ㅅ 꼬레아

한 권만 사요   Hanya membeli satu buku
하냐 음블리 사뚜 부꾸

한도를 늘리다
Memperbanyak / memperbesar limit
음쁘ㄹ바냑 / 음쁘ㄹ브사ㄹ 리밋

한번더 말씀 해 주세요   Tolong bicara sekali lagi
똘롱 비짜라 스깔리 라기

한번도 미국에 가본적 없어요   Saya belum pernah pergi ke Amerika sekalipun
사야 블룸 쁘ㄹ낳 쁘ㄹ기 끄 아메리까 스깔리뿐

한번만 봐 주세요
Tolong lihat / mengerti sekali ini saja
똘롱 리핫 / 응으ㄹ띠 스깔리 이니 사자

한번 본 적이 있다
Sepertinya saya(melihat / bertemu) sekali
스쁘ㄹ띠냐 사야(믈리핫 / 브ㄹ뜨무) 스깔리

한번 해 보세요   Silahkan coba
실랑깐 쪼바

한부 복사해 주실 수 있으세요?
Bisa tolong kopikan satu kopi saja ?
비사 똘롱 꺼피깐 사뚜 꺼피 사자?

한번 보세요	Silahkan lihat 실랗깐 리핫	할아버지	Kakek 까껙
한숨쉬다	Menarik nafas 므나릭 나파ㅅ	할인	Diskon 디ㅅ꼰
할머니	Nenek 네넥		Potongan harga 뽀똥안 하ㄹ가

한쪽편에 서다   Berdiri di satu sisi
브ㄹ지리 디 사뚜 시시

한턱을 내다   Berbagi kebahagian
브ㄹ바기 끄바하기아안

할 가치가 있는   Yang patut dilakukan
양 빠뜻 딜라꾸깐

할 것이다   ada(pekerjaan / kegiatan)
아다(쁘끄ㄹ자안 / 끄기아딴)

할말이 없어   Tidak ada kata yang ingin dikatakan
띠닥 아다 까따 양 잉인 디까따깐

Tidak bisa berkata apa-apa
띠닥 비사 브ㄹ까따 아빠 아빠

할아버지와 할머니   Kakek dan nenek
까껙 단 네넥

할 얘기가 뭔데요?
Cerita apa yang ingin kamu ceritakan?
쯔리따 아빠 양 잉인 까무 쯔리따깐

함께	Bersama 브ㄹ사마	합의하다	bermufakat 브ㄹ무파깟
함께가다	Pergi bersama 쁘ㄹ기 브ㄹ사마	합치다	Menyatukan 믄나뚜깐
합격했어요	telah lulus 뜰라ㅎ 루루ㅅ	항공	Bandar udara 반다라 우다라
합리적인	masuk akal 마숙 아깔	항공권	Tiket pesawat 띠껫 쁘사왓

할일이 없어
Tidak ada hal untuk dilakukan / Menganggur
띠닥 아다 할 운뚝 딜라꾸깐 / 멩앙구ㄹ

함께 일하는 친구
Teman kerja bersama
뜸만 끄ㄹ자 브ㄹ사마

함성을 지르다
bersorak-sorai
브ㄹ소락-소라

합성하다(사진)
Mengkomposisi
믕꼼뽀시시

합작경영
manajemen, administrasi
만나즈멘, 아드미니ㅅ뜨라시

합작을 하실 건가요?
Apakah akan membuka usaha?
아파깡 아깐 믐부까 우사하?

항공운송입니까?
Pos udarakah?
뽀ㅅ 우다라깡?

항공우편	Post udara 뽀ㅅ 우다라	해가 되다	Buruk 부룩
항구	pelabuhan 쁠라부한	해고되다	Dipecat 디쁘짯
항로	jalur pelayaran 잘루ㄹ 쁠라야란	해방	Bebas 베바ㅅ
항상	Selalu 슬랄루		Merdeka 므ㄹ데까
항생제	Antibitotik 안띠비오띡	해법	Solusi 솔루시
항의하다	protes 쁘로떼ㅅ	해변	Pantai 빤따이

항공회사　　　　　　　Maskapai penerbangan
　　　　　　　　　　　마스까빠이 쁘느ㄹ방안

항상 곁에 두세요
　　　Silahkan selalu simpan disamping
　　　실랗깐 슬랄루 심빤 디삼삥

해결하다　Mengatasi / Menyelesaikan(masalah)
　　　　　믕아따시 / 므녤르사이깐(마살랗)

해고하다　　　　　　　Mengundurkan diri
　　　　　　　　　　　믕운두ㄹ깐 디리

해로　terusan yang berhubungan dengan laut
　　　뜨루산 양 브ㄹ후붕안 등안 라웃

해산물	Hasil laut 하실 라웃	핸드폰	Telepon genggam 뜰르뽄 긍감
해안	.tepi laut 뜨삐 라웃	햇빛	Cahaya matahari 짜하야 마따하리
핵	inti , nuklir 인띠, 누끌리ㄹ	행동	Tingkah laku 띵깡 라꾸
핵폭탄	bom nuklir 봄 누클리ㄹ	행복	Kebahagiaan 끄바하기아안

해산하다 — membubarkan, melikuidasi
음부바ㄹ깐, 블리뀌다시

해운 운송입니까? — Pengiriman lautkah?
뼁이리만 라웃까?

핸드폰 번호가 뭐예요? — Berapakah nomor telepon Anda?
브라빠까 노모ㄹ 뜰르뽄 안다?

햇볕이 내리 쬐다 — matahari bersinar sangat cerah
마따하리 브ㄹ시나ㄹ 상앗 쯔랑

햇볕이 따뜻하네 — Sinar mataharinya hangat
시나ㄹ 마따하리냐 항앗

햇빛이 이글거리는 — sinar matahari yang sangat terang
사나ㄹ 마따하리 양 상앗 뜨랑

행복하게 살아 — Hidup dengan bahagia
히둡 등안 바하기아

행상하다	menjajakan 믄자자깐	향기로운	Sedap baunya 스닾 바우냐
행성	pedagang asongan 쁘다간 아성안	향상되다	kemajuan 끄마주안
행운	Keberuntungan 끄브룬뚱안	향상시키다	Memajukan 므마주깐
행정	administrasi 아드미니ㅅ뜨라시	향수	Minyak wangi 미냑 왕이
향기	Aroma 아로마	허가서	lisensi 리센시

행복하시고 장수하시기 바랍니다
semoga bahagia dan panjang umur
스모가 바하기아 단 판장 우무ㄹ

행복해지다 Menjadi bahagia
  믄자디 바하기아

행사가 열리다 Diselenggarakan festival
  디슬릉가라깐 페ㅅ띠팔

향기가 좋은 Aromanya wangi
  아로마냐 왕이

향수병에 걸리다 Terkena penyakit homesick
  뜨ㄹ끄나 쁘냐낏 홈식

향이 참 좋네요 Baunya sangat sedap
  바우냐 상앗 스닾

허락하다	Mengizinkan 믕이진깐	헬멧	Helm 헬름
허풍떨다	Membual 음부알	혀	Lidah 리닿
헐거운(옷)	Longgar 롱가ㄹ	혁명	revolusi 레폴루시
헤어지다	Berpisah 쁘ㄹ빠사ㅎ	혁신하다	berinovasi 블이노파시
	Bercerai 브ㄹ쯔라이	현 상태	Kondisi terkini 꼰디시 뜨ㄹ끼니
헥타르	Hektar 헥따ㄹ	현금	Tunai 뚜나이

허락을 구하다	Mencari perizinan 믄짜리 브리지난
허락하지 않다	Tidak diizinkan 띠닥 디이진깐
허리띠를 매다	Hidup dengan hemat 히둡 등안 헤맛
헌법	Undang-undang Dasar 운당-운당 다사ㄹ
헤어져야 하다	Harus berpisah / bercerai 하루ㅅ 바ㄹ삐샬 / 브ㄹ쯔라이
헬멧을 쓰다	Memakai helm 므마까이 헬름

현대적인	modern 모데른	혈색	warna 와르나
현대화	modernisasi 무데르니사시	혈압	tekanan darah 뜨까난 다랗
현상	gejala 그잘라	현기증이 나는	saya pusing 사야 뿌싱
현금자동지급기	ATM 아떼엠	현장에서	di tempat 디 뜸빳
현수막	spanduk 스빤둑	협력하다	Kerja sama 끄ㄹ자 사마

현금으로 지불하실 겁니까?
　　　　　Apakah Anda akan membayar dengan uang tunai?
아빠까ㅎ 안다 아깐 믐바야ㄹ 등안 우앙 뚜나이?

현금으로 하실 건가요? 카드로 하실 건가요?
　　　　　Apakah Anda akan membayar dengan uang tunai? Ataukah dengan kartu?
아빠까ㅎ 안다 아깐 믐바야ㄹ 등안 우앙 뚜나이 아따우 등안 카ㄹ뚜?

현상하다　　　　　gejala, menawarkan hadiah
　　　　　　　　그잘라, 므나와르깐 하디앟

현장에서 걸리다　　　Terjebak di tempat
　　　　　　　　뜨ㄹ즈박 디 뜸빳

혈통　　　　　　　silsilah, persaudaraan
　　　　　　　　실실랗, 쁘ㄹ사우다라안

형, 오빠	Kakak 까깍	형제	Saudara 사우다라
형벌	hukuman 후꾸만	형태	bentuk 븐뚝
형부	ipar 이빠ㄹ	호기심 있는	ingin tahu 잉인 따후
형수	Istri kakak laki-laki 이ㅅ뜨리 까깍 라끼-라끼	호되다	keras, kasar 끄라ㅅ, 까사ㄹ
형성하다	Membentuk 믐븐뚝	호랑이	Harimau 하리마우
형식	Formal 포ㄹ말	호랑이띠	Shio Harimau 시오 하리마우
형용사	kata sifat 까따 시팟	호르몬	Hormon 호르몬

혈색이 좋다   Warna(rona) nya bagus
와ㄹ나(로나)냐 바구ㅅ

협정문   Persetujuan tertulis
쁘ㄹ스뚜주안 뜨ㄹ뚜리

협회   asosiasi, perkumpulan
아소시아시, 쁘ㄹ꿈뿔란

형과 누나
Kakak laki-laki dan Kakak perempuan
까깍 라끼-라끼 단 까깍 쁘름뿌안

호박	Labu 라부	호흡	pernapasan 쁘르나빠산
호박잎	Daun labu 다운 라부	호흡하다	bernafas 브르나빠ㅅ
호소하다	mengimbau 믕인바우	혹시	Senyampang 스냠빵
호수	Danau 다나우	혹은	Atau 아따우
호주	Australia 아우ㅅ뜨랄리아	혼동하다	membingungkan 믐빙웅깐
호텔	Hotel 호뗄	혼자	sendirian 슨디리안

호루라기를 불다
Meniup sempritan
므니웊 슴쁘리딴

혹시 내 열쇠 가지고 있어요?
Apakah anda membawa kunci saya?
아빠깧 안다 믐바와 꾼찌 사야?

혹시 바타 집인가요?
Apakah ini rumah dari batu bata ?
아빠깧 이니 루맣 다리 바뚜 바따?

혼자 시간 보내는 걸 좋아해
Saya suka menghabiskan waktu saya sendiri
사야 수까 믕하비ㅅ깐 왁뚜 사야 슨디리

혼합하다	bercampur 브ㄹ짬뿌ㄹ	화면(전산)	layar 라야ㄹ
홍수	banjir 반지ㄹ	화보	majalah bergambar 마잘랗 브ㄹ감바르
홍수나다	Terjadi banjir 뜨ㄹ자디 반지ㄹ	화산	gunung berapi 구눙 브라삐
홍콩	Hongkong 홍꽁	화살	panah 빠낳
화가	Pelukis 쁠루끼ㅅ	화상	membakar 음바까ㄹ
화나네	Marah 마랗	화요일	Selasa 슬라사
화나는	Yang marah 양 마랗	화원	kebun bunga 끄분 붕아

혼자 어떻게 하시려고요?

Bagaimana anda akan melakukannya sendiri?
바가이마나 안다 아깐 믈라꾸깐냐 슨디리?

홍보를 하다　　　　　　　　　　　　Mempropaganda
　　　　　　　　　　　　　　　　　음쁘로빠간다

화랑　　　　　　　　　　　　　　　galeri lukisan
　　　　　　　　　　　　　　　　　갈레리 루끼산

화장하다　　　　　　　　　　　　menyusun, merias
　　　　　　　　　　　　　　　　　믄유순, 므리아ㅅ

화장대	Meja rias 메자 리아ㅅ	확인하다	Mengkonfirmasi 믕꼰피ㄹ마시
화장실	Toilet 또일렛	확정하다	Ketetapan 끄뜨따빤
화학	Kimia 끼미아	환경	Lingkungan 링꿍안
확대하다	memperbesar 음쁘ㄹ브사ㄹ	환영하다	Menyambut 믄얌붓
확실히	Dengan pasti 등안 빠스띠	환율	Nilai tukar 닐라이 뚜까ㄹ
	Dengan yakin 등안 야낀		Kurs 꾸ㄹㅅ

화장실에 가다   Pergi ke toilet
쁘ㄹ기 끄 또일렛

화장실이 어디예요?   Dimanakah toiletnya?
디마나깡 또일렛냐?

화장품을 쓰다   Memakai kosmetik
므마까이 꼬ㅅ메띡

확대하실 필요는 없어요
    Tidak perlu membesar-besarkan
띠닥 쁘를루 믐브사ㄹ-브사ㄹ깐

환불하다   Menukarkan(mengembalikan) barang dengan uang
므누까ㄹ깐(믕음발리깐) 바랑 등안 우앙

환자	Pasien 빠시엔	회담	pembicaraan, rapat 쁨비차라안, 라빳
환전하다	Menukar uang 므누까ㄹ 우앙	회비	iuran 이우란
황금	Keemasan 끄으마산	회계	Akuntansi 아꾼딴시
회/2회	Episode 에쁘소드	회사	Perusahaan 쁘루사하안

환율이 오늘 어떻게 되나요?
Bagaimana nilai tukar mata uang hari ini?
바가이마나 닐라이 뚜까ㄹ 마따 우앙 하리 이니?

환전 어디에서 해요? Dimana menukar uangnya?
디마나 므누까ㄹ 우앙냐?

활발하게 발전하다 Berkembang dengan baik
브ㄹ끔방 등안 바익

회사로 와 Datanglah ke kantor
다땅 랗 끄 깐또ㄹ

회사에 둔거 아니야? 회사에 가보자
Tidakkah anda menaruhnya di Kantor, bukan? Mari coba cek ke kantor
띠닥깔 안다 므나룹냐 디 깐또ㄹ, 부깐? 마리 쪼바 쩍 끄 깐또ㄹ?

회사에 바래다 주세요
Tolong antarkan saya ke kantor
똘롱 안따ㄹ깐 사야 끄 깐또ㄹ

회상하다	Memperingati 음쁘링아띠	후회하다	Menyesali 믄예살리
회원	Anggota 앙고따	훈련하다	mendidik 믄디딕
회의	Pertemuan 쁘ㄹ뜨무안		melatih 믈라띠ㅎ
회의에서	Di pertemuan 디 쁘ㄹ뜨무안	훈장	dekorasi 데꼬라시
회화(대화)	Percakapan 쁘ㄹ짜까빤	훌륭한	Gemilang 그밀랑
횡단보도	Zebra Cross 제브라 끄로ㅅ		Hebat 헤밧
효도	Bakti 박띠	훔치다	Mencuri 믄쭈리
후추	Lada / Merica 라다 / 므리짜	휘젓다	aduk, mengocok 아둑, 믕오쪽

회사에 있어요	Berada di Kantor 브라다 디 깐또ㄹ
회의하러 가다	Pergi untuk menghadiri pertemuan 쁘ㄹ기 운뚝 믕하디리 쁘ㄹ뜨무안
효과	Efek / Kemujaraban 에펙 / 끄무자라반
흘리지마	Jangan sampai tumpah 장안 삼빠이 뚬빠ㅎ

한국어	Indonesia	한국어	Indonesia
휘파람을 불다	Bersiul 브ㄹ시울	흐리다(날씨)	Mendung 믄둥
휴가를 가다	Pergi berlibur 쁘ㄹ기 브를리부ㄹ	흐린	Mendung 믄둥
휴식	Istirahat 이ㅅ띠라핫	흑맥주	Bir hitam 비ㄹ 히땀
휴일	Hari libur 하리 리부ㄹ	흑백사진	Foto hitam putih 포또 히땀 뿌띠ㅎ
휴지(두루마리)	tisyu 띠수	흑인	Orang negro 오랑 네그로
휴학하다	Cuti kuliah 쭈띠 꿀리앟	흔적	bukti 북띠
흉내내다	menirukan 므니루깐	흔하지않다	Tidak umum 띠닥 우뭄
흉년	Tahun yang buruk 따훈 양 부룩	흔한 음식	makanan umum 마까난 우뭄
흐르다(유동)	Mengalir 믕알리ㄹ	흘리다	Mengalirkan 믕아리ㄹ깐
흐르다(시간)	Berlalu 브를랄루		Teralir 뜰알리ㄹ
	Berjalan 브ㄹ잘란	흠없는	Tidak ada cacat 띠닥 아다 차찻
희망이 없다	Tidak ada harapan 띠닥 아다 하라빤		

한국어	인도네시아어	한국어	인도네시아어
흡입하다	menghirup / 믕히룹	흰우유	Susu putih / 수수 뿌띠
흥분하다	Beremosi / 블에모시	흰피부	Kulit putih / 꿀릿 뿌띠
	Sangat bersemangat / 쌍앗 브ㄹ스망앗	힘(능력)	Kekuatan / 끄꾸아딴
흥정하다	tawar-menawar / 따와ㄹ 므나와ㄹ	힘(물리)	daya / 다야
희귀한	langka, jarang / 랑까, 자랑	힘(체력)	tenaga / 뜨나가
희극	komedi / 꼬메디	힘내	Semangat / 스망앗
희망	Harapan / 하라빤	힘드네	Berat ternyata / 브랏 뜨르냐따
희생하다	mengorbankan / 믕오ㄹ반깐	힘든	Berat / 브랏
희생자	korban / 꼬ㄹ반		Sulit / 술릿

힘들어 죽겠네	Benar-benar berat / sulit / 브나ㄹ-브나ㄹ 브랏 / 술릿
CD를 굽다	Memburning CD / 음브ㄹ닝 시디
pc방	Warnet(Warung Internet) / 와ㄹ넷(와룽 인뜨ㄹ넷)

tv드라마	Drama Televisi	
	드라마 뗄레피시	
USB를 꼽다	Mencolokkan USB	
	믄쫄로깐 유에ㅅ비	
	Mem-plug in USB	
	듬쁠라그 인 유에ㅅ비	
mp3 플레이어	Pemutar MP3	
	쁘무따ㄹ 엠피뜨리	

부 록

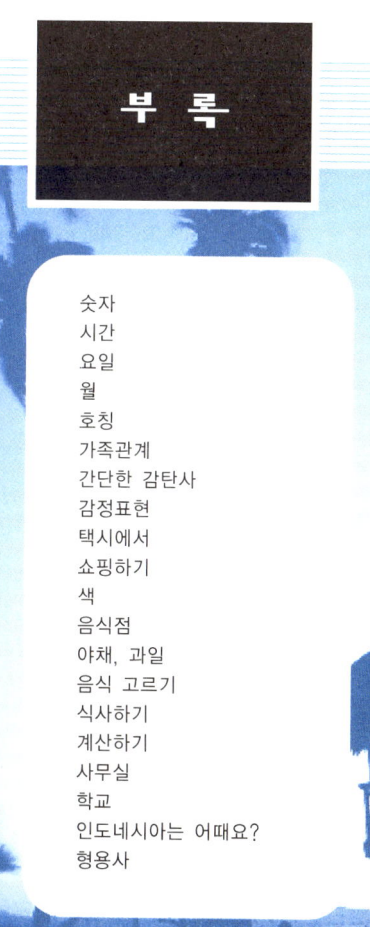

숫자
시간
요일
월
호칭
가족관계
간단한 감탄사
감정표현
택시에서
쇼핑하기
색
음식점
야채, 과일
음식 고르기
식사하기
계산하기
사무실
학교
인도네시아는 어때요?
형용사

숫자

숫자			
숫자	angka / 앙까	9	sembilan / 슴빌란
0	nol / 놀	10	sepuluh / 스뿔루ㅎ
1	satu / 싸뚜	20	duapuluh / 두아 뿔루ㅎ
2	dua / 두아	30	tiga puluh / 띠가 뿔루ㅎ
3	tiga / 띠가	40	empat puluh / 음빳 뿔루ㅎ
4	empat / 음빳	50	lima puluh / 리마 뿔루ㅎ
5	lima / 리마	60	enam puluh / 으남 뿔루ㅎ
6	enam / 으남	70	tujuh puluh / 뚜주ㅎ 뿔루ㅎ
7	tujuh / 뚜주ㅎ	80	delapan puluh / 들라빤 뿔루ㅎ
8	delapan / 들라빤	90	sembilan puluh / 슴빌란 뿔루ㅎ

100	seratus 스라뚜ㅅ
천(1000)	seribu 스리부
만(10000)	sepuluh ribu 스뿔루ㅎ 리부
십만(100,000)	seratus ribu 스라뚜ㅅ 리부
백만(1,000,000)	satu juta 사뚜 주따
십억(1,000,000,000)	satu milyar 사뚜 밀야르

시간

시간	jam / waktu 잠 / 왁뚜	초	detik 드띡
시	jam 잠	반	setengah 스뜽아ㅎ
분	menit 므닛		

오전 7시	jam tujuh pagi / pukul tujuh pagi 잠 뚜주ㅎ 빠기 / 뿌꿀 뚜주ㅎ 빠기
오후 3시	jam tiga siang / pukul tiga siang 잠 띠가 시앙 / 뿌꿀띠가 시앙
3시 10분	jam tiga lebih sepuluh 잠 띠가 르비ㅎ 스뿔루ㅎ
3시 10분전	jam tiga kurang sepuluh 잠 띠가 꾸랑 스뿔루ㅎ
3시반	jam setengah empat 잠 스뜽아ㅎ 음빳
정각3시	Jam tiga tepat 잠 띠가 뜨빳

요일

요일	hari 하리	목요일	hari Kamis 하리 까미스
월요일	hari Senin 하리 스닌	금요일	hari Jumat 하리 줌앗
화요일	hari Selasa 하리 슬라사	토요일	hari Sabtu 하리 삽뚜
수요일	hari Rabu 하리 라부	일요일	hari Minggu 하리 밍구

월

월	bulan 불란	칠월	Juli 줄리
일월	Januari 자누아리	팔월	Agustus 아구ㅅ뚜ㅅ
이월	Februari 페브루아리	구월	September 셒뗌버
삼월	Maret 마릇	시월	Oktober 옥또브ㄹ
사월	April 앞쁘릴	십일월	November 노벰브ㄹ
오월	Mei 메이	십이월	Desember 데셈브ㄹ
유월	Juni 주니		

호 칭

할아버지	kakek 까껙	당신	anda 안다
할머니	nenek 네넥	너	kamu 까무
아저씨	Bapak / Om 바빡 / 옴	나	aku 아꾸
누나,언니	mbak / kakak 음박 / 까깍	동생	adik 아딕
아가씨 / 3인칭	gadis 가디ㅅ		

형,오빠　　　　　　　　　　　mas / abang / kakak
　　　　　　　　　　　　　　　마ㅅ / 아방 / 까깍

손자, 나이 많이 어린 사람　　　　　　　　cucu
　　　　　　　　　　　　　　　　　　　쭈쭈

가족관계

할아버지	kakek 까껙
할머니	nenek 네넥
엄마	ibu 이부
아빠	bapak / ayah 바빡 / 아야ㅎ
부인	istri 이ㅅ트리
남편	suami 수아미
아들	anak laki-laki 아낙 라끼-라끼
손녀	cucu perempuan 쭈쭈 쁘름뿌안

가족관계 pertalian keluarga / hubungan keluarga
프ㄹ딸리안 끌루아ㄹ가 / 후붕안 끌루아ㄹ가

언니, 누나	kakak perempuan 까깍 쁘름뿌안
오빠, 형	kakak laki-laki 까깍 라끼-라끼
여동생	kakak perempuan 까깍 쁘름뿌안
남동생	adik laki-laki 아딕 라끼 라끼
딸	anak perempuan 아낙 쁘름뿌안

| 손자 | cucu laki-laki
쭈쭈 라끼 라끼 | 고모 | bibi
비비 |
| 사위 | menantu
므난뚜 | 이모 | bibi
비비 |

며느리 menantu perempuan
므난뚜 쁘름뿌안

간단한 감탄사

네	ya 야	아니요	Tidak 띠닥
응	Hm 흠	안돼요	Tidak boleh 띠닥 볼레ㅎ
에!(놀람)	Wah 와ㅎ	아이구!	Ya ampun 야 암뿐
오, 와(감탄)	Waaah 와아ㅎ	맞아요	betul / benar 브뚤 / 브나ㄹ
쟈(말을 시작할 때)	Yah! 야-ㅎ	됩니다	bisa 비사

간단한 감탄사	Ekspresi Sederhana 엑스쁘레시 스드르하나
이럴수가, 맙소사	Ya ampun, astaga 야 암뿐, 아스따가
그래? 그래	Oh begitu?benarkah?Oh begitu 오 브기뚜? 브나ㄹ까ㅎ? 오 브기뚜
됐어	Sudah! / Tidak apa-apa 수다ㅎ! / 띠닥 아빠 아빠
어때?	Bagaimana?bagaimanakah menurutmu? 바가이마나? 바가이마나까ㅎ 므누룻무?

좋지?	Bagus ya / Bagus kan?
	바구ㅅ 야 / 바구ㅅ 깐
좋아	suka / ide bagus itu / bolehlah
	수까 / 이데 바구ㅅ 이뚜 / 볼레 ㅎ라ㅎ
농담이야	hanya bercanda / guyon / gurauan
	한야 브ㄹ짠다 / 구온 / 구라우안
믿을 수 없어	tidak bisa dipercayai
	띠닥 비싸 디쁘ㄹ짜야이

감정표현

감정표현	Ekspresi 엑스쁘레시	활짝 웃어	tersenyum lebar 뜨ㄹ스늄 레바ㄹ
피곤해	letih / capai 르띠ㅎ / 짜빠이	부끄러워	malu-malu 말루-말루
우울해	depresi / stres 데쁘레시 / 스트레스	화나	marah 마라ㅎ
짜증나	sebal / jengkel 스발 / 젱껠	울지마	jangan menangis 장안 므낭이스
졸려	mengantuk 믕안뚝	무서워	takut 따꿋
춥네	dingin 딩인	힘내	semangat ya 스망앗 야

즐거워	bergembira / bersenang-senang 브르금비라 / 브르스낭 스낭
웃기네	lucu / tidak masuk akal 루쭈 / 띠닥 마숙 아깔
걱정하지마	jangan kuatir / jangan khawatir 장안 꾸아띠ㄹ / 장안 카와띠ㄹ
신경쓰지마	jangan pedulikan 장안 쁘둘리깐

실망이야　　kecewa saya
　　　　　　　끄쩨와 사야

　포기하지마　　　　　　　　jangan menyerah
　　　　　　　　　　　　　　장안 믄예라ㅎ

　최선을 다해
　　　　　lakukan sebisanya / lakukan yang terbaik
　　　　　라꾸깐 스비사냐 / 라꾸깐 양 뜨ㄹ바익

택시에서

한국어	인도네시아어	발음
택시에서	di taksi	디 탁시
운전사	pengemudi / supir	쁭으무디 / 수삐ㄹ
기본요금	ongkos dasar	옹꼬ㅅ 다사ㄹ
좌회전하다	belok kiri	벨록 끼리
우회전하다	belok kanan	벨록 까난
오른쪽	kanan	까난
왼쪽	kiri	끼리
정면	depan	드빤
길 건너편	seberang jalan	스브랑 잘란
직진하다	lurus	루루ㅅ
되돌아가다	putar balik	뿌따ㄹ 발릭

한국 대사관으로 가주세요
Tolong ke kedutaan Korea
똘롱 끄 끄두따안 코레요

계속 똑바로 직진하다
Terus lurus saja
뜨루ㅅ 루루ㅅ 사자

300m 정도 직진하다
Terus lurus kira-kira 300 m
뜨루ㅅ 루루ㅅ 끼라-끼라 300m

다리를 건너다		menyeberangi jalan
		믄예브랑이 잘란
에어컨 켜주세요		Tolong nyalakan AC
		똘롱 날라깐 아쩨
창문 닫아 주세요		Tolong tutup jendela
		똘롱 뚜뚭 젠델라
왼쪽으로 돌지마세요.		Jangan belok kiri
		장안 벨록 끼리

이쪽이 걸럼트 타워 가는 길 맞나요?
　　Apa betul ini jalan menuju Golomt Tower?
　　아빠 브뚤 이니 잘란 므누주 걸럼트 타워?

맞는 길로 가고 있나요?　Apakah arah kita benar?
　　아빠까ㅎ 아라ㅎ 끼따 브나ㄹ?

길끝 사거리까지 가세요.
　　Terus jalan sampai ke perempatan
　　뜨루ㅅ 잘란 삼빠이 끄 쁘름빠딴

여기서 세워주세요　　Tolong berhenti disini
　　　　　　똘롱 브ㄹ흔띠 디시니

거스름돈 주세요.　Tolong uang kembaliannya
　　　　똘롱 우앙 끔발리안냐

거스름돈이 틀려요　Uang kembaliannya salah
　　　　　우앙 끔발리안냐 사라ㅎ

쇼핑하기

쇼핑하기	berbelanja 브ㄹ블란자
지불하다	membayar 믐바야르
현금	uang kas 우앙 까스
거스름돈	uang kembalian 우앙 끔발리안
봉지	tas 따스
보증기간	masa garansi 마사 가란시

어디서 살 수 있어요?
Di mana bisa beli?
디 마나 비사 블리?

그냥 구경하는 거예요.
Hanya melihat-lihat
한냐 믈리핫-리핫

어느 나라 제품 이예요?
Produk negara mana ini?
쁘로둑 느가라 마나 이니?

더 작은 것은 없나요?
Ada ukuran lebih kecil?
아다 우꾸란 르비ㅎ 끄찔?

다른 색도 있어요?
Ada warna lain?
아다 와르나 아린?

더 큰것은 없나요?
Ada ukuran lebih besar?
아다 우꾸란 르비ㅎ 브사ㄹ?

좀 더 싼 것이 있어요?
Ada yang lebih murah?
아다 양 르비ㅎ 무라ㅎ?

어때? 예뻐?	Gimana?Cantik?
	기마나?짠띡?

안 어울려. 사지마. Jangan beli, tidak cocok
장안 블리, 띠닥 쪼쪽

한개만 주세요. Tolong satu saja.
똘롱 사뚜 사자

한개 더 주세요. Tolong satu lagi
똘롱 사뚜 라기

모두 얼마예요 Semua jadinya berapa?
스무아 자디냐 브라빠?

얼마예요? Berapa harganya?
브라빠 하ㄹ가냐

비싸요, 좀 깎아주세요.
Mahal tolong kurangin sedikit harganya
마할 또롱 꾸랑인 스디낏 하ㅎ가냐

거스름돈 주세요. Tolong uang kembaliannya
똘롱 우앙 끔발리안냐

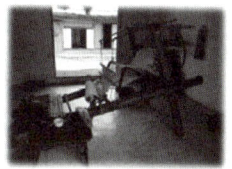

색

색	warna 와르나
빨간색	merah 메라ㅎ
파란색	biru 비루
노란색	kuning 꾸닝
검은색	hitam 히땀
하얀색	putih 뿌띠ㅎ
갈색	coklat 쪼크랏
분홍색	merah muda 매라ㅎ 무다
초록색	hijau 히자우
보라색	ungu 웅우
하늘색	biru muda 비루 무다

음식점

음식점	restoran 레스또란
전문	pesanan 쁘사난
가격	harga 하ㄹ가
서빙하다	melayani 믈라야니
메뉴판	daftar menu 다프타 메뉴
인분	satu porsi 싸뚜 뽀ㄹ시
종업원	pelayan 쁠라얀
먹다	makan 마깐
영수증	bon 본
다 먹다	sudah makan 수다ㅎ 마깐
마시다	minum 미눔
계산하다	membayar 믐바야르
배고프다	lapar 라빠ㄹ
배부르다	kenyang 근양
오프너	pembuka botol 쁨부까 보똘
젓가락	sumpit 숨삗
숟가락	sendok 센독
포크	garpu 가ㄹ뿌
음식을 주문하다	memesan makanan 므므산 마까난

나이프	pisau 삐사우	짜다	asin 아신
티슈	tisu 띠슈	싱겁다	tidak ada rasa 띠닥 아다 라사
재떨이	asbak 아스박	쓰다	pahit 빠힛
넵킨	serbet 스ㄹ벳	맵다	pedas 쁘다ㅅ
얼음	es batu 에스 바뚜	뜨겁다	panas 빠나ㅅ
맛	rasa 라사	맛있다	enak 에낙
느끼하다	berminyak 브ㄹ민약	맛없다	tidak enak 띠닥 에낙
시다	asam 아삼	달다	manis 마니ㅅ
이쑤시개	tusuk gigi 뚜숙 기기	신선하다	segar 스가ㄹ
간이 적당하다	rasanya pas 라사냐 빠ㅅ	입맛에 맞다	rasanya cocok 라사냐 쪼쪽

탄내가 나다　　ada bau sesuatu yang terbakar
　　　　　　　아다 바우 수수아뚜 양 뜨ㄹ바까ㄹ

달면서 맛있다　　　　　　　manis dan enak
　　　　　　　　　　　마니ㅅ 단 에낙

간장	kecap 께짭	된장	miso 미소
소금	garam 가람	설탕	gula 굴라
향기가 좋다	harum 하룸	식초	cuka 쪼까
비린내가 나다	bau amis 바우 아미ㅅ		

야채, 과일

야채, 과일	sayur, buah / 사유ㄹ, 부아ㅎ
감자	kentang / 끈땅
양배추	kubis / 꾸비ㅅ
당근	wortel / 워르뜰
양파	bawang bombay / 바왕 봄바이
배추	kubis cina / 꾸비ㅅ 찌나
마늘	bawang putih / 바왕 뿌띠ㅎ
생강	jahe / 자헤
버섯	jamur / 자무ㄹ
복숭아	persik / 뻬ㄹ식
파인애플	nenas, nanas / 느나ㅅ, 나나ㅅ
고추	cabe / 짜베
부추	bawang prei / 바왕 프레이
상추	selada / 셀라다
피망	paprika / 빠쁘리까
고구마	ketela, ubi / 끄뗄라, 우비
사과	apel / 아쁠
배	pir / 삐ㄹ
토마토	tomat / 또맛
귤	jeruk / 즈룩

| 바나나 | pisang 삐상 | 수박 | semangka 스망까 |
| 포도 | anggur 앙구ㄹ | 딸기 | stroberi 스트로베리 |

음식 고르기

음식 고르기   memilih makanan
                                       므밀리ㅎ 마까난

인도네시아 요리가 아주 맛있다고 들었어.
    Saya dengar masakan Indonesia sangat lezat
        사야 등아ㄹ 마사깐 인도네시아 상앗 르잣

뭘 제일 좋아하세요?   Kamu paling suka apa?
                         까무 빨링 수까 아빠?

사떼를 제일 좋아해요   Saya paling suka sate
                         사야 빨링 수까 싸떼

음식을 골라보세요   Silahkan pilih masakannya.
                         시라ㅎ깐 삘리ㅎ 마사깐냐

골라주세요   Tolong pilihkan
                         똘롱 삘리ㅎ깐

내건 내가 고를 거야   Saya yang akan pilih
                         사야 양 아깐 삘리ㅎ

뭐 드시겠어요?   Mau pesan apa?
                         마우 쁘산 아빠?

언니가 저녁 산다고 했잖아요   Kakak(perempuan)
   bilang kalau akan mentraktir makan malam
   까깍(쁘름뿌안) 빌랑 깔라우 아깐 믄뜨락띠ㄹ 마깐 말람

오늘은 내가 한 턱 낼게요 Saya yang traktir hari ini
사야 양 뜨락띠ㄹ 하리 이니

인도네시아 식당 메뉴 보기
Melihat menu restoran Indonesia
믈리핫 메누 레ㅅ또란 인도네시아

볶음 밥 Nasi Goreng
나시 고랭

밥에 여러 가지 반찬이 진열되는 Nasi Campur
나시 짬뿌르

나시고랭과 재료만 밥에서 면으로 만들다 Mie Goreng
미 고랭

미 고랭 처럼 하지만 면이 조금 다르다 Bihun Goreng
비훈 고랭

밥에 국물과 닭고기 섞은 음식 Soto Ayam
소또 아얌

소고기 장조림에 밥 Nasi Rawon
나시 라온

찐달걀 튀김 오리 고추 등을 넣은 간장소스와 같이 먹는다
Pempek
음뻬음뻬

인도네시아식의 샐러드
(야채에 달달한 고소한 땅콩소스를 뿌리다) Gado gado
가도 가도

부록

디저트	makanan penutup 마까난 쁘누뚭	단 차	teh manis 떼ㅎ 마니ㅅ
아이스크림	es krim 에스 그림	설탕 없는 차	teh tawar 떼ㅎ 따와ㄹ
케이크	kue tart 꾸에 따ㄹ트	따뜻한 차	teh hangat 떼ㅎ 항앗
커피	kopi 꼬삐	녹차	teh hijau 떼ㅎ 히자우

고기완자 만두피 감자 퇴긴 두부 등 섞여서 땅콩소스가 뿌려져 있다   Siomay
쇼마이

밥에 숙주나물 데친 양배추나 배추 당근 등 맬콤한 땅콩소스을 뿌리다   Nasi Pecel
나시 쁘쩔

과일에 달콤한 소스가 뿌리다   Rujak Cingur
루작 찐꼬르

고기를 또치에 뀌어 숯불에 구워먹는 음식. 닭 돼지 염소 등 다양한 고기가 재료로 사용된다   Sate
사테

인도네시아식 새우 춘권   Udang Lumpia
우당 룸삐아

인도네시아 전통 닭튀김   Ayam Goreng
아얌 고랭

인도네시아 전통 아메리카노	**Kopi hitam** 꼬삐 히땀
인도네시아 팥빙수	**es campur** 에스 짬뿌르

식사하기

| 식사하기 | Mau sarapan
마우 사라빤 | 드시죠 | Mari makan
마리 마깐 |

입맛에 맞으실지 모르겠어요

                Saya tidak tahu apakah rasanya
                        cocok untuk anda
     사야 띠닥 따후 아빠까ㅎ 라사냐 쪼쭉 운둑 안다

맛있겠다   Wah kelihatannya enak
                                 와 껠리하딴냐 으낙

맛있게 먹어   Makan yang banyak ya
                                 마깐 양 반약 야

뜨거운 물 조금만 더 주세요

                Tuangkan air panasnya sedikit lagi
     뚜앙깐 아이ㄹ 빤나스냐 스디낏 라기

물 더 주세요   Tolong tambah air
                                 똘롱 땀바ㅎ 아이ㄹ

서비스가 엉망이다   Pelayanannya buruk
                                 쁠라야난냐 부룩

주인이 없으니까 서비스가 엉망이네

            Karena pemilik restorannya tidak ada,
                pelayanannya menjadi buruk
   까르나 쁘밀릭 레스또란냐 띠닥 아다 쁠라야난야 믄자디 부룩

맛보세요	Coba makan 쪼바 마깐	맛있어?	Apa enak? 아빠 에낙?

너무 배불러   sangat kenyang
상앗 끈냥

다 먹었어요   sudah saya habiskan semua
수다ㅎ 사야 하비스깐 스무아

다 먹어   Sudah aku makan semua
수다ㅎ 아꾸 마깐 스무아

계산해 주세요   Saya mau bayar.
사야 마우 바야르

이걸 뭐라고 불러요?   Apa nama masakan ini?
아빠 나마 마사깐 이니?

이거 전통 음식이예요
Ini makanan khas / Ini makanan tradisional
이니 마까난 카ㅅ / 이니 마까난 뜨라디시오날

음식 괜찮죠?   Bagaimana makanannya?
바가이마나 마까난냐?

다이어트 하세요?   Apa kamu sedang diet?
아빠 까무 스당 디엣

어떻게 먹는 거예요?   Bagaimana makan ini?
바가이마나 마깐 이니?

뭐 더 마실래요?   Mau tambah minuman apa?
마우 땀바ㅎ 미눔만 아빠?

부록

저 취했어요   Saya mabuk
　　　　　　사야 마북

술 도수가 높아요   Kadar alkoholnya tinggi
　　　　　　　　까다ㄹ 일코홀냐 띵기

술 잘하시네요   Wah anda pintar minum ya
　　　　　　　와 안다 삔따ㄹ 미눔 야

계산하기

| 계산하기 | Membayar 음바얄 | 싸 주세요 | Tolong belikan 똘롱 블리깐 |

돈 여기 있어요 Ini uangnya
　　　　　　　이니 우앙냐

내가 저녁 산다고 했잖아

　　Saya kan sudah bilang kalau saya akan
　　　　　mentraktir makan malam Anda
사야 깐 수다ㅎ 빌랑 깔라우 사야 아깐 믄뜨락티ㄹ 마깐 말람 안다

더치페이해도 될까요?

　　　　　　　Bagaimana kalau dutch pay?
　　　　　　　바가이마나 깔라우 더치 뻬이?

계산이 잘못됐어요　　　　　　　Ini bonnya salah
　　　　　　　　　　　　　　　이니 본냐 살라ㅎ

영수증 좀 주세요.　　　　　　　Tolong bonnya
　　　　　　　　　　　　　　　똘롱 본냐

감사합니다. 아줌마　　　　　Terima kasih, Ibu
　　　　　　　　　　　　　뜨리마 까시ㅎ 이부

사무실

사무실	kantor 깐또ㄹ
파일	file 파일
지우개	penghapus 뼁하뿌ㅅ
테이프	isolasi 이솔라시
계산기	kalkulator 깔꿀라토ㄹ
볼펜	bolpen 볼펜
봉투	amplop 암쁠롭
스탬플러	stapler 스뗖프ㄹ
수첩	buku tulis 부꾸 뚤리ㅅ
클립	klip 끌맆
자	penggaris 뼁가리ㅅ
칼	silet / carter 실렛 / 카ㄹ터ㄹ
가위	gunting 군띵
전화기	Telepon 뜰레뽄
팩스	faks 팩ㅅ
모니터	monitor, layar 모니토, 라야ㄹ
칼라프린터기	printer berwarna 프린트ㄹ 브ㄹ와ㄹ나
디지털 카메라	digital kamera 디지탈 카메라

컴퓨터	komputer 컴뿌트르	프린터 잉크	tinta printer 띤따 프린떠
프린터기	printer 프린트르	마우스	mouse 마우스
스피커	speaker 스피크르	공시하다	mereklamekan 므레클라므깐
노트북	notebook 놋북	외장	membungkus 음붕꾸스
USB	flashdish 프레스 디스	바이러스	virus 비루스
데스크톱	dekstop 데스크톱	보험	Asuransi 아수란시

컴퓨터활용   komputer bekas
컴뿌트르 브까스

USB를 꽂다   Memasang USB
므마상 유에스비

CD를 굽다   menginstal CD
등인스딸 찌디

바이러스에 감염되다   Terkena virus
뜨르끄나 비루스

종이가 기계에 걸리다
    Kertasnya tersangkut di mesin
끄르따스냐 뜨르상꿋 디 므신

출장	Dinas kerja 디나ㅅ 끄르자	계약서	Surat kontrak 수라ㅅ 꼰뜨락
인턴십	Kerja magang 끄르자 마강	현금	Uang tunai 우앙 뚜나이
계약서	Kontrak 꼰뜨락	사장	direktur / bos 디렉뚜르 / 보ㅅ

마우스 오른쪽 클릭하다 — Klik kanan mouse
클릭 깐난 마우ㅅ

프로그램을 설치하다 — Memasang program
므마상 쁘르그람

아르바이트 — Kerja sambilan
끄르자 삼빌란

인터넷이 죽었어 — Tidak ada akses internet
띠닥 아다 악세ㅅ 인뜨르넷

바이러스 걸린것 같아 — Sepertinya terkena virus
스쁘르띠냐 뜨르끄나 비루ㅅ

왜 이렇게 느린거야.!!! — Kenapa begini lambat!!!
끄나빠 브기니 람밧!!!

기계 고장 난 것 같아요. 한번 봐 주실래요?
Sepertinya mesinnya rusak, bisa tolong diperiksa?
스쁘르띠냐 므신냐 루삭, 비사 똘롱 디쁘릭사?

복사할 줄 알아요 — Saya tahu cara memfotokopi
사야 따후 짜라 음포또꼬삐

대표	perwakilan 쁘ㄹ와낄란	월급날	hari gajian 하리 가지안
직원	pegawai 쁘가와이	월급	gaji 가지
공장 노동자	buruh pabrik 부루ㅎ 빠브릭	회의	rapat 라빳
보고서	laporan 라뽀란	열쇠	kunci 꾼찌

한 부 복사해 주실 수 있으세요?
　　　　　　　　　Bisa fotokopikan sekali saja
　　　　　　　　　비사 포또코피깐 스깔리 사자

통역하다	menterjermahkan(secara lisan) 믄뜨쯔마ㅎ깐(스짜라 리산)
점심시간	jam makan siang 잠 마깐 시앙
출근시간	jam masuk kerja 잠 마숙 끄ㄹ자
퇴근시간	jam pulang kerja 잠 뿔랑 끄ㄹ자
공휴일	tanggal merah / hari raya / hari libur 땅갈 메라ㅎ / 하리 라야 / 하리 리부ㄹ
휴일	hari libur / tanggal merah 하리 리부ㄹ / 땅갈 메라ㅎ

부록

자물쇠	gembok 금복	한국적 방식	cara Korea 짜라 꼬레아
명함	kartu nama 까르뚜 나마	고용하다	memperkerjakan 음쁘ㄹ끄ㄹ자깐
뽑다	memperkerjakan 음쁘ㄹ끄ㄹ자깐		

월급날이 오다
       Hari gajian telah tiba
       하리 가지안 뜰라ㅎ 띠바

비서를 뽑다
      Memperkerjakan sekretaris
      음쁘ㄹ끄ㄹ자깐 스끄따리스

이리와 봐. 할 말이 있어
   Kemarilah ada yang mau saya bicarakan
   끄마리라ㅎ 아다 양 마우 사야 비짜라깐

영어 할 수 있어요?
      Bisa berbahasa Inggris?
      비사 브ㄹ바하사 잉그리스?

한국어를 할 수 있어요?
      Bisa berbahasa Korea?
      비사 브ㄹ바하사 코레아?

좀 빨리 할 순 없나?
    Bisa lebih cepat(dengan suara tinggi)
    비사 르비ㅎ 쯔빳

한국어를 인도네시아어로 번역하다
      Menterjemahkan dari bahasa
      Korea ke bahasa Indonesia
은뜨ㄹ제ㄹ마ㅎ깐 다리 바하사 꼬레아 끄 바하사 인도네시아

해고되다	Memberhentikan / memecat	
	음브ㄹ흔띠깐 / 므므짯	
월세를 내다	Memberikan kunci	
	음브라낀 꾼찌	
차(음료) 준비됐어요?	Sudah mempersiapkan teh?	
	수다ㅎ 음쁘ㄹ시앞깐 떼ㅎ	
볼펜 좀 주시겠습니까	Tolong ambilkan bulpen	
	똘롱 암빌깐 불뻰	

학교

학교	sekolah 스꼴라ㅎ	학교장	Kepala sekolah 끄빨라 스꼴라ㅎ
대학교	universitas 우니베ㄹ씨따ㅅ	석사	S2 에ㅅ 두아
일학년	kelas 1 끌라ㅅ 사뚜	박사	S3 에ㅅ 띠가
이학년	kelas 2 끌라ㅅ 두아	교사	pengajar 뻥아자ㄹ
삼학년	kelas 3 끌가ㅅ 띠가	강사	pengajar 뻥아자ㄹ
사학년	kelas 4 끌라ㅅ 음빳	교수	dosen 도센

유치원	taman kanak-kanak 따만 까낙 까낙
초등학교	sekolah dasar(SD) 스콜라ㅎ 다사ㅎ(에ㅅ데)
중학	Sekolah Menengah Pertama / SMP 스꼴라ㅎ 므능아ㅎ 쁘ㄹ따마 / 에ㅅ음페
고등학교	Sekolah Menengah Atas / SMA 스꼴라ㅎ 므능아ㅎ 아따ㅅ / 에ㅅ음아

전문대학 perguruan tinggi
쁘ㄹ구루안 띵기

대학원 Fakultas Pascasarjana
파꿀따ㅅ 빠ㅅ까사ㄹ자나

대학원에서 공부중인
sedang belajar di fakultas pascasarjana
스당 블라자ㄹ 디 파꿀따ㅅ 빠ㅅ까사ㄹ자나

인도네시아는 어때요?

인도네시아 어때요?
Bagaimana menurutmu Indonesia?
바가이마나 므누룻무 인도네시아?

초원이 드넓고 아름다워요
Pemandangannya luas dan indah
쁘만당안야 루아ㅅ 단 인다ㅎ

푸른 하늘과 흰 구름이 멋져요
Langit biru dan awan putih itu sangat indah
랑잇 비루 단 아완 뿌띃 이뚜 상앗 인다ㅎ

겨울이 무척 추워요
Sangat dingin pada musim dingin
상앗 딩인 빠다 무심 딩인

날씨가 건조해서 힘들어요
Capek karena udaranya sangat kering
짜펙 까르나 우다라냐 상앗 끄링

인도네시아어 발음이 어려워요
Pengucapan bahasa Indonesia sangat susah
쁭우짭안 바하사 인도네시아 상앗 수사ㅎ

한국 사람과 인도네시아 사람은 생김새가 비슷해요
Cara pikir orang Korea dengan Indonesia mirip
짜라 삐끼ㄹ 오랑 꼬레아 등안 인도네시아 미맆

한국 사람과 인도네시아 사람은 행동이 다라요
Perilaku orang Korea dengan orang Indonesia berbeda
쁘릴라꾸 오랑 꼬레아 등안 오랑 인도네시아 브ㄹ베다

한국 사람과 인도네시아 사람은 일하는 방식이 다라요
Cara kerja orang Korea dengan Indonesia sangat berbeda
짜라 끄ㄹ자 오랑 꼬레아 등안 인도네시아 상앗 브ㄹ베다

자카르타에는 교통체증이 흔하다
Di Jakarta sering macet
디 자카ㄹ타 스링 마쩻

인도네시아는 도시마다 다른 특색이 있다
Orang Indonesia antar kota yang satu dengan yang lainnya berbeda
오랑 인도네시아 안따ㄹ 꼬따 양 사뚜 등안 양 라인냐 브ㄹ베다

한국과 비교할 때, 인도네시아의 집값이 싸요
Jika dibandingkan dengan Korea, harga rumah di Indonesia lebih murah
지까 디반딩깐 등안 꼬레아 하ㄹ가 루마ㅎ 디 인도네시아 르비ㅎ 무라ㅎ

인도네시아인들은 한국인들 흉내내는 것을 좋아한다
Orang Indonesia suka meniru gaya orang Korea
오랑 인도네시아 수까 므니루 가야 오랑 꼬레아

부록

자카르타의 큰 길가에는 방황하는 청소년들이 많다.
Banyak anak jalanan di jalan-jalan besar di Jakarta
반약 아낙 잘라난 디 잘란 잘란 브사ㄹ 디 자카ㄹ타

학교에 가지 못 하는 시골 아이들이 많다.
Banyak anak-anak yang tidak bisa bersekolah di dusun-dusun
반약 아낙 아낙 띠닥 비사 브ㄹ스꼴라ㅎ 디 두순 두순

자카르타 사람들은 매우 예의 바르고 사려 깊다
Orang Jogjakarta sangat sopan dan berperasaan
오랑 적자 상앗 소빤 단 브ㄹ쁘라사안

자카르타 사람들은 아주 멋진데요
Orang Jakarta sangat keren
오랑 자카ㄹ타 상앗 끄렌

발리에서의 삶은 매우 자유롭고 평화롭다
Orang Bali hidupnya sangat bebas dan santai
오랑 발리 히둡냐 상앗 베바ㅅ 단 산따이

인도네시아에서는 지역 특산품을 특별히 중시하지 않는다
Beberapa orang Indonesia kurang menghargai produksi lokal
브브라빠 오랑 인도네시아 꾸랑 믐하ㄹ가이 쁘로둑시 로깔

인도네시아인들은 음식을 버리는 것을 좋아하지 않는다
Orang Indonesia tidak suka membuang makanan
오랑 인도네시아 띠닥 수까 믐부앙 마깐난

인도네시아인들은 사치 부리는 것을 좋아하지 않는다
Orang Indonesia tidak suka menghamburkan uarg
오랑 인도네시아 띠닥 수까 믕함부ㄹ깐 우앙

인도네시아인들에게 가족은 중요한 의미를 가진다
Bagi orang Indonesia, keluarga sangat penting
바기 오랑 인도네시아 끌루아ㄹ가 상앗 쁜띵

인도네시아인들은 초과 업무하는 것을 좋아하지 않는다
Orang Indonesia tidak suka kerja lembur
오랑 인도네시아 띠닥 수까 끄ㄹ자 름부ㄹ

인도네시아인들은 조금만 먹는다
Orang Indonesia makannya sedikit
오랑 인도네시아 마깐냐 스디낏

세마랑 사람들은 단것을 좋아한다
Orang Semarang suka makanan manis-manis
오랑 스마랑 수까 마까난 마니ㅅ-마니ㅅ

반둥의 소녀들은 예쁘다
Cewek kota Bandung cantik-cantik
쩨웩 꼬따 반둥 짠띡 짠띡

형용사

한국어	인도네시아어
얇다	tipis 띠삐ㅅ
좋다	bagus 바구ㅅ
높다	tinggi 띵기
넓다	luas 루아ㅅ
멀다	jauh 자우ㅎ
뚱뚱하다	gemuk 그묵
짧다	sempit 슴삣
따뜻하다	hangat 항앗
헌, 오래되다	lama 라마
쉽다	mudah 무다ㅎ
단단한다	kuat 꾸앗
지저분하다	berantakan 브란따깐
가볍다	ringan 링안
빠르다	cepat 쯔빳
싸다	murah 무라ㅎ
길다	panjang 빤장
춥다	dingin 딩인
어렵다	sulit 술릿
좋다 / 아름답다	bagus / indah 바구ㅅ / 인다ㅎ

부드럽다	lembut 름붓	느리다	lambat 람밧
깨끗하다	bersih 브ㄹ시ㅎ	비싸다	mahal 마할
무겁다	berat 브랏	새롭다	baru 바루
더러운	kotor 꼬또ㄹ	무딘	tumpul 뚬뿔
얕은	dangkal 당깔	예리한	tajam 따잠
깊은	dalam 달람	텅빈	kosong 꼬송
닫힌	tertutup 뜨ㄹ뚜뚭	꽉찬	penuh 쁘누ㅎ
두껍다	tebal 뜨발	연한(부드러운)	Empuk 음뿍
나쁘다	buruk 부룩	열린	Terbuka 뜨ㄹ부까
낮다	berharga 브ㄹ하ㄹ가	휜	Bengkok 벵꼭
가깝다	dekat 뜨깟	정돈된	Teratur 뜨ㄹ아뚜ㄹ
날씬하다	langsing 랑싱	난잡한	Berantakan 브란따깐

부록

딱딱한	Keras 끄라ㅅ	첫째	Pertama 쁘ㄹ따마
거친	Kasar 까사ㄹ	마지막	Terakhir 뜨ㄹ아키ㄹ
부드러운	Halus 할루ㅅ	무거운	Berat 브랏
헐거운	longgar 롱가ㄹ	시끄러운	Keras 끄라ㅅ
단단한	Ketat 끄땃	부드러운	Lembut 름붓
고요한	Tenang 뜨낭	꽉찬	Mampat, penuh 맘빳, 쁘누ㅎ
물결치는	Berombak 브ㄹ옴박	텅빈	Kosong 코송
밝은	Terang 뜨랑	두꺼운	Tebal 뜨발
어두운	Gelap 글랖	얇은	Tipis 띠삐ㅅ